강신주의
장자수업

1권

강신주의 장자 수업

1권

{ 밀쳐진 삶을 위한 찬가 }

강신주 지음

EBS BOOKS

책을 펴내며

    1,500쪽에 육박하는 『철학 VS 철학: 동서양 철학의 모든 것』 (2016)을 집필하면서 유라시아 대륙 외곽의 3대 철학 문명권에서의 최고봉들이 제 눈에 들어왔습니다. 유라시아 서쪽 유럽에서는 스피노자, 유라시아 남쪽 인도·불교 문명권에서는 나가르주나, 그리고 유라시아 동쪽 동아시아에서는 장자였습니다. 세 최고봉은 단순히 지성사적으로만 중요한 것은 아닙니다. 세 문명권에 속하는 다양한 철학적 봉우리를 아우르는 높이는 우리 삶을 가장 포괄적으로 조망하는 고도를 동시에 제공하니까요. 자신의 삶을 가장 통렬하게, 가장 명료하게, 가장 입체적으로 돌아보고 싶으신가요. 세 봉우리 중 어느 하나로 올라가보세요. 국가나 체제를 정당화하는 사유가 아니라 인간의 자유와 사랑을 긍정하는 강력한 인문 지성을 만끽하게 될 겁니다.

    2,500여 년 전 동아시아의 장자는 단순히 중국의 철학자들

중 한 명도, 혹은 제자백가 중 한 명도 아니었습니다. 하긴 '천하'라는 국가질서나 제국질서를 넘어서려고 했던 철학자를 국적이나 지역으로 분류한다는 것 자체가 어불성설입니다. 장자가 스피노자나 나가르주나를 넘어서는 지점은 바로 여기입니다. 그는 우리가 인생 전체를 갈아 넣어 얻으려 하는 삶의 가치들이 무가치할 뿐만 아니라 우리 삶에 유해하다는 걸 보여줍니다. 권력, 부, 명성, 성공, 영광 등은 우리 개개인의 자유와 행복을 증진시키기보다는 체제의 이익이나 유지에 도움이 되니까요. 통용되는 가치들, 우리가 목매는 가치들은 모두 '당근과 채찍' 논리의 변주에 불과하다는 것이 장자의 통찰입니다. 그것들은 개돼지의 가치일 뿐 자유인의 가치는 아니라는 이야기입니다.

장자는 당근과 채찍을 거부했던 인류의 아주 오래된 미래를 되살리려 합니다. 자유의 신선한 바람들! 고삐와 재갈에 익숙하기 전, 야생마들이 초원에서 맡았던 그 자유의 공기입니다. 『장자』라는 책! 그것은 바로 자유에 대한 추억과 자유에 대한 꿈이었습니다. 불행히도 장자의 자유정신은 전승되는 과정에서 왜곡과 변형을 심하게 겪습니다. 자유의 공기를 맡으라며 죽비를 내려치는 장자의 정신을 되살리고 싶었습니다. 변질된 부분을 도려내고 새살이 돋도록 해야 합니다. 체제나 타인의 인정을 받으려 허우적거리는 이웃들이 있는 한, 당근을 얻으려는 경쟁사회만이 유일한 사회라고 믿는 이웃들이 있는 한, 경쟁에서 실패했다고 좌절하는 이웃들이 있는 한, 은퇴나 노화 그리고 죽음 등을 밀쳐지는 삶이라 착각하는 이웃들이 있는 한, 장자의 자유정신이 더욱 소중해지기 때문입니다.

여러분이 읽을 48편의 이야기는 『장자』의 선집이 결코 아닙니다. 장자와 『장자』의 정수, '장자적인 것'의 총화니까요. 이것만으로 장자의 정신은 우리 삶의 산소호흡기가 충분히 되리라 확신합니다. 살아 있지만 죽어가는 인간들에 대한 장자의 인공호흡이 필요한 때입니다. 잠시 모든 것을 멈추고 장자에 대해 제가 건네는 이야기를 들어보세요. 『장자』라는 창문을 열어 맑은 공기를 들이마셔보세요. 그 상쾌함과 청량함을 맡아보지 않으면 그만이지만 맡아보았다면 바로 알게 될 겁니다. 지금까지 우리가 얼마나 갑갑하고 매캐한 공기 속에 질식되듯 살아왔는지를. 우리의 슬픔과 우울은 자신 탓이 아니라 그 공기 탓이라는 것을. 대붕의 꿈! 그것 별거 아닙니다. 가슴 깊이 자유의 바람을 가득 채우는 일이니까요.

2023년 10월
서늘한 바람이 부는 광화문에서
강신주

차례

1부 · 대지를 뛰어올라

2부 물결을 거스르며

| 차례 |

3부 등불을 불어 끄고

4부 바람 부는 곳으로

바람이 붑니다,
이제 대붕의 등에
탈 시간입니다

통치를 받는다는 것은 그렇게 할 수 있는 권리나 지혜 혹은 덕도 없는 것들에 의해 감시되고, 사찰되고, 염탐되고, 지시받고, 법적 통제를 받고, 번호를 받고, 규제되고, 등록되고, 세뇌되고, 설교를 듣고, 통제되고, 제약되고, 평가되고, 가치가 매겨지고, 검열되고, 명령받는 것이다.

—프루동(Pierre-Joseph Proudhon, 1809~1865),
『19세기 혁명의 일반 관념(Idée générale de la révolution au XIXe siècle)』

*

『장자(莊子)』는 인류가 자랑하는 고전입니다. 지금 『장자』는 문자로 기록된 책들 중 교양인이 되려면 반드시 읽어야 할 텍스트 중 하나가 되었습니다. 학교 교육을 받는 동안 우리는 고전들의 제목과 저자, 혹은 그 고전들의 개략적 내용을 익히 들어왔을 겁니다. 그런데 문제는 그 누구도 고전들을 제대로, 꼼꼼히 읽어본 적이 없다는 겁니다. 고전도 좋고 필독서도 좋습니다. 시험에 통과하기 위해서든 교양인의 품격을 위해서든 반드시 읽어야 하는 것이 되는 순간, 책(book)은 텍스트(text), 즉 교재(textbook)가 되고 맙니다. 감동과 재미가 없으면 언제고 읽기를 멈추어도 되는 것이 책이라면, 읽기 싫어도 처음부터 끝까지 읽어야 하는 것이 교재입니다. 『장자』도 필독서나 고전의 아이러니에서 자유롭지 않습니다. 우리 마음을 흔들 수 있는 가장 강력한 책, 국가나 사회에 쓸모가 있어야 행복해지리라는 우리의 통념을 무너뜨리는 책, 사랑과 인정을 받아야 가치 있는 삶이라는 우리의 맹신을 뒤흔드는 책이 교재로 박제되고 마니까요.

『장자』의 세계에서는 명문대에 입학하거나 스펙을 쌓으려는 젊은이들 혹은 권력이나 부를 얻은 기성세대들은 소중한 삶을 허비하는 불행한 자들, 장자가 하염없이 불쌍하게 여기는 사람들일 뿐입니다. 반대로 경쟁에서 실패했거나 낙오한 사람들은 『장자』에서 자신의 삶을 새롭게 긍정하고 시작할 힘을 얻게 됩니다. 『장자』에 등장하는 '거목 이야기'는 말합니다. 쓸모 있는 나무는 베여 대들보나 서까래로 사용되지만, 쓸모없는 나무는 베이지 않고 거목으로 자랄 수 있다고 말입니다. 국가나 사회에 내가 어떻게 하면 쓸모가 있을지 고민하지 말고, 나 자신에게 국가나 사회가 쓸모가 있는지 고민하라는 장자의 도전인 셈입니다. 인재, 즉 체제에 쓸모가 있는 사람이 되는 것을 격렬히 거부하자는 것! 타인의 욕망이 아니라 자신의 욕망을 마음껏 향유하자는 것! 크게는 국가나 사회, 작게는 회사나 가정에서 정의를 추구하지 말고, 마음에 들지 않으면 몸담고 있는 곳에서 쿨하게 떠나자는 것! 2,500년 전도 그렇지만 지금 시대에도 『장자』가 반체제적이고 혁명적일 수 있는 이유, 체제를 위한 교재가 아니라 우리 삶을 위한 책일 수 있는 이유는 바로 여기에 있습니다.

이미 금서가 되었을 법한 『장자』가 지금까지 우리에게 전해진 것은 천운이라고 할 수 있습니다. 당시 중국의 국가주의가 강력하지도 완전하지도 않았던 탓입니다. 전국시대를 풍미했던 일곱 국가들도 그랬고 단명한 진나라를 이은 한나라도 제국 내부를 엄격하게 통제하기 어려웠습니다. 당시는 누구든 마음만 먹으면 국가와 제국의 경계를 넘어갈 수 있는 시대였습니다. 천하(天下)라고 불리던 중원 대륙 내부에도 그리고 천하 바깥에도 국가주의가 미치지 않는 곳이 많았으니까요. 그사이 다행히도 『장자』는 고대 중국인들의 마음을 울린 책이 되어 입에서 입으로 전해진 겁니다. 물론 진나라나 한나라가 『장자』를 달가워했을 리 없습니다. 그런데 체제의 노골적인 탄압도, 간접적인 무시도 『장자』라는 책을 없애기에는 이미 너무 늦은 조치에 지나지 않았습니다. 이제 체제로서는 선택지가 별로 없습니다. 금서로 만들지 못한다면 고리타분한 책, 혹은 지금 시대에 맞지 않는 책으로 만들면 됩니다. 중국에서 『장자』라는 고전은 바로 이렇게 탄생한 겁니다. '책'이 '교재'가 된 가장 강력한 첫 사례죠.

*

공자의 『논어』, 라이프니츠의 『단자론』이나 스미스의 『국부론』과 같은, 체제를 위한 텍스트만 고전이 되는 것은 아닙니다. 장자의 『장자』, 스피노자의 『에티카』나 마르크스의 『자본론』 등 인간의 자유를 위한 책도 고전이 되니까요. 중세 시절 바티칸의 금서 목록에 들었던 『에티카』가 지금 서양 근대철학 합리론의 고전이 된 걸 생각해보세요. 근대 합리론의 또 다른 고전 『단자론』 옆에 꽂히면서, 가장 급진적인 책『에티카』는 곰팡이 냄새에 젖어들게 됩니다. 『자본론』도 마찬가지입니다. 우리의 경우만 보더라도 1980년대까지 『자본론』은 금서였습니다. 소지만으로도 국가보안법에 저촉되던 시절이니, 『자본론』은 그야말로 목숨 걸고 읽었던 책입니다. 그러나 지금 마르크스의 이 금서는 19세기 말 자본주의를 다룬 경제학 고전으로 스미스의『국부론』 옆에 나란히 꽂혀 있습니다. 자기 노동력을 팔아야만 먹고 살도록 저주받은 사람들, 한때 그들의 피를 뜨겁게 만들었던 책은 이렇게 먼지를 품은 채 서가에 방치된 겁니다. 『장자』도 마찬가지입니다. 『논어』 옆에 놓이면서 『장자』도 무언가 삶의 격언이나 늘어놓는 경전이 되어버리니까요.

『논어』, 『단자론』 그리고 『국부론』은 아무리 잘 읽어도 책이 되기는 힘듭니다. 체제 안에서 살아가는 개인의 삶을 받아들이거나 정당화하는 데 도움이 될 뿐이니까요. 그렇지만『장자』, 『에티카』 그리고『자본론』은 조금만 제대로 읽어도 교재가 되기는 힘듭니다. 우리의 마음과 삶을 송두리째 뒤흔들 힘, 새로운 삶과 공동체를 모색하게 만드는 힘이 있기 때문입니다. 고전에서 책을 구출하기! 동시에 교재와 책, 혹은 텍스트와 북(book)을 구분하기! 고전이 필독서로 추앙받는 지금, 인문정신이 반드시 수행해야 할 과제 중 하나입니다. 이 책에서 제가 하고자 하는 건 바로 이 일입니다. 스피노자와 마르크스가 아닌 장자에 집중하는 이유는 분명합니다. 스피노자와 마르크스가 정착민적 삶을 전제로 한다면, 장자의 사유는 정착민적 삶과 더불어 유목민적 삶도 아우르는 인류학적 안목과 사유의 폭을 자랑하기 때문입니다. 기원전 1000년 이후 장자가 살았던 시대까지 예속과 복종을 강요하는 정착 농경생활을 떠나 자발적으로 유목생활에 뛰어들었던 자유인들의 전통이 있었습니다. 바로 유라시아를 풍미했던 유목민적 전통에 장자는 접속하고 있었죠. 스피노자와 마르크스가 부러워할 만한 장자의 운 좋은 상황입니다.

　어느 동물도 같은 종을 지배와 복종이라는 관계로 길들이지는 않습니다. 국가의 탄생과 함께 인간 사회의 모든 측면에 관철되는 지배와 복종 관계를 국가주의(statism)라고 정의할 수 있습니다. 주인-늑대와 노예-늑대 혹은 주인-토끼와 노예-토끼를 보신 적은 없을 겁니다. 그런데 인간만큼은 주인-인간과 노예-인간으로 구분됩니다. 왕-인간과 신하-인간이나 자본가-인간과 노동자-인간의 구분은 모두 이런 반자연적인 참담함의 변주일 뿐이죠. 최소한 장자에게 인간은 만물의 영장이라기보다 만물의 허접, 혹은 동물 중 유례를 찾아보기 힘든 끔찍한 돌연변이일 뿐입니다. 장자가 국가나 사회, 나아가 문명에 대해 냉소적인 것도 이런 이유에서입니다. 인간농장을 없애는 방법은 단순합니다. 정착민적 삶과 단절하면 되는 겁니다. 무엇보다 먼저 노예-인간, 신하-인간, 노동자-인간은 더 이상 주인-인간, 왕-인간, 자본가-인간에 의존해서는 안 됩니다. 스스로 쓸모가 없어져 지배의 표적이 되지 않거나, 아니면 몰래 인간농장을 떠나는 겁니다. 장자의 소요유(逍遙遊)는 바로 이 문맥에서 그 자리를 잡습니다. 장자가 맹목적으로 정착생활을 부정하는 것은 아닙니다. 그가 반대하는 것은 인간 가축화의 논리입니다. 농경국가보다 약하더라도 국가주의가 지배하는 유목국가도 이론적으

로 가능하고 역사적으로도 가능했으니까요. 유목국가가 탄생해
또 예속과 복종을 강요하면, 유목민들은 또 다른 유목생활에 뛰
어들어야 한다는 것! 이것이 장자의 속내입니다.

*

　행성 충돌이나 극심한 기후 변화가 일어나거나 압도적인 포
획자가 나타나지 않더라도, 인간은 자신의 목을 스스로 조르는
자기 파괴적 동물입니다. 문명이라는 이름으로 아직도 진행되
는 전쟁을 보세요. '우리는 같은 종이야'라는 의식은 전혀 없습
니다. 늑대나 토끼가 보았다면 당혹스러울 일이고, 인간을 전염
병균처럼 여기며 멀리 떠나려 할 겁니다. "인간들은 서로 거침
없이 착취하려 하고 심지어 서로를 살육하니, 우리에 대해서는
말해 무엇하겠는가?" 그렇지만 늑대와 토끼마저도 동족의 피를
묻힌 인간의 손에서 벗어나지 못할 겁니다. 불행하게도 자신들
이 도망할 곳마저도 인간에 의해 이미 잠식되어버렸으니까요.
『장자』를 읽는다는 것은 인류학적 스케일에서의 안목을 요구합
니다. 이것이 장자가 대붕(大鵬)이라는 거대한 새를 이야기한 이
유입니다. 대붕은 천하를 벗어나 저 까마득한 북쪽에서 출발해
천하를 벗어난 저 멀리 아득한 남쪽으로 날아갑니다. 여기서 대
붕은 주인-인간과 노예-인간이 구분되지 않은 공동체에 대한
꿈, 다른 인간을 지배하거나 다른 인간에게 복종하지 않는 삶에
대한 꿈을 상징합니다.

궁금증이 생깁니다. 구만리 상공에서 대붕은 천하로 상징되는 국가, 사회, 그리고 문명을 측은한 마음으로 내려다보았을까요, 아니면 무심한 마음으로 제 갈 길을 갔을까요? 이런 의문이 생기는 이유는 만물의 허접이 연출하는 목불인견의 참상이 장자로서도 여간 불쾌한 풍경이 아니었을 것이기 때문입니다. 다행스럽게도 대붕은 우리 삶에 무심하지 않습니다. 애틋하게 우리를 내려다볼 뿐만 아니라, 간혹 구만리 창공의 상쾌한 바람을 몰고 우리 곁으로 하강하기도 합니다. 어떤 때 대붕은 "내 등에 타라! 그러면 너는 네 삶을 너의 것으로 향유할 것"이라고 유혹하는 듯하고, 어떤 때 대붕은 "작다고 체념하는 그대여! 너는 대붕보다 더 크다는 걸 알아야 한다"고 죽비를 내리치는 것 같습니다. 이 책에 등장하는 48편의 이야기들은 우리가 대붕의 등에 탈 수 있는 48번의 기회라고 할 수 있습니다. 그렇지만 대붕의 등을 타는 건 생각보다 만만한 일은 아닙니다. 무엇보다 먼저 대붕이 우리 곁 가까이 날 때 발생하는 그 섬광과도 같은 바람을 느껴야 하고, 이어서 그 바람을 타고 대붕의 등에 올라타는 방법도 알아야 합니다. 이 책에서 제가 시도하고자 한 건 바로 이겁니다.

대붕이 거침없이 나는 푸른 하늘, 그리고 전쟁과 갈등으로 흙먼지와 동족의 피를 흩날리는 인간 사회! 이 구만리의 차이, 이 아득한 공간에 머물지 않으면, 『장자』는 황당무계한 이야기를 하고 있다거나 몽환적 관념의 세계를 다루고 있다고 오해될 수 있습니다. 20년 전 『장자』로 박사학위를 마친 뒤 다시 장자의 사유를 숙고하기 시작했고 그 결과를 지금까지 수 권의 단행본으로 출간한 것도 구만리의 공간에 제대로 머물겠다는, 혹은 그 공간에서 장자만큼 자유롭겠다는 저의 무의식적 의지입니다. 마침내 이 책으로 과거보다 더 생생하게 대붕의 날갯짓을 포착하게 된 것 같습니다. 과거에는 주목하지 않았던 그의 많은 이야기가 새롭게 눈에 들어왔을 뿐만 아니라, 다루었더라도 애매했던 많은 이야기들이 이제 분명해졌으니까요. 그사이 두 번에 걸쳐 동·서양 철학사를 정리했던 『철학 VS 철학』과 5권으로 기획되어 두 권이 먼저 출간된 『강신주의 역사철학·정치철학』이 없었다면, 구만리의 공간에서 자유롭게 상승과 하강을 반복하는 대붕을 따라잡기 힘들었을 겁니다. 마지막으로 간절히 발원해봅니다. 대붕의 등에 타거나 혹은 대붕이 될 48번의 기회 중 한 번은 잡으시기를. 자, 이제 바람이 붑니다. 드디어 대붕의 등에 탈 시간이 되었네요.

자, 이제 바람이 붑니다
드디어 대붕의 등에 탈 시간이 되었네요

1부

대지를 뛰어올라

1

철학을 위한 찬가

황천 이야기

혜시가 장자에게 말했다. "그대의 말은 쓸모가 없네."

장자가 말했다. "쓸모없음을 알아야 비로소 쓸모에 관해 함께 말할 수 있네. 세상이 넓고도 크지 않은 것은 아니지만, 사람에게 쓸모가 있는 것은 발을 디딜 만큼의 땅이네. 그렇다면 발을 디디고 있는 땅만을 남겨두고 나머지 땅을 모조리 파고들어가 황천에까지 이른다면, 그 밟고 있는 땅이 사람에게 쓸모가 있겠는가?"

혜시가 "쓸모가 없지"라고 대답했다.

장자가 말했다. "그렇다면 쓸모없음이 쓸모가 있다는 것은 자명한 일이네."

「외물」

惠子謂莊子曰, "子言無用."

莊子曰, "知無用而始可與言用矣. 天地非不廣且大也, 人之所用容足耳.

然則廁足而墊之致黃泉, 人尙有用乎?"

惠子曰, "無用."

莊子曰, "然則無用之爲用也亦明矣."

「外物」

장자, 무용의 철학자

―――

『장자』를 읽다 보면 우리는 장자(莊子, BC 365?~BC 270?)가 항상 '쓸모 있음'보다는 '쓸모없음'을, 달리 말해 '소용(所用)'보다는 '무용(無用)'을 중시한다는 걸 확인할 수 있습니다. 그렇기에 우리는 장자를 '무용의 철학자'라고 말하기도 합니다. 맞는 말이지만 조심해야 할 것이 하나 있습니다. 장자의 무용 개념은 이를 강조하는 다양한 일화들마다 그 의미와 강조점을 달리하기 때문입니다. 그래서 차라리 무용 개념을 획일적으로 정의하려 하기보다는 무용을 강조하는 다양한 일화들의 문맥에 집중하는 편이 좋습니다. 처음으로 살펴볼 것은 '황천 이야기'에 등장하는 무용 개념입니다. 황천 이야기는 장자가 자신의 사유와 자신의 이야기가 무용해 보이지만 사실 엄청나게 쓸모 있음을 역설하는 대목에서 등장합니다. 예나 지금이나 사람들은 쓸모를 기준으로 무언가를 평가하곤 합니다. 저만 해도 어린 시절에 가장 많이 듣던 소리가 "그거 하면 쌀이 나오냐, 밥이 나오냐?"라는 말이었습니다. 개발독재 시절에나 나올 법한 이야기라고 치부해서는 안 됩니다. 지금도 "바보야! 중요한 것은 경제야"라는 슬로건이 여전히 통용되고 있으니까요. 2,500여 년 전 중국 전국시대(戰國時代, BC 403~BC 221)도 마찬가지였습니다. 개인이든 사회든 아니면 국가든 생존과 경쟁이 최고의 화두이던 시절이었습니다. 이 점에서 부국강병(富國强兵)이라는 슬로건은 상징적입니다. 어떻게 하면 국가를 부유하게 만들고 군대를 강하게 만들까? 이 논리는 개개인에게도 마찬가지로 적용되었죠. 어떻게 하면 개인은 부유하고 강해질 수 있는가?

제자백가(諸子百家)라고 불리던 사상가들은, 기본적으로 자기들의 말을 따르면 국가나 개인이 치열한 생존경쟁에서 살아남을 수 있다고 역설했습니다. 바로 여기서 '길', 즉 '도(道)'라는 말이 등장한 겁니다. 자신들이 주창한 길을 따르면 성공한다는 발상입니다. 유가의 도, 법가의 도, 묵가의 도, 도가의 도, 혹은 공자의 도, 맹자의 도, 묵자의 도, 노자의 도, 한비자의 도 등등은 이런 맥락에서 탄생했습니다. 결국 제자백가의 사상 대부분은 '소용', 즉 '쓸모 있음'을 지향했다고 할 수 있습니다. 자기들의 도를 따르면 '쌀도 나오고 밥도 나온다'는 논리였죠. 이런 와중에 부국강병의 논리 자체를 문제 삼고 이를 극복하려 한 소수의 사상가들이 있었습니다. 그 대표 주자가 바로 장자였습니다. 쓸모가 사실은 우리 삶을 파괴할 수 있고, 쓸모없음이 오히려 우리 삶을 풍성하게 만들 수 있다고 그는 역설했으니까요. 그래서인지 장자의 사유는 두 부류에게 환영받았습니다. 바로 생존과 경쟁의 논리에 의구심을 품었던 지적인 사람들, 그리고 패배했다는 자괴감에 사로잡힌 평범한 사람들이었습니다. 승자와 소용의 논리를 지향하던 대부분의 제자백가들은 당연히 장자를 비난했고 심지어 조롱하기까지 했습니다. 한마디로 '경제적인 것'을 부정하니 비현실적이고, 패자를 승자가 되도록 격려하지 않으니 무책임하다는 겁니다.

사실 생존과 경쟁의 논리는 약육강식이 지배하는 동물 세계의 논리이자 승자독식을 인정하는 냉혹한 논리입니다. 그러나 동물 세계에서도 생존과 경쟁의 논리는 주로 다른 종들 사이에서 적용된다는 것을 잊어서는 안 됩니다. 생존과 경쟁의 논리를 인간이 같은 인간 종에게 적용하면서 비극은 발생합니다. 부국강병을 꿈꾸던 당시 국가를 생각해보세요. 개인의 쓸모를 결정하는 것은 우리 자신이 아니라 국가입니다. 쓸모를 갖추기 위해 오랜 시간 준비하고 마침내 자신이 다른 사람보다 쓸모 있음을 입증하면 국가는 우리를 고용하고 돈을 줍니다. 쓸모가 더 클수록 우리는 직급이 높아지고 더 많은 돈을 얻습니다. 그렇지만 이 과정을 통해 지배와 착취를 공고히 하는 것은 국가라는 사실, 그리고 이 과정에서 우리는 국가가 원하는 인간으로 개조되고 있음을 잊어서는 안 됩니다. 어쨌든 이런 식으로 우리는 상명하복 체제에 포섭되어 길들여집니다. 언젠가 지배체제의 최고 정점에 이르기를, 즉 재상이나 군주가 되기를 꿈꾸면서 말이죠. 같은 종에는 지배와 복종 관계를 강요하지 않는 다른 동물 종과 같은 품격을 인간은 회복해야 합니다. 당연히 경쟁이 양산하는 대부분의 패자들은 자신을 비하할 필요가 없습니다. 패배는 이미 구조적으로 예정된 것이니까요. 오히려 패자는 자의 반 타의 반으로 인간다운 삶을 살아가기 위한 좋은 출발점에 서 있게 되죠. 상명하복, 경쟁과 승자, 그리고 쓸모의 논리에서 가장 멀리 있으니까요. 패자라는 절망을 딛고 꿋꿋하게 살아가다 보면, 생존과 경쟁의 가치 외에 삶의 다른 가치가 있다는 걸 발견할 수 있습니다. 예를 들어 시험에 떨어져도 따뜻한 밥을 먹이는 어머니, 혹은 실직을 해도 내 곁을 떠나지 않는 배우자를 발견할 수도 있습니다. 내가 명문대에 들어갔다는 이유로 어머니가 나를 사랑한 것이 아니고, 내가 돈을 벌기에 배우자가 나를 사랑한 것도 아니었던 겁니다. 나의 쓸모가 아니라 나라는 존재 자체를 사랑하는 사람들의 발견, 그것은 생존과 경쟁과는 무관한 다른 가치가 있음을 증명합니다.

내가 밟은 땅만 남기고 모조리 파낸다면

———

소수의 지배자와 다수의 피지배자로 이루어진 것이 사회라는 궤변을 늘어놓는 사람들, 혹은 상명하복을 당연시하는 사람들 입장에서 장자의 사유는 불온하기 이를 데 없죠. 그렇다고 해서 장자가 현실 지배체제를 전복시켜야 한다고 선동하지 않으니 그를 노골적으로 탄압하기도 곤란합니다. 탄압을 받으면 장자는 말 타고 다른 나라로 도망가면 그뿐입니다. 부국강병에 혈안이 된 국가들이 일심동체로 장자를 공격해와도 장자는 국가와 국가 사이로 숨어 들어가면 그만입니다. 영토국가가 완성되기 전이었기에 국가의 힘이 미치지 않는 곳이 많이 있었으니까요. 흔히 '야(野)'라고 불리는 곳들입니다. 국가 입장에서는 야만으로 보이지만, 실상은 상명하복 체제가 작동하지 않는 인간적인 사회, 군주와 같은 지배자가 없는 사회였습니다. 결국 당시는 장자의 입을 막기란 거의 불가능한 시대였던 겁니다. 그래서 선택된 전략이 장자의 사유는 우리 삶에 필요가 없다는, 쓸모없는 백일몽에 지나지 않는다는 흑색선전입니다. 장자는 이런 이념 공세에 맞설 필요가 있었습니다. 황천 이야기가 들어 있는 「외물」 편의 일화는 이런 사정을 반영하고 있습니다.

혜시(惠施, BC 370?~BC 309?)라는 철학자의 무례한 도발로 이야기가 시작됩니다. "그대의 말은 쓸모가 없네." 장자보다 나이가 약간 많다고 추정되는 혜시는 논리학으로 무장한 형이상학적 사유와 함께 탁월한 현실적 정치 감각으로도 유명했던 동시대 최고 지성이었죠. 『장자』를 보면 혜시와 논쟁하는 일화가 많이 등장합니다. 장자의 사유가 혜시를 극복하려고 노력하는 과정에서 예리해진 게 아닌가 하는 추론도 가능합니다. 어쨌든 장자는 혜시의 도발에 재기발랄하게 대응합니다. 일단 자신의 철학이 쓸모가 없다는 혜시의 말을 주저 없이 수용해버립니다. 혜시로서는 기대하지 않은 반응이었을 겁니다. 이어서 장자는 쓸모없음이 곧 인문학적 사유, 혹은 좁혀서 철학적 사유의 자랑이자 자부심이라고 이야기하죠. 쓸모 있는 사유란 결국 국가나 자본 등이 요구하는 사유에 지나지 않습니다. 더 많은 돈을 벌고 더 높은 지위에 오를 수 있게 해주는 사유야말로 '쌀이 나오고 밥이 나오는' 사유, 즉 쓸모 있는 사유일 테니까요. 그렇지만 인간의 사유는, 국가나 자본을 위한 사유가 아니라 인간을 위해 인간이 스스로 수행하는 사유여야만 합니다. 당연히 국가나 자본은 어용사유가 아닌 인간의 사유에 무용하다는 딱지를 붙일 겁니다. 그러니 장자는 자신의 사유가 무용하다는 비난을 긍지로 받아들이는 겁니다. 어용지식, 어용사유, 다시 말해 쓸모 있는 사유라고 해서 인간이 얻을 수 있는 모든 지식과 인간이 수행하는 모든 사유를 포괄할 수는 없습니다. 억압체제에서 벗어나 살아갈 방도가 없다 보니 불가피하게 배우고 수행하는 것이 쓸모 있는 지식이자 쓸모 있는 사유일 테니까요.

어용지식과 어용사유는 생계만을 위한 것이죠. 당연히 자신의 이익을 넘어서는 인간적 가치들에 대해 무력할 수밖에 없습니다. 생각해보세요. 경제학만으로, 법학만으로, 통계학만으로, 전자공학만으로 그리고 의학만으로 사랑의 의미를 제대로 사유하고 사랑을 근사하게 실천할 수 있을까요? 불가능할 겁니다. 쓸모없는 사유는 쓸모 있는 사유보다 더 포괄적입니다. 아니 더 정확히 말해, 쓸모 있는 사유가 쓸모없는 사유를 아무리 폄하하고 은폐하려 해도 쓸모없는 사유는 결코 은폐되거나 폄하될 수 없습니다. 이 점을 설득하기 위해 장자는 근사한 이야기를 하나 만듭니다. 혜시에게 들려준 황천 이야기가 바로 그것입니다. 땅에 발을 딛고 선 사람이 있습니다. 그에게 쓸모가 있는 것은 발 디딜 만큼의 땅입니다. 지금 밟고 있지 않은 땅은 그가 서 있는데 아무런 쓸모가 없으니까요. 여기서 장자는 사유 실험을 하나 제안합니다. 쓸모 있는 땅, 즉 밟고 있는 땅을 제외하고 지금 밟고 있지 않은 땅을 저 지하 가장 깊은 곳 황천까지 파내보자는 겁니다. 쓸모가 없다고 판단했으니 없애도 지장이 없는 것 아니냐는 말이죠. 자신이 발 디디고 있던 쓸모 있는 땅을 제외하고 쓸모없는 모든 땅을 없애버린 사람은 어떻게 될까요? 수천, 수만 킬로미터 높이의 대나무 꼭대기에 서 있는 형국이 되겠죠. 얼마 지나지 않아 이 사람은 현기증을 느끼고 저 깊은 황천까지 추락하고 말 겁니다. 그가 밟고 있던 작은 땅, 그 쓸모 있다던 땅마저 휑하게 비어 쓸모가 없어지는 아이러니는 이렇게 발생합니다. 마침내 장자는 역설합니다. 이렇게 쓸모없음은 알량한 쓸모 있음이나마 가능하게 하는 것 아니냐고, 그래서 어쩌면 쓸모없음이 쓸모 있음보다 더 쓸모 있는 것 아니냐고 말이죠.

쌀도 밥도 안 나오는 일들의 위대함

———

장자는 자신의 사유가 무용하다는 조롱에 맞서 당당하기만 합니다. 그는 무용함이야말로 자신의 철학이 체제를 위한 것이 아니라 억압받는 인간을 위한 것임을 입증하는 지표라고 기염을 토하죠. 수많은 '철학을 위한 변명' 중에서 장자의 변명은 압권입니다. 철학을 위한 장자의 변명은 장자 본인의 철학을 넘어 인문적 사유 일반에도 그대로 적용할 수 있습니다. 시나 소설, 나아가 철학 저작마저 상품의 논리에, 다시 말해 소용의 논리에 포획되고 있는 시대입니다. 물론 그 핵심에는 판매량과 인지도 증대를 도모하는 자본주의적 욕망이 똬리를 틀고 있습니다. 철학과나 사학과 등 인문계열 학과들이 인문콘텐츠학부나 문화교양학부 등으로 흡수, 소멸되는 시대이니 말해 무엇합니까. 인문학이 자본의 논리에 포섭되는 현상을 저지하기는커녕 자신의 지위를 유지하기 위해 전공을 팔아버린 선생들도 많죠. 심지어 인문학을 지탱하는 양대 축이라고 할 수 있는 시인이나 철학자마저 자신들 저작의 쓸모를 고민합니다. 바로 이때, 장자의 당당함은 우리 시대를 향한 죽비가 되기에 충분합니다. 국가나 자본이 원하는 것을 행하는 게 아니라 그냥 내가 원하는 것을 해야 합니다. '밥도 나오지 않고 쌀도 나오지 않는' 쓸모없는 일들을 많이 할수록 우리 삶은 행복하니까요. 시도 글도 그리고 사유도 그리해야만 합니다.

시인이나 철학자는 농산물을 생산해 판매하는 농부라기보다 텃밭을 가꾸는 사람과 같습니다. 물론 텃밭에서 나는 상추나 고추를 먹을 수 있습니다. 사람은 생계를 유지해야 하니까요. 그러나 상추나 고추를 팔지는 않습니다. 남들은 농사를 제대로 지으라고, 생산성을 높이려면 농약을 쓰라고 유혹할 수도 있겠죠. 그러나 텃밭을 지키려는 사람은 이런 유혹에 빠지지 않습니다. 텃밭을 일구는 행위는 쓸모에 전적으로 종속된 행위가 아니니까요. 그저 땀 흘리는 것이, 땅 냄새와 풀 냄새, 혹은 짧은 시간 동안 풍기는 꽃 냄새가 좋을 뿐입니다. 이마의 땀을 근사하게 만드는 싱그러운 바람도 좋고요. 텃밭을 가꾸는 사람에게 밭에서 자라는 것들은 소용이 적고 무용이 많습니다. 시들어버리는 것도 많고 벌레의 공격을 받은 것들도 많습니다. 간혹 다른 사람과 나누기는 하지요. 어차피 시간이 지나면 시들고 말 테니까요. 누군가 맛나게 먹고 행복해하면 다행이라고 생각할 뿐입니다. 상추나 고추를 받고 그 대신 우유를 갖다 주는 사람도, 혹은 돈을 주는 사람도 있을 겁니다. 사양하다 안 되면 우유나 돈을 받으면 그만입니다. 시인의 시와 철학자의 글은 텃밭을 일군 사람이 이웃에게 건네는 상추나 고추 같은 겁니다. 좋아서 한 일의 결과이고, 그 결과물을 이웃들에게 건넨 것이니까요.

시인이나 철학자에만 국한된 이야기는 아닙니다. 살아가는 우리 모두가 철학을 위한 장자의 변명을 '삶을 위한 변명'으로 읽을 수 있으니까요. 우리는 성적이 좋은 아이여서, 품이 덜 드는 아이여서 우리 아이를 사랑하는 게 아닙니다. 쓸모가 있는 아이, 동년배보다 쓸모가 더 큰 아이라는 것이 사랑의 이유가 되어서는 안 됩니다. 입시에 실패할 때, 취업에 실패할 때, 혹은 정리해고라도 당했을 때 여러분의 아이가 여러분을 떠나거나 자살하는 비극이 일어날 수도 있으니까요. 그냥 무용으로 아이를 사랑해야만 합니다. 그래야 자신의 쓸모가 없어지더라도 여러분의 소중한 아이는 죽지 않고 여러분을 찾아올 테니까요. 아무런 쓸모가 없어도 존재하는 것만으로 사랑받는다는 확신이 없다면 불가능한 일이지요. 아버지도 어머니도 남편도 아내도 무용으로 사랑해야 합니다. 바람도 물도 그리고 새도 물고기도 무용으로 좋아해야 합니다. 생각해보면, 언젠가 병들고 나이 들어 쓸모는커녕 주변에 짐이 되는 때가 반드시 오게 되어 있습니다. 그럴 때 주변에 여러분을 쓸모로 평가하지 않는 이가 한 사람이라도 있었으면 좋겠습니다. 여러분이 있다는 것만으로 행복해하는 사람이 있기를 바라는 것, 바로 이것이 무용을 강조했던 장자의 진정한 속내였을 것입니다.

2

사랑의 비극을
막는 방법

바닷새 이야기

또한 너만 들어보지 못했는가? 옛날 바닷새가 노나라 서울 밖에 날아와 앉았다. 노나라 임금은 이 새를 친히 종묘 안으로 데리고 와 술을 권하고, 구소의 음악을 연주해주고, 소와 돼지, 양을 잡아 대접했다. 그러나 새는 어리둥절해하고 슬퍼할 뿐, 고기 한 점 먹지 않고 술도 한 잔 마시지 않은 채 사흘 만에 죽어버리고 말았다.

　이는 자기와 같은 사람을 기르는 방법으로 새를 기른 것이지, 새를 기르는 방법으로 새를 기른 것이 아니다.

「지락」

且女獨不聞邪? 昔者海鳥止於魯郊, 魯侯御而觴之于廟, 奏九韶以爲樂,
具太牢以爲膳. 鳥乃眩視憂悲, 不敢食一臠, 不敢飲一杯, 三日而死.
此以己養養鳥也, 非以鳥養養鳥也.

「至樂」

노나라 임금이 몰랐던 것

———

『장자』는 법전처럼 정리된 경전과 같은 책이 아니라 그냥 이 야기 모음입니다. 그런데 이 이야기들이라는 게 한번 읽고 쉽 게 잊히는 흥미 위주의 것이 아니라 우리의 생각을 계속 자극하 는 철학적인 이야기들입니다. 문제는 이 이야기들을 모두 장자 가 직접 쓴 것은 아니라는 데 있습니다. 장자가 세상을 떠나고 최소 300여 년 사이에 만들어진 이야기들도 그가 남긴 이야기 인 양 포함되어 있으니까요. 『장자』는 크게 내편, 외편, 그리고 잡편으로 구분됩니다. 보통 내편을 구성하는 일곱 편에 담긴 이 야기들이 장자가 쓴 이야기라고 전해집니다. 그러나 이것도 확 실하지 않습니다. 상대적으로 내편에 장자 본인과 관련된, 그러 니까 '장자적인' 이야기가 많을 뿐입니다. 외편과 잡편에도 비록 작지만 장자적인 이야기들이 분명 있습니다. 내편 일곱 편이나 그중 가장 장자적이라 꼽히는 두 번째 「제물론」 편에 등장하는 이야기들은 가급적 뒤에서 다루려고 합니다. 직관적으로 이해 하기 어렵고 복잡하기 때문입니다. 황천 이야기 다음으로 읽어 볼 일화는 장자 자신의 속내를 가장 분명하게 보여주는 이야기 가 좋을 듯해서 「지락」 편의 '바닷새 이야기'를 골랐습니다.

여기서 중요한 것은 바닷새 이야기가 간접 인용된다는 사실 입니다. "또한 너만 들어보지 못했는가?"라는 물음은 바닷새 이 야기가 이미 있었던 이야기임을 알게 해줍니다. 누가 만든 이야 기였을까요? 장자 본인이 만들어 즐겨 말했던 이야기일 가능성이 큽니다. 그러니 물어본 것입니다. "너만 들어보지 못했는 가?" 이 반문은 "너는 장자의 사유, 혹은 장자의 철학에 대해 들어본 적이 없는가?"라는 물음과 같지요. 흥미롭게도 바닷새 이야기는 외편의 「지락」 편 말고 「달생」 편에도 똑같이 나옵니다. 「지락」 편과 마찬가지로 간접 인용하는 방식으로 말이죠. 그러니까 누군가 바닷새 이야기를 중시하고 이를 언급한다면 이는 장자의 사유를 따르고 있음을 자임하는 것이라 할 수 있습니다. 바닷새 이야기는 누구나 쉽게 이해할 수 있을 만큼 단순합니다. 노(魯)나라(BC 1055~BC 249) 임금이 왕궁 밖에서 매우 아름답고 근사한 바닷새와 마주칩니다. 바닷새를 사랑하게 된 임금은 바닷새를 궁궐로 데리고 오죠. 그리고 바닷새를 궁궐 안 가장 존귀한 곳, 종묘에 살게 합니다. 그렇게 임금은 종묘 안으로 데리고 들어온 바닷새에게 술을 내주고 가장 고귀한 음악인 구소도 들려줍니다. 소와 돼지와 양을 잡아 대접하기도 하고요. 하지만 해풍이 몰아치는 바닷가 암벽 틈에서 행복했던 바닷새에게 종묘는 가시방석 같았을 겁니다. 작은 물고기나 벌레를 잡아먹고 살았을 바닷새는 소나 돼지 같은 육류가 어리둥절하기만 합니다. 바람 소리와 나뭇가지 소리를 듣고 살았을 바닷새에게 구소의 음악은 소음이었을 테고요. 결국 바닷새는 스트레스를 견디지 못하고 사흘 만에 죽고 맙니다. 이렇게 바닷새 이야기는 새드 엔딩으로 마무리됩니다.

철학사적으로 바닷새 이야기는 공자(孔子, BC 551~BC 479)의 윤리를 향한 정면 비판입니다. 공자 윤리의 핵심은 바로 '서(恕)'로 요약됩니다. '같다'는 뜻의 '여(如)'와 '마음'을 뜻하는 '심(心)'으로 구성된 '서'는 나의 마음과 타인의 마음을 같다고 여겨야 한다는 요구입니다. 구체적으로 공자는 말합니다. '기소불욕(己所不欲) 물시어인(勿施於人).' 『논어(論語)』 「위령공(衛靈公)」편에 나오는 말로 "내가 원하지 않는 것을 남에게도 하지 말라"는 뜻이죠. 내가 싫어하는 것은 남도 싫어하고, 내가 좋아하는 것은 남도 좋아할 것이라는 우리의 상식과도 맥을 같이합니다. 이 윤리는 칸트(Immanuel Kant, 1724~1804)에게서도 유사하게 발견됩니다. "당신은 당신 의지의 원칙이 언제나 보편적 입법의 원리로서 타당할 수 있도록 그렇게 행위하라!" 『실천이성비판(Kritit der praktischen Vernunft)』에 나오는 말입니다. 내가 남에게 하려는 모든 행동은 남들이 나에게 해도 괜찮을, 그런 행동이어야 한다는 겁니다. 공자든 칸트든 아니면 우리의 상식이든 이런 생각이 옳으려면, 내가 원하는 것과 남이 원하는 것이 같아야 합니다. 이런 생각에 따르면, 남은 타자가 아니라 또 다른 나에 지나지 않겠죠. 본래 타자란 나와는 다르게 느끼고 욕망하는 존재인데 말입니다. 바닷새, 그것은 노나라 임금에게는 타자였습니다. 그런데 노나라 임금은 공자나 칸트의 명령을 그대로 실천한 사람이었죠. 나와 타자를 동일시해, 남들이 나에게 해주었으면 하는 것들, 즉 종묘와 같은 근사한 숙소, 소고기나 돼지고기 같은 맛난 음식, 품위 있는 음악을 바닷새에게 그대로 제공했으니까요. 이런 노나라 임금은 나쁜 사람이었을까요? 그가 설마 바닷새를 죽이려고 그렇게 해주었을까요? 그는 바닷새를 정말 사랑했고, 최선을 다해 그 마음을 표현했을 뿐입니다. 그런데도 그 마음과 달리, 사랑하는 존재를 죽음으로 몰고 가는 비극이 발생한 겁니다. 비극이 생긴 원인은 간단하죠. 노나라 임금은 바닷새가 자기와 유사한 존재가 아니라 자신과 다른 타자라는 것을 몰랐던 겁니다.

타자를 절실하게 읽으려면

———

장자는 타자를, 그리고 타자와의 관계를 고민했던 철학자입니다. 한마디로 타자의 철학자였죠. 혹은 사랑의 철학자라고도 할 수 있을 겁니다. 바닷새에 대한 노나라 임금의 비극적인 사랑을 다루면서 장자는 사랑의 한계와 가능성을 고민하니까요. 어쨌든 장자의 결론은 단순합니다. 노나라 임금은 자기와 같은 사람을 기르는 방법으로 새를 기르지 말고, 새를 기르는 방법으로 새를 길렀어야 했다는 겁니다. 그러니까 바닷새로 하여금 해풍이 몰아치는 바닷가 암벽 틈에 살게 하고, 작은 물고기나 벌레를 먹게 하고, 바람 소리와 나뭇가지 소리를 듣게 해야 했다는 거죠. 바로 그게 노나라 임금과는 달리 바닷새가 원하는 것들이니까요. 그리고 여기서 공자의 '서'가 전도됩니다. "내가 원하지 않는 것을 남에게도 하지 말라"는 가르침이 "남이 원하지 않는 것을 남에게 하지 말라"로 바뀌게 됩니다. '기소불욕 물시어인'이 폐기되고, 그 대신 '인소불욕(人所不欲) 물시어인(勿施於人)'이 새로운 윤리 강령이 되는 것입니다. 타자를 사랑한다면 타자가 원하는 것을 해주어야 합니다. 장자의 이러한 충고를 받아들이면 우리 삶은 완전히 바뀌게 됩니다. 어머니, 아버지, 남편, 아내, 딸, 아들, 선배, 후배 등등 '나를 둘러싼 모든 관계도 바닷새처럼 타자가 아닐까?' 하고 생각하는 순간, '그들을 사랑한다고 하면서 실은 파괴하고 있었던 것은 아닐까?' 하는 생각이 또 엄습합니다. 우리 자신이 바로 노나라 임금일 수도 있다는 서늘한 자각이죠.

자신의 사랑과 삶을 간절하게 되돌아보는 순간, 바닷새 이야기에서 또 주목해야 할 부분이 우리 눈에 들어옵니다. 바로 바닷새가 사흘 만에 죽었다는 부분입니다. 노나라 임금에게는 사랑이 파국으로 귀결되는 것을 막을 수 있는 시간이 사흘이었습니다. 그렇다면 우리에게는 얼마의 시간이 남아 있을까요? 우리는 자기 사랑에 취해 바닷새의 타자성을 거들떠보지도 않았던 노나라 임금의 사흘을 더 숙고할 필요가 있습니다. 그 사흘 동안 임금은 바닷새를, 그 바닷새의 내면을 읽으려 했을까요? 바닷새 이야기에는 새가 어리둥절해했다는 표현이 나옵니다. 먹지도 않고 마시지도 않으며 슬퍼했는데, 노나라 임금은 어째서 사흘 동안 그 모습을 보지 못했을까요? 타자는 말이죠, 처음 봐서는 그가 도대체 뭘 원하는지 모를 수 있습니다. 하지만 어느 정도 시간이 주어진다면, 타자가 말로 표현하지 않아도 우리는 알게 되어 있습니다. 최소한 내가 하는 행동을 타자가 견디기 힘들어하는지 느낄 수 있습니다. 사흘이라는 시간 동안 모든 것이 드러났습니다. 충분한 시간이었는데도 임금은 그것을 읽어내지 못했습니다. 타자가 진실로 원하는 것을 읽으려 하기보다, 자신의 행동을 타자도 좋아할 것이라는 자신만의 확신에 완전히 취해버렸기 때문입니다. 바로 이 순간 노나라 임금은 일종의 스토커에 지나지 않게 됩니다. 스토킹은 상대방이 원하지 않는 행위인데도 상대방이 원한다고 믿는 데서 시작되니까요.

사랑이란 무엇일까요? 일상적인 차원에서 사랑은 일차적으로 상대방이 원하는 것을 내가 해주려는 감정입니다. 좋아하는 대상이 생기면 누구나 느끼게 되는 자연스러운 감정이죠. 상대방이 원하는 걸 내가 해줄 때 상대방은 행복을 느끼게 됩니다. 그러면 상대방은 나를 떠나지 않죠. 나로 인해 행복을 느꼈는데 어떻게 그 사람이 나를 떠날 수 있겠습니까. 사랑이 막 시작된 연애 초기에 우리는 상대방이 원하는 걸 포착하려고 그야말로 혈안이 됩니다. 그걸 알아야 상대방을 행복하게 만들어 그 사람이 내 곁에 있게 할 수 있을 테니까요. 연애 시절에는 집요하게 상대방을 읽으려 하고, 그만큼 상대방이 원하는 것을 잘 압니다. 시간이 흘러 오래된 커플이 되거나 혹은 결혼을 하게 되면, 상대방을 읽으려는 노력은 점점 사그라들죠. 읽기를 멈추는 순간, 상대방이 내 시야에서 사라지는 순간, 사랑의 비극이 시작됩니다. 부부든 연인이든 상대방이 원하는 걸 더 이상 찾지 않는 관계가 된다면 그 사랑은 사실상 끝난 겁니다. 상대방이 내 곁에 머물도록 행복하게 해주겠다는 생각이 사라진 것이니까요. 그 대신 이제는 웬만하면 상대방이 나를 떠나지 않는다는, 아니 떠나기 힘들다는 오만함이 자란 겁니다. 노나라 임금이 바닷새를 잡아 도망가지 못하게 궁궐로 데려와 종묘에 가둔 정황이 중요한 것도 이런 이유가 아닐까요? 바닷새가 나를 떠날 수 없으니, 바닷새를 절실하게 읽으려는 의지도 약해진 거죠. 만약 바닷새가 언제든 자유롭게 날아갈 수 있었다면, 노나라 임금은 바닷새가 무엇을 원하는지 읽으려 했을 겁니다. 바닷새가 싫어하는 것을 조금이라도 행하는 순간, 바닷새는 나를 떠나 표연히 날아가버릴 테니까요.

내가 변하는 것이 사랑

———

노나라 임금은 자기가 좋아하는 것을 바닷새에게 해주면서 그것을 사랑이라고 생각했습니다. 여기까지는 문제가 없습니다. 바닷새가 무엇을 좋아하는지 처음부터 알 수는 없으니까요. 하지만 바닷새는 노나라 임금에게 어떤 식으로든 자신의 속내를 표현합니다. 불행히도 노나라 임금은 바닷새를 읽으려 하지 않았습니다. 바닷새가 자신을 버리고 날아갈 위험이 없었기 때문입니다. 그렇기 때문에 바닷새를 읽으려는 절박함이 약해진 거죠. 바닷새는 자신이 원하는 것을 임금이 해주지 않자, 임금의 곁에서 몸이 떠나지는 못하지만 생명을 다함으로써 그의 곁을 떠나고 말았습니다. 그래서 바닷새의 비극적인 죽음은 바닷새의 마지막 자유를 상징한다고 할 수 있습니다. '선녀와 나무꾼' 이야기를 아실 겁니다. 선녀가 내려오자 나무꾼이 선녀가 입고 왔던 옷을 숨깁니다. 여기서 옷은 자유를 상징하죠. 선녀 옷을 빼앗긴 선녀는 종묘에 갇힌 바닷새와 같습니다. 선녀 옷을 입은 선녀로부터 사랑을 받아야 했는데, 나무꾼은 선녀가 자신을 떠

나지 못하게 만들어 사랑을 얻으려 했던 겁니다. 나무꾼은 불완
전한 사랑이자 폭력과 비극이 예견되는 사랑을 택한 셈이죠. 사
랑이 힘든 것은, 양쪽 다가 주인이고 양쪽 모두가 자유로운 존
재여서 그렇습니다. 자유와 자유가 만나는 팽팽한 긴장감이지
요. 사랑하는 사람이 원하는 건 상대방이 가장 자연스럽게 어떤
강요도 없이 나를 사랑하는 것입니다. 결국 사랑하는 사람이 원
하는 것은 그 사람의 자유라는 이야기도 성립되는 셈이죠. 사르
트르(Jean Paul Sartre, 1905~1980)가 『존재와 무(L'Être et le Néant)』에서 강
조한 것도 바로 이겁니다.

　스피노자(Baruch Spinoza, 1632~1677)는 『에티카(Ethica)』에서 타자
를 만나면 우리에게 두 가지 감정이 든다고 말합니다. 하나는
기쁨, 하나는 슬픔. 기쁨이란 타자로 인해 내 삶이 상쾌해지는
느낌, 스피노자의 표현을 빌리면 '코나투스(conatus)', 즉 삶의 자
유가 증진되는 느낌을 말하죠. 반대로 슬픔은 사는 것이 고욕으
로 느껴질 정도로 삶이 버거운 느낌, 코나투스가 위축되는 느낌
입니다. 스피노자의 윤리학은 단순합니다. 기쁨은 지키고 슬픔
은 제거하라는 겁니다. 그러나 스피노자의 가르침을 따르기는
생각만큼 쉽지는 않습니다. 사회생활을 생각해보세요. 마음에
들지 않는 상사와 동료가 있어도 우리는 회사에 출근합니다. 슬
픔을 주는 타자와 함께하니, 우리 삶은 점점 무거워지죠. 그래서
우리는 슬픔이든 기쁨이든 감정 자체를 제거하려고 합니다. 무
감각의 전략인 셈입니다. 그래서 사실 타자를 만나도 아무런 감
정도 들지 않을 때가 더 많습니다. 기쁨도 슬픔도 발생하지 않
는다면, 타자를 만나도 사실 '만났다'고 볼 수 없습니다. 만나되

나 자신이 송두리째 죽고, 내가 변하는 것이 사랑입니다
내 것을 유지하고 내가 강하게 유지되는 것은
사랑의 속성이 아닙니다

만나지 않은 것입니다. 오늘 하루 우리는 많은 사람들을 만났지만 만난 사람은 거의 없는 셈이죠. 지하철에서, 버스에서, 택시에서, 직장에서 그리고 식당에서 물리적으로는 수많은 사람들을 만났지만, 우리의 마음에는 기쁨의 감정도 슬픔의 감정도 일어나지 않았으니까요. 심지어 귀가해 남편을, 아내를, 딸을, 아들을 봐도 어떤 감정도 일어나지 않을 수 있습니다. 이 경우 우리는 아내를, 남편을, 딸을, 아들을 만난 것 같지만 만나지 않은 겁니다. 내 감정에 기쁨이나 슬픔이 일어야 내가 만난 타자를 타자로 헤아릴 수 있습니다. 불어오는 바람에 왠지 경쾌해지는 날, 그럴 때 그 바람이 기억에 남듯이, 누군가 혹은 무언가 기억에 남아 있다면 어떤 식으로든 내게 기쁨을 주었거나 슬픔을 준 경우죠. 그 타자는 사람일 수도 있고, 꽃이나 풍경이나 음식일 수도 있고, 바람일 수도 있고 구름일 수도 있습니다.

노나라 임금도 바닷새를 '만난' 겁니다. 바닷새가 기쁨과 함께 그에게 날아든 거죠. 지금까지 노나라 임금은 바닷새들을 포함해 수많은 새들을 만났을 겁니다. 하지만 어떤 감정도 들지 않았으니 무심하게 그것들을 스쳐 지나갔다고 할 수밖에요. 그런데 이번에 그는 바닷새를 제대로 만났습니다. 그 바닷새가 날아들자 기쁨도 함께 날아왔으니까요. 그 기쁨을 포기할 수 없어서, 기쁨을 주는 존재와 영원히 함께하고 싶어서 노나라 임금은 바닷새를 데리고 온 겁니다. 문제는 바닷새에게 노나라 임금과의 만남은 슬픔이었다는 것이죠. 그 슬픔은 종묘에 갇히면서 더 심화됩니다. 소고기나 돼지고기, 그리고 궁중음악도 바닷새의 코나투스를 더 감소시킵니다. 불행히도 임금은 자기가 무슨 일을 했는지 모릅니다. 그 자명한 진리, 사랑은 내가 사랑하는 사람이 원하는 것을, 나에게 기쁨을 주는 사람이 원하는 것을 해줘야 한다는 사실을 몰랐던 거예요. 상대방의 코나투스를 증진시켜주지 못하면 상대방은 나를 떠나가거나 죽어갈 겁니다. 그렇습니다. 심지어 그 사람이 나를 보기 싫어하는 것까지도 받아들이고, 그 사람이 원하는 것이 내가 사라지는 것일지라도 기꺼이 받아들여야 합니다. 그런 각오가 없으면 사랑은 비극으로 귀결될 테니까요. 그럴 각오까지 한다면 내가 원하는 것을 버리는 것쯤 못 할까요? 나 자신이 송두리째 죽고, 내가 변하는 것이 사랑입니다. 내 것을 유지하고 내가 강하게 유지되는 것은 사랑의 속성이 아닙니다. 바닷새가 사흘 만에 죽자 노나라 임금은 어떻게 했을까요? 자신이 그리 아껴주었는데 왜 죽었을까를 생각하며 슬피 울었겠죠. 여기에 기괴함이 있습니다. 자신이 죽게 만들고서 "내가 얼마나 사랑했는데!"라고 탄식할 테니까요.

3

소요하라,
당신의 삶을!

빈 배 이야기

배를 붙여서 황하를 건너가고 있는데 빈 배가 떠내려와 부딪힌다면, 아무리 성격이 급한 사람이라 해도 화를 내지는 않는다. 그런데 만약 그 배에 누군가 타고 있다면, 그 타고 있는 이에게 저리 비키라고 소리칠 것이다. 처음에 소리를 질렀는데 듣지 못하고, 두 번째 소리를 질러도 듣지 못한다면, 세 번째 소리를 지를 때는 틀림없이 험악한 소리가 뒤따르게 될 것이다. 전에는 화를 내지 않았는데 지금은 화를 내는 것은, 전에는 배가 비어 있었고 지금은 배 안에 누군가 있기 때문이다.

사람이 자신을 비우고 세상에 노닐 수 있다면, 그 누가 그를 해칠 수 있겠는가!

「산목」

方舟而濟於河, 有虛船來觸舟, 雖有惼心之人不怒. 有一人在其上, 則呼張歙之. 一呼而不聞, 再呼而不聞, 於是三呼邪, 則必以惡聲隨之. 向也不怒而今也怒, 向也虛而今也實.
人能虛己以遊世, 其孰能害之!

「山木」

배를 붙여서 황하를 건너려는 사람

―――

　『장자』의 첫 번째 편 제목은 한 번쯤 들어보셨을 겁니다. '소요유(逍遙遊)'죠. '소요'라는 말은 '한가롭고 여유로운' 혹은 '목적이 없는'이라는 뜻입니다. 그러니까 '소요유'는 '한가로운 여행'이나 '목적 없는 여행'으로 번역할 수 있습니다. 물론 이 제목은 장자가 붙인 것은 아닙니다. 전국시대가 끝나고 진(秦)나라 (BC 221~BC 207)를 거쳐 한(漢)나라(BC 202~AD 220)에 이르러 『장자』를 편집했던 누군가가 붙인 겁니다. 최초의 편집자가 장자 사유의 지향점을 소요유라고 이해했다는 것이 중요합니다. 도대체 그는 장자에게서 무엇을 본 것일까요? 흥미롭게도 「소요유」 편에는 '목적 없는 여행'이 무엇인지를 직관적으로 보여주는 이야기가 특별히 없습니다. 그래서 우리는 「산목」 편에 등장하는 '빈 배 이야기'에 주목하게 됩니다. 소요유가 무엇인지를 알려주기에 이만한 이야기도 없으니까요. 빈 배 이야기는 단순합니다. 배를 타고 황하를 건너는 사람이 있었습니다. 그런데 빈 배가 떠내려와 그의 배와 쿵 하고 부딪힙니다. 하지만 그는 화를 내지는 않았습니다. 빈 배였으니까요. 그런데 누군가 배에 타고 있었다면 그는 격노했을 겁니다. "야! 배를 어떻게 그 따위로 몰아!" 상대방이 잘못을 겸허하게 받아들이고 진심으로 사과하면 괜찮겠지만, 상대방이 적반하장식으로 대들기라도 하면 상황은 걷잡을 수 없이 악화될 겁니다. 심하면 칼부림도 일어날 수 있죠. 지금도 도로에서 흔히 벌어지는 풍경이기도 합니다.

가볍게는 말다툼, 심하면 살인으로까지 비화할 수 있는 상황을 원천봉쇄하는 방법은 무엇일까요? 부딪힌 배가 비어 있으면 됩니다. 빈 배 이야기에서 읽을 수 있듯 "빈 배가 떠내려와 부딪힌다면, 아무리 성격이 급한 사람이라 해도 화를 내지는 않을" 테니까요. 여기서 교훈을 쉽게 끌어낼 수 있습니다. 빈 배처럼 살아야 잘못과 실수를 저질러도 우리는 어떤 책임으로부터도 자유로울 수 있다! 그래서 빈 배 이야기도 "사람이 자신을 비우고 세상에 노닐 수 있다면, 그 누가 그를 해칠 수 있겠는가!"라고 결론 내리는 것입니다. 그렇지만 우리는 되물어야 합니다. 빈 배처럼 살려면, 다시 말해 자신을 비우고 세상에 노닐려면 어떻게 해야 할까? 이런 의문을 갖는 순간 우리는 머뭇거리게 됩니다. 자신을 비우고 세상에 노닌다는 게 뭔지 막연하기만 하니까요. 빈 배 이야기의 의미를 제대로 맛보려면, 우리는 자신을 비운 상태가 아니라 자신을 채운 상태가 어떤 상태인지 생각해봐야 합니다. 결국 핵심은 "배를 붙여서 황하를 건너는" 사람을 숙고하는 데 있죠. 이 사람은 '사람이 타고 있는 배' 혹은 '자신을 채우고 있는 사람'을 상징하기 때문입니다. 빈 배 이야기가 제안하는 바람직한 삶을 파악하려면, 우리는 이 사람이 어떤 사람인지 알아야 합니다. '배를 붙여 황하를 건너는' 사람처럼 살지 않는 사람이 자신을 비우고 세상에 노니는 사람일 테니까요.

먼저 배를 붙여서 황하를 건너려는 사람이 어떤 사람일지 추측해보죠. 이 사람은 왕이나 고관대작, 혹은 부자일 거라 추측됩니다. "배를 붙여서"라는 표현이 나오죠. '방주(方舟)'라는 말입니다. 파도에 쉽게 흔들리지 않게 하려고 배들을 서로 옆에 붙이는 것을 말합니다. 파도에 배를 덜 흔들리게 해서 뱃멀미를 피하려는 겁니다. 한마디로 "배를 붙이면" 배는 육지와 비슷해집니다. 역사적으로 봐도 군주 등은 바다가 아니더라도 하천을 건널 때 큰 배를 타거나 아니면 작은 배들을 붙여서 타고 건넜죠. "배를 붙여 황하를 건너려는" 사람은 육지의 삶을 긍정하고 황하의 삶을 부정하는 사람입니다. 아니 정확히 말해 그는 자신의 육지에서의 지위를 흔드는 황하의 파도를 혐오하죠. 그러니 반대편 육지에 닿기 위해 황하를 가급적 빨리 벗어나야 합니다. 요동치는 파도와 극심한 뱃멀미는 모든 인간에게 공평한 법입니다. 작은 배를 탔다가는 시중드는 신하나 하인들과 함께 뱃멀미를 하고 먹은 걸 게울 것이 자명합니다. 신하나 하인과 함께 먹은 것을 게운다! 황하는 모든 신분 질서를 뒤흔들고 군주나 부자라는 자의식을 흔들 수 있습니다. 그래서 그는 배를 붙여서 황하 위에서도 자신의 권위를 유지하려 했던 것입니다. 결국 작은 배들을 붙여 만든 일종의 거대한 배는 그의 권위를 상징한다고 할 수 있죠. 그래서 누군가 이 거대한 배를 건드리거나 배의 진행을 막는 것은 그에게 견딜 수 없는 일일 것입니다.

소유욕은 자의식과 함께한다

———

자, 이제 "배를 붙여서 황하를 건너려는" 사람, 즉 '자신을 비우지 못해 세상에 노닐지 못하는' 사람의 특징을 철학적으로 심화해보도록 하죠. 첫 번째는 소유욕과 자의식의 문제입니다. 어떤 사람이 다른 사람의 배를 얻어 타고 황하를 건넌다고 해볼까요. 이때 다른 배가 잘못해서 이 배에 부딪히면, 배 주인과 배를 얻어 탄 사람 중 누가 더 화를 낼까요? 아마도 '내 배야'라는 의식을 가진 배 주인일 겁니다. 층간 소음이 발생한 경우도 생각해보세요. 같은 집이어도 월세로 사는 사람과 자기 집인 사람 중 누가 층간 소음에 민감할까요? 비슷한 성정을 가지고 있다면 집 소유자가 더 민감할 가능성이 클 겁니다. 산길에 있는 바위와 내가 집 앞에 설치한 벤치가 있다고 해보세요. 그 바위나 벤치는 두서너 명이 앉을 수 있는 크기입니다. 내가 먼저 앉아 있는 곳에 다른 사람이 앉으려 할 경우, 바위와 벤치 중 어느 곳에서 더 불편하고 심지어 불쾌한 감정이 들까요? 벤치 쪽일 겁니다. 바위는 내 것이 아니지만 벤치는 내 것이라는 생각이 강하기 때문이죠. 이는 모두 내가 가진 것이 나를 설명한다는, 달리 말해, 나는 내가 가진 것이고 내가 가진 것이 바로 나라는 인간의 해묵은 편견과 관련됩니다.

재산, 지위, 권력, 명예, 학위, 소위 스펙이라고 말하는 것 등 내가 가지고 있는 것이 바로 나입니다. 희소하고 근사한 것을 가질수록, 혹은 평범한 것이라도 많이 가질수록, 나는 근사한 사람이 되고 부유한 사람이 된다는 이야기죠. 권력을 가지면 위대한 사람이 되고, 돈을 많이 가지면 부유한 사람이 되는 겁니다. 당연히 위대한 사람인 나를 유지하고 싶다면 나는 권력을 쥐고 있으려고 노력하게 됩니다. 부유한 사람인 나를 유지하고 싶다면 돈을 계속 가지고 있어야 하죠. 내가 가진 것을 누군가 침범

할 때 우리가 격렬히 분노하는 것도 이런 이유에서입니다. 누군가 내가 가진 것을 훼손하면 그는 나를 훼손하는 것이고, 누군가 내가 가진 것에 침을 뱉으면 그가 내 얼굴에 침을 뱉는다고 느낍니다. 이렇게 소유욕은 자의식과 함께합니다. 식당에서 누군가가 갑자기 포크를 들어 내 파스타를 덜어갈 때 모멸감을 느끼게 되는 것도 이런 이유에서일 겁니다. "내가 가진 돈으로 산 파스타야" "이 파스타는 내 거야" 이런 생각이 강할수록 나의 분노는 클 겁니다. 그러나 공짜로 얻은 파스타라면 화가 덜 나겠죠. 혹은 내 사람이라고 여기는 아내나 남편, 아이 혹은 친구나 애인이 내 파스타를 가져갔다면 모멸감을 느끼거나 화가 나지는 않을 겁니다.

　이제 공식처럼 외워두는 것이 좋습니다. "내 것이라는 의식은 나라는 의식과 함께한다"고 말이죠. 이제야 우리는 "배를 붙여서 황하를 건너려는" 그 군주가 왜 자신의 배에 부딪힌 다른 배에 분노하는지 알게 됩니다. 배들이라고 부를 수 있는 그 거대한 배는 바로 자신의 소유물이자, 나아가 군주로서 자기 자신이기도 하기 때문이죠. 그렇다면 빈 배가 와서 부딪힌 경우 화를 삭이거나 화를 내지 않은 이유는 무엇일까요? 나의 소유물을 훼손하는, 혹은 빼앗을 수 있는 잠재적 경쟁자가 없기 때문일 겁니다. 이제야 "자신을 비우고 세상에 노닐어야 한다"는 장자의 가르침 중 "자신을 비운다"는 말의 의미가 우리 눈에 드러납니다. '실(實)'이 가득 채운다는 의미라면 '허(虛)'는 텅 비운다는 뜻입니다. 이미 '비운다'는 말에는 어떤 소유 의식의 부정이 전제되어 있죠. 자신을 비운다고 해서 멍하니 의식을 버린다거나 무언가 신비체험을 하는 것이 아닙니다. 충간 소음이 들리면 윗집 아이들이 아파트에서도 건강하게 자란다고 생각하고, 내가 앉아 있는 벤치에 누군가 앉으려 하면 그가 편히 앉도록 엉덩이를 옮겨주고, 누군가 파스타를 가져가 먹으면 그가 얼마나 배고팠을지 걱정하는 것이니까요. 결국 "자신을 비우자" 놀랍게도 그 자리에 타자가 들어섭니다. 인간이든 동물이든 아니면 자연이든 그것이 무엇이든 간에, 자신을 비운 사람은 극도로 타자에 민감한 상태에 있게 되니까요.

자신을 비우고 세상에 노니는 사람

———

"배를 붙여서 황하를 건너려는" 사람의 두 번째 특징을 살펴볼 차례입니다. 우선 주목해야 할 것은 이 사람의 목적지가 황하가 아니라 건너편 육지라는 사실입니다. 그에게 황하는 없으면 좋았을 것에 지나지 않습니다. 이 사람에게 황하에서의 시간은, 황하의 물결을 타는 시간은 없애도 되는 시간, 빨리 지나가야 하는 시간으로 보일 겁니다. '위(爲)'라는 한자를 아시죠. 사람들은 누군가와 술잔을 부딪치며 말하곤 합니다. "성적 향상을 위하여!" "건강을 위하여!" "내 집 마련을 위하여!" "행복을 위하여!" "취업을 위하여!" 등등. 지금 바로 이 순간이 아니라 앞으로 도달해야 하는 어떤 상태를 생각하는 겁니다. 철학에서는 이런 것을 목적이라고 합니다. 문제는, 목적에 대한 생각이 강하면 지금 이 순간은 빨리 지나가야 할 것이나 목적을 위한 수단이 되고 만다는 겁니다. 미래에 달성할 목적을 위해 현재의 모든 것을 수단으로 관리하고 통제해야 한다! 이런 문맥에서 바로 '합목적성(合目的性, Zweckmäßigkeit, purposiveness)'이라는 개념이 나온 것입니다. 이 개념은 목적(目的, Zweck, purpose)에 부합한다는, 혹은 부합해야 한다는 뜻이니까요. 『장자』를 포함해 『도덕경(道德經)』 『논어(論語)』 등 중국 고전에는 '유위(有爲)'와 '무위(無爲)'라는 말이 자주 등장합니다. 글자 그대로 무언가 위하는 것이 있는 행위가 바로 '유위'라면, 위하는 것이 없는 행위가 '무위'죠. 철학적으로 표현하면 '합목적성에 지배되는 행동'이 바로 '유위'이고, 대조적으로 '합목적성에 지배되지 않는 행동'이 바로 '무위'인 것입니다. 『호모 루덴스(Homo Ludens)』의 저자 하위징아(Johan Huizinga, 1872~1945)라면 유위를 노동이라고, 무위를 놀이라고 했을 겁니다.

놀이가 주로 어린아이들의 행동에서 발견된다면, 노동은 어른들에게서 쉽게 확인되죠. 대부분 어른들에게는 수단과 목적이 늘 나뉩니다. 커피 물을 끓이기 위해 가스 불을 켠다면, 가스 불을 켜는 것이 수단이 되고 커피 물을 끓이는 것이 목적이 되죠. 커피 물을 왜 끓이느냐 하면 이게 다시 수단이 됩니다. 커피를 마시기 위해서죠. 커피는 왜 마시나요? 이게 또 수단이 됩니다. 잠을 깨기 위해서. 이렇게 수단과 목적이 계속 분리됩니다. 중요한 것은, 합목적인 행동은 항상 행복을 뒤로 미룬다는 사실입니다. 가스 불을 켤 때는 행복하지 않고 물이 끓어야 행복하고, 물이 끓을 때는 행복하지 않고 커피를 마셔야 행복하고, 커피를 마실 때는 행복하지 않고 잠에서 깰 때가 행복하니까요. 반면 놀이처럼 합목적이지 않은 행동을 한다면 가스 불을 켤 때도 즐겁고, 물이 끓을 때도 즐겁고, 커피를 마실 때도 즐겁고, 잠이 깰 때도 즐겁죠. 정확히 말해, 즐겁지 않으면 가스 불도 안 켜고, 물도 끓이지 않고, 커피도 마시지 않고, 잠에서 깨지도 않는다고 해야 합니다. 아이들에게서는 수단과 목적이 분리되지 않습니다. 불장난은 그냥 불장난이고, 곤충 껍질을 모으는 것도 그냥 모으는 것이니 목적이 없습니다. 그냥 좋아서 하는 거죠. 하루하루, 순간순간이 행복한 아이들을 질투하는 걸까요. 어른들은 지혜로운 척하면서 아이들을 훈계합니다. "그걸 하면 쌀이 나오냐, 밥이 나오냐!" 매 순간 행복을 뒤로 미루며 행복의 꽁무니만 좇고 있는 사람들, 불행이 생활화되어 있는 사람들이 무슨 자격으로 이런 훈계를 하는 걸까요. 정말 웃기는 일입니다. 결국 "배를 붙여서 황하를 건너려는" 사람은 유위나 노동의 화신이었던 겁니다. 작은 배가 충돌했을 때 그가 화를 내기 쉬운 것도 이런 이유에서죠. 반대편 땅에 닿으려는 목적을 빨리 달성하는 걸 방해받았기 때문입니다. 마치 커피를 마셔야 하는데, 물을 끓여야 하는데, 가스 불이 잘 켜지지 않아 짜증을 내듯 말입니다.

이제 빈 배 이야기의 의미, 혹은 자신을 비우고 세상에 노니는 사람이 어떤 사람인지가 분명해집니다. 자신을 비운다는 것은 내 것이라는 소유욕뿐만 아니라, 주어진 순간을 부정하는 목적의식을 비운다는 것을 의미하지요. 빈 배는 바로 이를 상징합니다. 빈 배는 내 것이라는 소유욕도 없고 황하를 건너겠다는 목적의식도 없으니까요. 빈 배는 그저 황하의 물결과 즐거운 놀이를 할 뿐이죠. 이 점에서 세상에 노닌다로 번역된 유세(遊世)라는 말이 그 은은한 빛을 드러냅니다. '유(遊)'라는 동사는 '논다' 혹은 '여행한다'는 뜻입니다. 물론 여기서 여행은 출발과 귀가의 시간이 정해진, 일정이 미리 잡힌 관광과 같은 것은 아닙니다. 여행은 즐거우면 지속하고 그렇지 않으면 바로 그만두는 것이니까요. 그래서 『장자』 편집자는 장자가 제안한 여행에 '소요(逍遙)'라는 수식어를 붙인 것입니다. 진짜로 한가로운 여행, 목적 없는 여행, 그래서 즐거운 곳이 있으면 머물고 그렇지 않으면 떠나는 놀이와 같은 여행이 바로 소요유이기 때문이죠. 그래서 노니는 세상은, 노닐고 있다면, 절대적인 긍정의 세상이 되는 겁니다. 바로 이 순간 그리고 내 앞에 펼쳐진 세계는 무엇과도 바꿀 수 없는 소중한 것이니까요. 세상에 노니는 사람은 머물고 싶으면 머물고, 가고 싶으면 떠나는 사람입니다. 여기서 자유가 의미 있는 것이 아닐까요. 분명 모든 사람들이 이 빈 배처럼 되는 사회가 장자가 꿈꿨던 사회일 겁니다. 빈 배와 빈 배가 떠다니는 세계! 육지에 빨리 이르려는 생각이 없기에 속도도 그리 빠르지 않은 배들입니다. 물결을 타고 여유롭게 움직일 뿐이니 충돌할 가능성도 별로 없습니다. 간혹 부딪혀도 쿵 소리가 아니라 통 소리가 날 겁니다. 그러면 까르르 웃음소리가 이어질 겁니다. 재미난 해프닝이 벌어졌으니까요.

4

바람이 분다,
그러니 살아야겠다!

대붕 이야기

북쪽 바다(北冥)에 물고기 한 마리가 있었는데, 그 물고기의 이름은 곤(鯤)이다. 곤의 크기는 몇 천 리인지를 알지 못할 정도로 컸다. 그것은 변해서 새가 되는데, 그 새의 이름이 붕(鵬)이다. 붕의 등도 몇 천 리인지를 알지 못할 정도로 컸다. 붕이 가슴에 바람을 가득 넣고 날 때 그의 양 날개는 하늘에 걸린 구름 같았다. 그 새는 바다가 움직일 때 남쪽 바다(南冥) 방향으로 여행하려고 마음먹는다. (…)

물이 두껍게 쌓이지 않으면, 그 물은 큰 배를 실어 나를 수 있는 힘이 부족하게 된다. 한 사발의 물을 바닥의 움푹한 곳에 부으면, 갈대는 그곳에서 배가 될 수 있다. 그렇지만 그곳에 큰 사발을 띄우려 한다면, 그것은 바닥에 붙어버릴 것이다. 물은 얕고 배는 크기 때문이다. 바람이 충분히 쌓이지 않으면, 그 바람은 커다란 양 날개를 실어 나를 수 있는 힘이 부족할 수밖에 없다. 그래서 그 새는 구만리를 날아올라 자신의 밑에 바람을 두었을 때에만 자신의 무게를 바람에 얹을 수 있고, 등에 푸른 하늘을 지고 그를 막을 수 있는 것이 없게 된 다음에야 남쪽으로 향하는 자신의 여정을 시작할 수 있다. (…)

메추라기가 그것을 비웃으며 말했다. "그는 장차 어디로 가려 하는가? 나는 위로 날아오르지만 얼마 오르지 않고 곧 다시 내려오며, 대부분 수풀 사이에서 자유롭게 날갯짓을 하며 지낸다. 이것 또한 '완전한 날기(飛之至)'인데, 그는 장차 어디로 가려 하는가?"

「소요유」

北冥有魚, 其名爲鯤. 鯤之大, 不知其幾千里也. 化而爲鳥, 其名爲鵬. 鵬之
背, 不知其幾千里也. 怒而飛, 其翼若垂天之雲. 是鳥也, 海運則將徙於南冥.
(…)

且夫水之積也不厚, 則其負大舟也無方. 覆杯水於坳堂之上, 則芥爲之舟.
置杯焉則膠. 水淺而舟大也. 風之積也不厚, 則其負大翼也無力. 故九萬
里, 則風斯在下矣, 而後乃今培風, 背負靑天而莫之夭閼者, 而後乃今將圖
南. (…)

斥鴳笑之曰, '彼且奚適也? 我騰躍而上, 不過數仞而下, 翺翔蓬蒿之間. 此
亦飛之至也, 而彼且奚適也?'

「逍遙遊」

'곤'은 어떻게 '붕'이 되었나

    『장자』라는 방대한 이야기책에도 당연히 시작을 알리는 이야기가 있습니다. 장자 본인은 아니더라도 최소한 『장자』의 편집자는 고민했을 겁니다. 첫 번째 이야기가 『장자』의 전체 운명을 결정할 테니까요. 시시하지 않아야 하고, 나아가 독자의 흥미도 자극해야 합니다. 너무 쉽지도, 너무 어렵지도 않아야 하고요. 또한 앞으로 읽을 모든 이야기의 기본적인 방향을 암시하기도 해야 합니다. 결과론적으로 『장자』의 편집자는 첫 이야기를 잘 선정했죠. 『장자』를 본격적으로 읽지 않은 사람이라도, 장자 하면 누구나 '대붕(大鵬)'이나 '대붕의 자유'를 연상하니까요. 그렇습니다. 『장자』의 첫 번째 편인 「소요유」를 시작하는 이야기는 바로 '대붕 이야기'입니다. 대붕 이야기를 읽을 때 주의해야 할 게 하나 있어요. 다른 이야기와 달리 대붕 이야기에는 유사한 내용이 중복되거나 앞 구절을 부연하는 부분이 많습니다. 대붕 이야기를 최초로 기록한 사람이 그 이야기에 주석을 붙인 것 같은데, 그것이 편집자의 손에 들어온 것으로 보입니다. 불행히도 『장자』의 편집자는 원래 이야기에 덧붙여진 주석을 도려내지 않습니다. 아마 그는 『장자』를 경전처럼 생각한 탓에 자신이 입수한 자료에 메스를 대기 힘들었던 것 같습니다. 하지만 대붕 이야기를 일종의 소설로 보면, 이야기의 자연스러운 흐름을 방해하는 주석 부분은 금방 도려낼 수 있습니다. 방금 읽어본 대붕 이야기에 등장하는 생략 기호는 그 결과물이라고 이해하면 됩니다.

자, 이제 본격적으로 대붕 이야기를 읽어보도록 하죠. 북쪽 바다에 곤이라는 거대한 물고기가 살고 있다는 것으로 이야기는 시작됩니다. 크기가 수천 리나 된다고 하니 곤은 정말 거대한 물고기죠. 이 곤이 변해서 동일한 크기의 거대한 새가 됩니다. 바로 이 새가 붕입니다. 문제는 붕은 새가 되었어도 날 수 없다는 것입니다. "바다가 움직일" 정도의 거대한 바람이 불지 않으면 붕은 남쪽 바다 방향으로 날 수가 없었던 겁니다. 붕은 그만큼 거대한 새였죠. 마침내 기다리던 거대한 바람이 불어옵니다. 붕은 그 바람을 타고 올라 "하늘에 걸린 구름 같은" 양 날개를 움직여 남쪽 바다 방향으로 비행을 시작합니다. 마침내 붕이 우리가 알고 있는 대붕이 된 것입니다. 곤이 붕으로 변하고 진정한 대붕이 되어 창공을 날 때까지 세 단계를 거친다는 것에 주목해야 합니다. 첫째로는 거대한 물고기인 곤의 단계, 둘째로는 거대한 새가 되었지만 아직 창공을 날 수 없는 붕의 단계, 그리고 마지막 셋째로는 창공을 실제로 날게 된 대붕의 단계. 흥미롭게도 대붕 이야기를 읽을 때 우리는 둘째 단계에서 셋째 단계로의 변화, 그러니까 날지 못하던 붕이 바람을 타고 날면서 진정한 대붕이 되는 과정에만 신경 쓰기 쉽습니다. 사실 대붕 이야기 전체도 이 과정을 묘사하는 데 지면을 대부분 할애하고 있기도 합니다. 하지만 대붕 이야기의 진정한 매력을 온몸으로 느끼려면, 우리는 곤이 붕으로 변하는 첫 번째 과정에 주목해야 합니다.

첫 번째 과정을 묘사하는 구절은 그 내용의 엽기성에도 불구하고 표면적으로는 매우 무미건조하고 짧습니다. "북쪽 바다에 물고기 한 마리가 있었는데, 그 물고기의 이름은 곤이다. 곤의 크기는 몇 천 리인지 알지 못할 정도로 컸다. 그것은 변해서 새가 되는데, 그 새의 이름은 붕이다. 붕의 등도 몇 천 리인지를 알지 못할 정도로 컸다." 여기서 우리는 "변해서 새가 되었다"로 번역되는 "화이위조(化而爲鳥)"라는 네 글자에 온 신경을 집중해야 합니다. 그리고 질문을 던져야 합니다. '왜 곤은 붕이 된 것일까?' 의문을 갖자마자 다른 의문들이 이어집니다. '물고기는 그냥 저절로 새가 된 것일까, 아니면 의지를 가지고 새가 된 것일까?' 붕이 대붕이 되는 두 번째 과정, 즉 바람을 기다리고 그것을 타려는 과정을 생각해보면, 곤은 새가 되려는 의지를 가졌고 마침내 새가 되는 데 성공한 것으로 독해하는 것이 좋을 듯합니다. 또 다른 의문이 저절로 생깁니다. '왜 곤은 새가 되려 했던 것일까?' 비트겐슈타인(Ludwig Josef Johan Wittgenstein, 1889~1951)은 『논리철학논고(Tractatus Logico-Philosophicus)』에서 말합니다. "행복한 사람의 세계는 불행한 사람의 세계와는 다른 세계다." 자신의 삶이 불행하다는 것을 아는 사람은 불행에서 벗어나려 할 것입니다. 행복해지려고 말입니다. 곤은 불행한 물고기, 정확히는 자신이 불행하다는 것을 아는 물고기였던 것입니다. 곤은 왜 자신이 불행하다고 느꼈을까요? 아마도 해답의 실마리는 "곤의 크기는 몇 천 리인지를 알지 못할 정도로 컸다"는 구절에서 찾을 수 있을 듯합니다. 곤은 아주 커다란 물고기여서 자신이 살고 있는 북쪽 바다가 너무 좁았던 겁니다. 북쪽 바다를 중국 북쪽 바이칼호(Lake Baikal)라고 상상해보세요. 실제로 기원 전후 중국 사람들은 이 거대한 호수를 '북해(北海)'라고 불렀으니까요.

바다가 움직일 정도의 거대한 바람이 불지 않으면
붕은 남쪽 바다 방향으로 날 수 없었던 겁니다
붕은 그만큼 거대한 새였죠

타자의 세계로 이끄는 바람

    곤은 자신이 살고 있는 세계가 너무 답답하고 갑갑했습니다. 북쪽 바다가 충분히 넓어 자유롭게 헤엄칠 수 있었다면 곤은 불행하지도 않고 다른 세계를 꿈꾸지도 않았을 겁니다. 이제 구체적으로 곤이 붕이 되는 과정을 상상해보도록 하죠. 분명 곤은 얕은 물에 잘못 들어갔다가 물 밖으로 밀려 나오기도 했을 겁니다. 물고기로서는 매우 불쾌한 경험이지요. 처음 경험한 대기의 느낌도, 바람의 움직임도 낯설기만 할 테니까요. 물 바깥의 바람을 우연히 접한 대부분의 작은 물고기들은 두려움을 느끼며 물속으로 깊이 들어가려 할 겁니다. 바람은 낯선 세계, 자신을 죽음으로 몰고 갈 수 있는 타자의 세계를 상징하니까요. 당연히 곤도 가급적 물가 근처에서는 헤엄치려 하지 않았을 겁니다. 그럴수록 운신의 폭이 더 좁아지고, 자기 세계의 협소함이 더욱 뼈저리게 다가오겠죠. 불행한 곤은 자신도 모르게 물 바깥을 보는 일이 많아집니다. 바람에 출렁이는 표면은 물 바깥에 북쪽 바다를 감싸고 있는 거대한 세계가 있다는 걸 보여줍니다. 그럴수록 북쪽 바다에서의 삶은 더 갑갑하고 더 답답해지겠죠. 어느 정도 시간이 지나자 곤은 물 바깥으로 머리를 내밀어 드넓은 하늘로부터 불어오는 바람을 느끼기 시작합니다. 그것은 더 넓은 세계가 있다는 유혹이었고, 자기가 사는 북쪽 바다가 작다는 것을 알려주는 죽비 같은 것이었죠. 이제 상상해보세요. 물에 반쯤

잠긴 채 별빛이 비처럼 쏟아지는 밤하늘을 응시하는 거대한 물고기를, 시원한 바람을 맞고 있는 섬처럼 고독한 곤이라는 물고기를 말입니다.

　이제 곤이 새가 되려는 의지를 갖는 것은 한 걸음이면 족합니다. 바람이 건네는 손을 잡고 비좁지 않은 곳으로 날아가려면 새가 되어야 하니까요. 얼마의 시간이 흘렀는지 모르지만 곤은 마침내 붕이 됩니다. 불행한 세계에 사느니 죽는 것이 낫다는 각오가 물고기로서의 곤을 죽이고 새로서의 붕을 탄생시킨 겁니다. 이제 온몸이 물 바깥에 있어야 편하고, 오히려 물 안이 불편하기만 합니다. 그렇지만 붕은 아직 완전한 대붕은 아닙니다. 마치 날지 못하는 오리처럼 물에 떠 있거나 물가를 거닐 뿐입니다. 그나마 다행인 것은 붕이 마음껏 바람을 맛보며 창공을 응시하게 되었다는 점이죠. 제대로 대붕이 되려면 붕은 대붕의 세계를 얻어야 합니다. 아직 날지 못하는 붕은 물속 세계도 아니고 그렇다고 창공의 세계도 아닌 애매한 세계에 머무를 수밖에 없습니다. 물에서는 나왔지만 북쪽 바다 전후좌우로 높은 산들이 에워싸고 있기 때문이죠. 물고기가 새가 되었지만, 협소한 세계에 사는 것은 곤이었던 시절과 별반 차이가 없습니다. 너무나 좁아서 거대한 붕이 날아오르기에 충분한 이륙 거리를 확보하기도 힘듭니다. 그렇다고 해서 수직으로 비상하는 것도 불가능합니다. 수천 리 크기의 날개는 산에 가로막혀 날갯짓 한번 제대로 하기도 힘드니까요. 붕은 곤이었던 시절보다 더 안타까운 갑갑함과 답답함을 느낍니다. 죽음을 각오하고 새가 되었는데 날지도 못하니까요. 불행의 세계는 아쉽게도 아직 끝나지 않은 겁니다. 아니 정확히 말해 곤이 사라지면서 그의 불행은 끝나지만, 붕과 함께 새로운 불행의 세계가 탄생한 겁니다. 이번에도 불행에 대한 자각은 행복에의 의지를 기르게 됩니다. 붕은 마침내 날 수 있는 희망을, 물가를 탈출할 수 있는 희미한 길을 찾아냅니다. 생략된 주석 부분에 등장하는 "회오리바람을 타고 오르는 거리가 구만리다[搏扶搖而上者九萬里]"라는 표현은 붕이 대붕이 되는 길을 보여줍니다.

이번에도 바람입니다. 처음 곤이 붕이 되도록 유혹했던 것이 바람이었듯, 지금도 바람은 행복의 세계로 인도하는 동아줄입니다. 붕은 알게 됩니다. 살랑살랑 깃털만 날리는 바람이 부는 경우가 많지만, 잠시 동안이나마 강한 바람이 몰아치는 때도 있다는 것을. 거대한 나무들을 풀처럼 흔드는 강한 바람이 불면 그 바람은 산맥에 부딪혀 찢어지고 다시 합류되며 강한 상승기류를 만들기도 합니다. 바로 이걸 타야 합니다. 그래야 날개 밑에 자신을 띄울 바람을 충분히 모을 수 있습니다. 마치 물이 충분히 쌓여야 큰 배가 뜰 수 있듯 말입니다. 마음껏 날개를 휘저을 수 있는 공간을 확보하려 해도 붕은 반드시 상승기류를 타야 하죠. 얼마나 실패했을까요? 상승기류가 충분하지 않을 때도 있었을 테고, 혹은 충분한데도 상승기류를 제대로 타지 못할 때도 있었을 겁니다. 그러나 어느 순간 붕은 대붕이 됩니다. 회오리바람을 제대로 타 구만리 상공에 오르는 데 성공한 것이죠. 이제 그 무엇도 대붕의 비행을 막을 수 없습니다. 단지 그의 위로는 푸른 하늘만이 있을 뿐입니다. 이렇게 불행한 세계는 끝나고 행복한 세계가 시작됩니다. 이제 수천 리나 되는 자신의 크기는 거추장스러운 것이 아닌 솜털처럼 가벼운 것이 됩니다. 갑갑함과 답답함 대신 시원함과 상쾌함이 대붕의 몸을 감싸죠. 곤이 죽어 붕이 탄생하고 붕이 대붕이 되는 과정은 이렇게 완성됩니다. 이미 그리고 벌써 대붕은 우리 곁을 떠나갔는지도 모릅니다. 그의 날갯짓이 만든 바람 소리만이 우리 귀에 속삭입니다. 당신은 당신의 세계가 불행하다는 것을 직면할 만큼 용기가 있느냐고.

바람을 따를 것인가, 피할 것인가

대붕 이야기는 자유를 말하고 있는 걸까요. 그렇습니다. 그런데 대붕의 자유에는 묘한 데가 있습니다. 아무 때나 날지 못하고 바람을 기다리는 대붕의 모습에 무언가 한계와 제약이 느껴지기 때문입니다. 심지어 자신을 떠받치는 바람이 엷어지면 대붕은 언제고 추락할 수 있다는 느낌도 듭니다. 물론 이 경우 대붕은 비행고도를 유지할 수는 있습니다. 그러나 그러려면 대붕은 이전보다 더 힘차게 날갯짓을 해야 할 겁니다. 바람이 금방두꺼워지지 않으면 대붕은 언제고 다시 추락할 수 있습니다. 대붕이 날갯짓을 무한정 계속할 수는 없을 테니까요. 이렇게 대붕의 이미지는 뭐든 할 수 있고 거침이 없어야 자유로운 것이라는 통념과는 부합하지 않는 점이 많습니다. 대붕 이야기가 메추라기를 등장인물로 캐스팅한 것은 이런 이유에서입니다. 메추라기는 말합니다. "나는 위로 날아오르지만 얼마 오르지 않고 곧 다시 내려오며, 대부분 수풀 사이에서 자유롭게 날개를 퍼덕거린다"고 말이죠. 메추라기는 바람에 의존하지 않고 자신의 날갯짓에 의지하여 납니다. 세속적 통념에 따르면 메추라기야말로 자유의 상징처럼 보입니다. 날고 싶으면 날고 날기 싫으면 날지 않기 때문이고, 올라가고 싶으면 날아오르고 내려가고 싶으면 하강하기 때문입니다. 그래서 메추라기는 자신이 자유롭다고 당당히 선포합니다. 자신의 비행도 '완전한 날기[飛之至]', 즉 진정한 자유로움이라고 말입니다. 대붕이 자유로운 것일까요, 아니면 메추라기가 자유로운 것일까요? 대붕과 메추라기의 자유를 구별할 때, 곤이나 붕이 "몇 천 리인지를 알지 못할 정도로 컸다"는 표현이 그 실마리가 됩니다. 여기서 수천 리의 크기는 상징적으로 독해해야 합니다. 내가 크다는 것은 내가 살고 있는 세계가 협소하다는 의미입니다.

우리는 결단해야 합니다. 협소한 세계를 돌파할 것인가, 아니면 나를 작게 만들어 협소한 세계에 적응할 것인가. 전자가 곤이나 붕이 꿈꾸던 자유였다면, 후자는 메추라기가 선택한 자유였죠. 자신이 수천 리의 크기를 가진 거대한 존재라는 것을 부정했다면 곤은 그냥 작은 물고기처럼 살았을 겁니다. 당연히 붕이 될 필요도 없죠. 이 경우 곤은 메추라기처럼 됩니다. "가고 싶으면 가고 오고 싶으면 온다네! 유유자적 한가로이 헤엄치는 나는 얼마나 자유로운가!" 주어진 세계가 삶을 더 옥죈다면, 그럴수록 자신을 작게 만들면 됩니다. 군사독재 시절에 자유를 느꼈던 사람들도 그렇게 스스로를 작게 만들었던 겁니다. "그래도 나는 술을 마시고 싶을 때 마시고, 방귀를 뀌고 싶을 때 시원하게 뀐다. 이 또한 자유 아닌가!" 그래서 바람이 중요한 겁니다. 바람은 더 큰 세계가 있다는 상징, 협소한 세계 밖에는 타자가 있다는 상징이니까요. 곤은 바람을 통해 더 큰 세계를 꿈꾸었고, 붕은 바람을 타고 더 큰 세계로 가려고 합니다. 자신의 큼에 어울리는 세계를 선택하려는 겁니다. 반면 매서운 바람이 몰아치면 메추라기는 자기 둥지로 돌아갈 겁니다. 물론 자기를 더 작게 만들면 둥지도 그리 작게만 느껴지지 않을 겁니다. 메추라기의 자유가 정신승리의 자유일 수밖에 없는 것도 이런 이유에서죠. 메추라기는 바람을 타고 올라 자신이 어디까지 날 수 있는지 확인하려 하지도 않습니다. 바람을 타려는 대붕과 바람을 피하려는 메추라기! 대붕 이야기는 바로 이 두 캐릭터를 충돌시키면서 우리에게 선택을 요구합니다. 바람을 따를 것인가, 아니면 바람을 피할 것인가? 자신을 불행하게 만드는 협소한 세계를 돌파할 것인가, 아니면 자신을 협소한 세계보다 더 작게 만들 것인가?

이제야 우리는 대붕 이야기의 진정한 신스틸러를 파악하게 됩니다. 그것은 바람입니다. 철학적으로 바람은 내 세계의 협소함을 폭로하는 타자를 상징합니다. 타자와 함께하면 나의 세계는 커지고 그만큼 나도 커질 겁니다. 사랑이 아니어도 타자나 타자적 사건과 마주친 사람이 얼마나 커지는지 우리는 잘 알고 있습니다. 그 대신 과거의 나나 협소했던 세계로는 다시 돌아갈 수 없죠. 아니 돌아갈 생각조차 하지 않을 겁니다. 곤으로 있던 그 갑갑한 곳으로 대붕이 어떻게 다시 돌아가겠습니까? 이 모든 것이 바람을 느꼈고 바람을 탔기 때문에 벌어진 일입니다. 대붕 이야기가 사실 바람 이야기이고, 장자가 바람의 철학자인 것도 이런 이유에서입니다. 장자는 바람의 이미지로 사유했던 거의 유일한 철학자입니다. 그래서 아마 『장자』 편집자는 『장자』를 여는 첫 번째 이야기로 대붕 이야기를 선정했을 겁니다. 반면 기존 체제와 기존 질서를 옹호했던 철학자들은 바람 이미지보다는 다른 안정적인 이미지를 선호합니다. 대표적으로 『논어』의 「옹야(雍也)」편에서 공자는 "어진 자는 산을 좋아한다仁者樂山]"고 이야기합니다. 산만큼 바람에 동요되지 않는 것도 없으니까요. 심지어 동양 의서 『황제내경(黃帝內經)』마저도 풍(風), 즉 바람을 모든 병의 시작이라고 저주합니다. 그래서 찬바람을 맞아서는 안 된다고 충고하죠. 한마디로, 풍을 맞지 않으려면 집 밖으로 함부로 나가지 말아야 한다는 이야기입니다. 의학이란 항상 보수적일 수밖에 없기 때문일 겁니다. 장자라면 다르게 이야기하겠지요. 겨울에 따뜻한 방에만 머물면 몸은 약해질 거라고. 차가운 바람이 불면 그 바람을 긍정하며 뛰어놀라는 거죠. 그럼 우리 몸은 더 강건해지리라는 겁니다. 물론 한두 번의 감기나 몸살은 각오해야만 하죠.

5

소인의 힘,
소인의 권위

윤편 이야기

환공이 회당의 높은 곳에서 책을 읽고 있었고, 윤편은 회당 낮은 곳에서 수레를 깎고 있었다.

윤편이 나무망치와 끌을 밀쳐두고 올라와 환공에게 물었다. "공께서는 지금 무슨 말들을 읽고 계십니까?"

환공이 "성인의 말이다"라고 말했다.

윤편이 "그 성인은 살아 있습니까?"라고 묻자 환공은 "그는 죽었다"라고 대답했다.

윤편은 반문했다. "그렇다면 공께서 지금 읽고 있는 것은 옛사람들의 찌꺼기가 아닙니까?"

환공이 말했다. "수레바퀴 깎는 장인인 네가 지금 내가 읽고 있는 것을 논의하려 하는가! 만일 네가 자신의 행위를 해명할 수 있다면 괜찮겠지만, 만일 그러지 못하면 너는 죽을 것이다."

윤편은 말했다. "저는 그것을 저 자신의 일에 근거해서 본 겁니다. 바퀴를 깎을 때 끌질이 느리면 끌은 나무에서 미끄러져 제대로 작업이 이루어지지 않고, 빠르면 끌은 나무에 박혀 빠지지 않습니다. 끌질이 너무 느려서도 안 되고 너무 빨라서도 안 된다는 것을 저는 손으로 느끼고 마음으로 대응할 수 있을 뿐, 입이 있어도 말로 옮길 수 없습니다. 끌질하는 동안 몇몇 방법(數)이 있겠지만, 저는 제 아들에게 전달할 수 없고 제 아들도 또한 제게서 배울 수 없습니다. 이것이 나이 일흔이 되도록 제가 바퀴를 깎고 있는 이유입니다. 옛사람은 자신이 전할 수 없는 것과 함께 이미 죽었습니다. 그렇다면 공께서는 지금 옛사람들의 찌꺼기를 읽고 있는 게 아닙니까!"

「천도」

桓公讀書於堂上, 輪扁斲輪於堂下.

釋椎鑿而上, 問桓公曰, "敢問, 公之所讀者何言邪?"

公曰, "聖人之言也."

曰, "聖人在乎?" 公曰, "已死矣."

曰, "然則君之所讀者, 故人之糟魄已夫!"

桓公曰, "寡人讀書, 輪人安得議乎! 有說則可, 无說則死."

輪扁曰, "臣也以臣之事觀之. 斲輪, 徐則甘而不固, 疾則苦而不入. 不徐不
疾,得之於手而應於心, 口不能言. 有數存焉於其間, 臣不能以喻臣之子, 臣
之子亦不能受之於臣. 是以行年七十而老斲輪. 古之人與其不可傳也死矣.
然則君之所讀者, 故人之糟魄已夫!"

「天道」

'소인'들의 조용한 자기혁명

    『장자』에 실려 있는 수많은 이야기들을 읽다 보면 흥미로운 사실이 한 가지 눈에 들어옵니다. 이야기의 주인공들 상당수가 책상이 아니라 치열한 삶의 현장에 던져진 평범하고 보잘것없는 사람들, 즉 육체노동에 종사하는 비천한 신분의 사람들입니다. 맹자(孟子, BC 372~BC 289)의 표현을 빌리자면, 대인(大人)이 아니라 소인(小人)이었던 겁니다. 아마도 장자는 춘추전국시대에 활약했던 사상가들, 즉 제자백가 중에서 유일하게 소인으로부터 배우고 소인의 삶을 긍정했던 사상가였을 겁니다. 『장자』 전편에 농사를 짓는 사람, 물고기를 잡는 사람, 소를 도살하는 사람, 투계를 기르는 사람, 수레를 만들거나 수리하는 사람, 악기를 만드는 사람 등등이 진정한 삶의 달인으로 등장해 군주나 고관대작 혹은 철학자에게 지혜를 전해주는 이야기가 많은 것도 이런 이유에서일 겁니다. 대인들은 명령만 내리면 고기 요리를 먹을 수 있고, 명령만 내리면 투계장을 열 수 있고, 명령만 내리면 악기를 연주하라고 시킬 수 있죠. 마치 지금 우리가 돈만 내면 이삿짐 나르는 사람들을 살 수 있고, 음식을 배달시켜 먹을 수 있고, 돈만 내면 대리 운전 기사를 살 수 있는 것처럼 말입니다. 이삿짐 나르는 사람이 없다고 상상해보세요. 아무리 돈을 많이 줘도 우리 대신 이삿짐을 옮겨줄 사람이 없는 상황이라면 우리는 어쩔 수 없이 몸소 이삿짐을 날라야 합니다. 바로 그 순간 알게 되죠. 육체노동이 얼마나 힘들고 위대한지. 그리고 이삿짐을 능숙하게 나르는 것이 얼마나 힘든 일인지.

춘추전국시대에도 마찬가지였습니다. 권력이 있으면 맛난 음식이나 근사한 음악을 향유할 수 있지요. 하지만 권력자나 지식인들도 소를 도살하는 사람이나 악기를 만드는 사람, 연주하는 사람이 사라진다면 자신들은 아무것도 할 수 없다는 걸 알게 될 것입니다. 심지어 자신들이 그들, 소인들에 업혀서 살아왔다는 사실, 심지어 그 소인들의 노동을 착취해 호의호식했다는 것을 뼈저리게 알게 되겠죠. 소인들은 자신들을 부리는 대인들이 없어도 삶을 영위할 수 있습니다. 그들은 온몸으로 세상과 관계하면서 의식주를 해결할 수 있는 기술을 갖추고 있기 때문이죠. 사실 소인들은 대인들이 없을 때 더 잘 살 수 있습니다. 소인은 스스로의 힘으로 삶을 영위할 수 있는 강자들이기 때문이죠. 그럼에도 불구하고 소인들은 대인이 지배하는 억압체제 속에서 자신들이 진정한 강자라는 것을 자각하지 못하도록 훈육되었습니다. 농사를 짓든 사냥을 하든 아니면 물고기를 잡든 자신들의 수확물을 대인들에게 일정 정도 갖다 바칩니다. 대인들의 강제 노동력 동원에도 응하고요. 자신들을 보호해주는 대가로 수확물 일부를 제공한다고 믿지만, 이는 분명 착취이고 수탈입니다. 어떤 소인들도 대인들에게 보호를 요청한 적이 없습니다. 대인이 요구하는 바를 거부하면 소인들에게 무슨 일이 일어날지 생각해보세요. 가공할 폭력에 노출되어 자칫 목숨을 잃는 비극이 발생할 겁니다. 대인들의 집에 거의 노예처럼 근무하던 다양한 기술자들도 사정은 마찬가지였습니다. 이들도 대인들이 필요로 하는 온갖 것들을 만들고 그것들을 수리하면서 살았습니다. 대인들이 사라진다 해도 기술자들은 아무런 불편함이 없을 겁니다. 자신들이 익힌 기술로 충분히 먹고살 수 있을 테니까요.

　장자는 대인들이 사라진 사회, 억압이 사라진 사회를 꿈꾸었을까요? 분명 그랬을 겁니다. 하지만 장자는 혁명에 조바심을 치지는 않습니다. 지배당하는 데 익숙한 사람들은 특정 지배자를 제거해도 다시 지배 구조를 만들거나 용인하기 쉽습니다. 특정 대인을 몰아내도 소인들이 소인으로 남아 있는 한 대인은 다시 등장하기 마련입니다. 나쁜 왕 대신 좋은 왕이 등장하는 것처럼 말입니다. 중요한 것은 왕이라는 형식으로 상징되는 억압 구조입니다. 혁명이 완성되려면 대인/소인, 왕/신민 혹은 지배자/피지배자라는 구조 자체가 사라져야 합니다. 그래서 장자는 더 무서운 혁명을 꿈꾸게 됩니다. 소인들의 조용한 자기혁명! 소인들이 더 이상 자신을 작다고 보지 않아야 하고, 자신의 삶과 앎이 위대하다는 사실을 긍정할 수 있어야 합니다. 소인이 대인이 될 때, 그래서 소인들이 사라질 때, 억압 구조는 들어설 자리가 없을 테니까요. 모두가 대인인 사회, 그래서 누구도 다른 누구를 소인으로 몰아 지배하지 않는 사회, 이것이 바로 장자가 꿈꾸던 사회였습니다. 『장자』 전편에서 소인들, 혹은 육체노동 종사자들이 제(齊)나라(BC 1046?~BC 221) 환공(桓公) 같은 위대한 군주들이나 공자 같은 위대한 사상가들보다 더 심오한 삶의 지혜를 갖춘 성인으로, 흔히 말하는 재야의 고수로 등장하는 것도 이런 이유에서일 겁니다. 『장자』 편찬자들이 장자가 은밀하고 조용한 혁명, 느리지만 확실한 혁명을 꿈꾸었던 것을 모를 리 없죠. 그 흔적이 지금도 외편과 잡편 여러 편에 들어 있습니다. 「변무(騈拇)」편, 「마제(馬蹄)」편, 「거협(胠篋)」편 등이 대표적일 겁니다. 그러나 강조점은 미묘하게 다릅니다. 소인이 사라지는 사회로 억압 구조를 돌파하려는 장자와 달리 그의 후학들은 대인이 사라진 사회를 강조하니까요. 장자의 기대와는 달리 진나라와 한나라가 연이어 등장하자, 장자 후학들은 혁명에 조바심을 치기 시작한 겁니다.

말로 옮길 수 없는 것

————

대인을 압박하는 소인의 기상, 심지어 대인을 가르치려는 소인의 당당함이 가장 분명하게 드러나는 이야기는 '윤편 이야기'일 것입니다. 이 이야기는 수레바퀴를 만드는 윤편(輪扁)이라는 장인과 그의 주인인 제나라 환공 사이에 오간 대화를 담고 있습니다. 환공은 춘추시대의 패자(霸者)로 유명한 군주입니다. 비록 제후의 신분이었지만 천자 국가였던 주(周)나라(BC 1046~BC 256)를 대신해 실질적으로 중국 전체를 지배했던 권력자가 바로 패자입니다. 환공은 춘추시대를 지배했던 다섯 패자 중 가장 강력한 패자였습니다. 반면 환공을 위해 수레바퀴를 만드는 윤편은 그에 비하면 아주 미미한 존재에 지나지 않습니다. 윤편이라는 이름을 보세요. 윤편이라고 기록되어 있긴 하지만 그는 성이 없는 사람입니다. 성은 세습 귀족에게만 허용되었으니까요. 환공이나 관료들은 그를 성 없이 그냥 '편(扁)'이라고 불렀을 겁니다.

아마 그의 얼굴이 넓고 납작했겠지요. '편'은 '넓다' 혹은 '납작하다'는 뜻이니까요. 편이라고 불린 수레바퀴 장인에게 '수레바퀴'를 뜻하는 '윤(輪)'이라는 글자가 덧붙여집니다. 그러니까 윤편은 '수레바퀴를 만드는 편'이라는 의미입니다. 내편 「양생주」편의 '포정 이야기'의 주인공 '포정(庖丁)'도 마찬가지입니다. '소를 잡는 정'이라는 뜻이거든요. 군주를 위해 소를 도살하는 푸주한 중 아마 그는 네 번째 푸주한이었을 겁니다. 갑, 을, 병, 정. 정은 네 번째를 의미하는 글자니까요.

　어쨌든 이런 비천한 윤편이 맨바닥에서 수레바퀴를 만들다 환공이 앉아 있는 곳으로 갑자기 터벅터벅 올라오면서 윤편 이야기는 시작됩니다. 시작부터 파격이죠. 당하(堂下)에 있어야만 하는 윤편이 환공이 앉아 있던 당상(堂上)으로 올라온 것이니까요. 노예 신분에 지나지 않은 장인으로서는 생각도 못할 일입니다. 상하 신분 질서에 대한 도발이자 도전입니다. 이때 환공은 성인(聖人)의 가르침을 담은 경전을 읽고 있었습니다. 설상가상으로 윤편은 환공이 경전을 읽고 있는 것에 시비를 겁니다. 무언가를 배우려고 경전을 읽고 있던 환공에게 윤편은 말합니다. "공께서 지금 읽고 있는 것은 옛사람들의 찌꺼기가 아닙니까?" 지금 윤편은 환공의 권위에 도전하는 것을 넘어 당시 모든 사람들이 신성시하는 경전마저 깔끔하게 부정한 것입니다. 권위주의에 젖은 다른 군주라면 장인이 당상에 올라오는 순간 아마 칼을 휘둘렀을 겁니다. 하지만 패자 환공은 현실주의자입니다. 그 자신도 주나라 천자라는 상전의 권위를 맹목적으로 따르지 않고 그것을 이용해 실권을 잡았습니다. 자신도 주어진 상하 질서를 우습게 여겼으니, 윤편의 도발적인 언행에 감정적으로만 반응하기 힘들었던 것입니다. 참기 어려웠던 분노를 간신히 참은 환공은 윤편에게 변명할 기회를 줍니다. "수레바퀴나 깎는 장인인 네가 지금 내가 읽고 있는 것을 논하려 하는가! 만일 네가 자신의 행위를 해명할 수 있다면 괜찮겠지만, 만일 그러지 못하면 너는 죽을 것이다."

윤편은 경전을 왜 옛사람들의 찌꺼기라고 할 수 있는지, 차분한 어조로 말하기 시작합니다. 생명을 구걸하는 비루함이 아니라 어리석은 자를 가르치겠다는 여유로움이 느껴집니다. 하긴 생명에 연연했다면 당상에 올라가지도 않았을 윤편입니다. 윤편은 수레바퀴를 깎는 자신의 일에 대해 이야기하기 시작합니다. 그는 수많은 시행착오 끝에 목재를 "손으로 느끼고 마음으로 대응할" 수 있게 되었죠. 수레바퀴 깎는 '노하우(know-how)'를 얻었다고 말해도 좋습니다. 문제는 이걸 다른 사람에게 "말로 옮길 수 없다"는 데 있습니다. 자전거를 잘 타는 사람이 자전거 타는 방법을 자전거 못 타는 사람에게 알려주는 경우를 생각해보세요. 자신이 들은 자전거 타는 방법을 토씨 하나 틀리지 않게 외운다 해도 자전거 못 타는 사람이 자전거를 바로 탈 수는 없는 법이죠. 윤편도 마찬가지였습니다. 아들에게 "끌질이 너무 느려서도 안 되고 너무 빨라서도 안 된다"고 아무리 말해도, 아들의 끌질이 나아지지는 않았던 것입니다. "나처럼 타봐"라는 말과 함께 자전거 타는 모습을 보여주는 것이 자전거 타는 사람이 할 수 있는 최선이듯, 아들 앞에서 끌질의 시범을 보여주는 것이 그나마 윤편이 할 수 있는 최선이었을 겁니다. 물론 아버지의 시범을 본다고 해서 아들이 곧바로 아버지처럼 끌질을 하기란 불가능할 테지만 말입니다.

"성인은 살아 있습니까?"

———

'오서리티(authority)'라는 영어 단어가 있습니다. 주로 '권위'라고 번역되죠. 그런데 이 단어를 들여다보면 '권위', 즉 'authority'가 무엇인지를 알려주는 단어가 하나 들어 있습니다. 바로 'author', '작가'를 의미하는 말이죠. 작가는 기본적으로 남의 이야기를 앵무새처럼 떠드는 게 아니라 자신의 이야기를 하는 사람입니다. 그래서 독자들은 작가의 이야기를 경청하고, 나아가 그를 존경하기까지 합니다. 그러니까 표절은 윤리적 문제나 법적 문제가 아니라 작가의 본질에 관한 문제라고 할 수 있죠. 결국 '오서리티'는 권위라는 뜻 이전에 '작가임'으로, 그리고 '작가임'은 '앵무새가 아님'으로 이해할 필요가 있습니다. 이제 우리는 왜 윤편의 말이 권위 혹은 힘을 갖는지 알게 됩니다. 윤편은 작가였던 겁니다. 최소한 끌질과 관련된 모든 것, 구체적으로 말해 그가 만든 근사한 수레바퀴, 그의 끌질 퍼포먼스, 아들에게 끌질에 대해 했던 말 등등은 모두 그의 작품이니까요. 윤편의 아들은 아버지가 만든 수레바퀴, 아버지의 끌질, 나아가 "끌질이 너무 느려서도 안 되고 너무 빨라서도 안 된다"는 아버지의 말을 언제쯤 이해하게 될까요. 아이러니하게도 아들이 아버지 윤편의 모든 것을 앵무새처럼 반복해서는 불가능합니다. 아버지가 그랬듯 윤편의 아들도 직접 끌을 잡고 수레바퀴를 만들어야 합니다. 아버지처럼 목재를 "손으로 느끼고 마음으로 대응할" 수 있을 때, 아들은 아버지 윤편의 모든 작품을 이해할 겁니다. 자전거를 탈 줄 알게 된 아들이 왜 과거 아버지가 자전거 타는 법을 그렇게 설명했는지 깨닫는 것처럼 말입니다.

"끌질이 너무 느려서도 안 되고 너무 빨라서도 안 된다"는 윤편의 가르침은 "아들에게 전달할 수 없고 그의 아들 또한 배울 수도 없는" 것입니다. 이 가르침이 아들에게 그나마 도움이 되려면, 윤편이 아들과 함께 수레바퀴를 만들어야 합니다. 아마 아들이 수레바퀴를 깎은 모습을 본다면, 윤편은 이와 다른 가르침을 내릴 수도 있을 겁니다. "갑자기 끌이 부드럽게 들어가는 느낌이 들면 끌 잡은 손에 힘을 풀고, 끌이 겉도는 느낌이 들면 약간 끌을 비틀어라"라는 식으로 말이죠. 윤편의 몸과 아들의 몸이 다르고, 아울러 모든 목재가 같지 않으니, 가르침은 그야말로 수천 가지로 변주될 수 있습니다. 그러니 "끌질이 너무 느려서도 안 되고 너무 빨라서도 안 된다"는 하나의 가르침은 윤편에게는 그야말로 다른 것으로 대체해도 좋을 찌꺼기와 같은 것입니다. 만약 윤편이 몸소 아들과 함께 수레바퀴를 깎으며 아들이 성장하는 모습을 지켜보지 않고, 수레바퀴 깎는 법을 글로 남겨 아들에게 전했다면 어떨까요. 아버지의 비법이 담긴 책을 달달 외운다고 해서 아들이 수레바퀴를 잘 만드는 장인이 될 수 있을까요? 그건 그냥 참고 자료일 뿐이죠. 어차피 아들은 자기만의 시행착오를 거쳐 목재를 "손으로 느끼고 마음으로 대응할"

수 있는 자기만의 노하우를 얻어야 하니까요. 사실 이 과정에서 아버지의 비책은 외려 방해가 될 가능성이 많을 겁니다. 최종적으로 아버지 윤편의 손이나 마음이 아닌, 자기만의 마음과 손이 중요한 순간이 올 테니까요.

수레바퀴 깎는 방법만 그럴까요. 사랑하는 방법, 수영하는 방법, 요리하는 방법, 사회생활 하는 방법 등등 삶과 관련된 모든 방법도 마찬가지일 것입니다. 그러니 윤편의 눈에는 경전을 읽고 그 지침대로 살면 성인처럼 되리라는 환공의 믿음이 우스워 보였겠지요. 오히려 성인을 앵무새처럼 흉내 낸다면, 환공이 자기가 처한 정치적 상황을 온몸으로 느끼고 마음으로 대응할 수 있는 능력은 현저히 떨어지게 될 가능성이 높죠. 물론 경전이 작게나마 도움이 될 수도 있습니다. 성인이 살아서 시범을 보이고 아울러 환공이 정치하는 것을 보고 있다면 말이죠. 물론 이 경우 경전의 내용은 지금 환공이 읽고 있는 것과 사뭇 다르게 표현되겠지요. 그래서 윤편은 환공에게 물었던 겁니다. 경전을 만든 "성인은 살아 있습니까?" 이렇게 물었던 이유를 윤편은 변론 마지막 질문으로 다시 강조하죠. "옛사람은 자신이 전할 수 없는 것과 함께 이미 죽었습니다. 그렇다면 공께서는 지금 옛사람들의 찌꺼기를 읽고 있는 게 아닙니까!" 자, 이제 변론은 끝났습니다. 환공은 윤편을 살려두었을까요, 아니면 죽였을까요? 환공은 경전을 던져버렸을까요, 아니면 계속 읽었을까요? 어쨌든 환공의 권력에 맞섰던 작가 윤편의 권위와 당당함을 우리는 잊어서는 안 됩니다.

6

쓸모없어 좋은 날

거목 이야기

남백자기가 상(商)의 언덕에서 노닐다 거대한 나무와 마주쳤는데, 그 나무는 특별한 데가 있었다. 말 네 필이 끄는 수레 천대를 매어놓아도 그 나무의 그늘은 수레들 모두를 가릴 만했으니까.

　남백자기는 말했다. "이것은 도대체 무슨 나무인가? 이것은 반드시 특별한 재목일 것이다!"

　가느다란 가지들을 올려다보니 너무 구부러져 있어서 들보나 서까래로 만들 수 없고, 그 거대한 뿌리를 내려다보니 속이 푸석푸석해서 관으로 만들 수 없었다. 그 잎사귀들을 혀로 핥으면 입안이 헐어 상처가 생기고, 그 냄새를 맡으면 사람들을 사흘 동안이나 미쳐 날뛰게 할 것 같았다.

　남백자기는 말했다. "이것이 바로 재목이 아닌 나무여서 이렇게 거대한 나무로 자랐구나. 아! 신인(神人)도 그래서 재목이 아니었던 거구나!"

「인간세」

南伯子綦遊乎商之丘, 見大木焉有異, 結駟千乘, 隱將芘其所藾.

子綦曰, "此何木也哉? 此必有異材夫!"

仰而視其細枝則拳曲而不可以爲棟梁, 俯而視其大根則軸解而不可以爲棺槨. 咶其葉則口爛而爲傷, 嗅之則使人狂酲, 三日而不已.

子綦曰, "此果不材之木也, 以至於此其大也. 嗟乎! 神人以此不材!

「人間世」

'쓸모'의 위험

———

장자의 이야기들은 우리의 뒤통수를 치는 매력이 있습니다. 우리가 진실이라 생각하는 것이 오히려 거짓일 수 있고, 아름답다고 느끼는 것이 실제 추한 것일 수 있고, 좋다고 믿었던 행동이 사실 가장 해로운 행동일 수 있다는 것을 장자는 매력적으로 보여줍니다. 그래서 상식과 통념을 고집하는 사람들은 장자를 싫어할 수 있습니다. 자신의 신념을 부정하는 것 같아 짜증이 나는 거죠. 그렇다고 장자를 마냥 외면하기도 힘듭니다. 상식과 통념을 흔들기 위해 장자가 만든 이야기들은 부정하기 힘든 리얼리티와 함께 묘한 설득력을 지닙니다. 그것은 장자의 이야기들 대부분이 반례(counter-example)와 같은 성격을 갖기 때문입니다. 예를 들어 날개는 조류가 하늘을 날도록 해준다는 통념을 생각해볼까요. 이럴 때 장자는 타조나 펭귄과 관련된 이야기를 들려줍니다. 날개에 대한 통념에 사로잡힌 사람들로서는 짜증나는 일입니다. 자신이 옳다고 믿고 있는 것에 대해 장자는 "잘도 그러겠다"고 말하기라도 하는 듯 삐딱선을 타니까요. 그렇다고 해서 마냥 장자를 배척하기도 어렵죠. 어쨌든 타조의 날개는 타조가 달릴 때 균형추가 되고, 펭귄의 날개는 수영할 때 방향타가 되니 말입니다. 물론 그렇다고 해서 장자가 날개의 진정한 본질은 균형추나 방향타라고 주장하는 것은 아닙니다. 장자는 단지 모든 날개의 본질은 나는 데 있다는 통념을 부정할 뿐입니다.

장자가 기러기의 날개는 기러기를 날게 해준다는 생각을 부정하는 건 아닙니다. 바로 이것이 장자의 이야기를 읽을 때 우리가 잊지 말아야 그의 속내입니다. "모든 X의 본질은 Y다"라는 주장과 믿음에 전제되어 있는 '모든'이라는 발상과 '본질'이라는 개념, 바로 이것이 장자가 의심하는 표적입니다. 무엇 때문에 장자는 우리가 가진 통념을 삐딱하게 보는 것일까요? 모든 날개의 본질은 날게 하는 데 있다고 강하게 믿는 사람이 펭귄을 보고 있다고 가정해볼까요. 분명 그 사람의 눈에는 펭귄이 날개를 제대로 쓰지 못하는 열등한 새로 보일 겁니다. 한마디로 펭귄을 우스꽝스럽게 본다는 겁니다. 펭귄은 우스꽝스럽거나 열등한 새가 아닙니다. 날아다니는 것이 먹이를 잡는 데 아무런 도움이 안 되는 남극 대륙에서 날개로 헤엄치는 펭귄은 가장 멋지게 살아가는 조류니까요. 결국 장자의 삐딱한 사유를 받아들이면 우리의 생각은 획기적으로 변하게 됩니다. 조류를 인간의 생각으로 재단하여 그들에게 가치의 우열을 부가하지 않을 테니까요. 기러기나 독수리는 멋진 새이고 타조나 펭귄은 우스꽝스러운 새라고 평가하지 않는다는 말입니다. 타조만큼 기러기도, 기러기만큼 타조도, 펭귄만큼 독수리도, 독수리만큼 펭귄도 모두 당당한 삶의 주체니까요.

장자의 이야기들 대부분은 우리의 통념을 해체하는 힘이 있습니다. 그중 우리 뒤통수를 제대로 때리는 것은 '쓸모없음', 즉 '무용(無用)'을 찬양하는 이야기들일 겁니다. 그것은 그만큼 우리가 '쓸모[所用]'나 '쓸모 있음[有用]'을 지고한 가치라고 여기기 때문입니다. 우리 대부분은 유용의 형이상학자입니다. 그래서 유용이 우리 삶을 위험에 빠뜨릴 수 있다는 장자의 삐딱한 사유가 더 강렬하게 다가오는 것입니다. 장자가 살았던 전국시대는 치열한 경쟁 시대였습니다. 경쟁은 패권을 다투던 국가들의 군주들이 주도했습니다. 군주들은 경쟁에서 승리하기 위해 인재 등용에 혈안이 되었고, 인재를 찾기 위해 명예와 권력 그리고 부를 약속했습니다. 이에 따라 당시 수많은 사람들이 인재가 되려고 노력했습니다. 인재의 논리가 지배적이자, 무용을 부정하고 유용만을 추구하는 사회적 통념이 만들어집니다. 그러자 장자는 그답게 "잘도 그러겠다"고 딴죽을 겁니다. 경쟁과 인재의 논리는 지금 시대에도 여전히 유효한 강력한 이데올로기죠. 아니, 유용의 형이상학은 더 확대되었다고 해야 할 겁니다. 전국시대 경쟁과 인재의 논리는 주로 지배계급에만 국한되었지만 지금은 모든 사람에게 통용되니 말입니다. 심지어 배 속의 태아마저 이 논리에서 자유롭지 않을 정도지요. 참 아이러니한 일입니다. 유용의 형이상학이 과거보다 더 힘을 발휘하니, 장자의 딴죽도 더 힘을 발휘할 수 있다는 사실이 말입니다.

거대하게 자란 나무의 비밀

『장자』 외편과 잡편에도 유용의 형이상학을 공격하는 이야기들이 많지만, 지금은 내편 「인간세」 편에 등장하는 원형적인 이야기를 살펴보겠습니다. 바로 거목 이야기입니다. 주나라 이전 중국을 지배했다는 상(商)나라(BC 1600~BC 1046)의 유적지에 남백

자기라는 사람이 유람차 들렀나 봅니다. 이곳에서 남백자기는 거대한 나무를 보게 됩니다. 얼마나 거대하냐 하면 말 네 필이 끄는 수레 천 대가 그 나무 그늘 안에 다 들어갈 정도였습니다. 남백자기는 궁금했습니다. '어떻게 이 나무는 이렇게 거대하게 자랄 수 있었을까?' 나무는 당시에는 지금보다도 더 인간 문명이나 인간의 삶에 필수적인 재료였기 때문입니다. 지금이야 철재나 시멘트가 있지만, 과거에는 나무가 돌과 함께 거의 유일한 건축자재였습니다. 돌은 다루기 힘든 자재이니, 아마 나무는 가장 광범위하게 사용된 자재였을 겁니다. 그러니 신기한 일이었습니다. 이 나무는 어떻게 잘리지 않았을까? 지금까지 잘리지 않아 이렇게 크게 자랄 수 있었으니 이런 의문을 품은 것입니다. 물론 사람 손이 닿지 않은 깊은 산속이나 오지에 있다면 나무는 잘리지 않고 크게 자랄 수 있죠. 그러나 남백자기가 본 거대한 나무는 상나라의 중심지 근처에 있었습니다. 도시는 목재를 많이 필요로 하는 법이죠. 그러니 잘리지 않은 이 거대한 나무는 그야말로 미스터리였던 것입니다.

마침내 남백자기는 거대한 나무의 비밀을 알아냅니다. 거목은 인간들이 재목으로 쓸 수 없는 나무였던 것입니다. 장자의 표현을 빌리자면, 부재지목(不材之木)이 바로 거목이 거목으로 살아 있을 수 있었던 비결이었죠. 거목 이야기에는 거목이 재목으로 부적절했던 구체적인 이유가 상세히 묘사되어 있습니다. "가느다란 가지들을 올려다보니 너무 구부려져 있어서 들보나 서까래로 만들 수 없고, 그 거대한 뿌리를 내려다보니 속이 푸석푸석해서 관으로 만들 수 없었다. 그 잎사귀들을 혀로 핥으면 입안이 헐어 상처가 생기고, 그 냄새를 맡으면 사람들을 사흘 동안이나 미쳐 날뛰게 할 것 같았다." 가지, 본체, 뿌리, 심지어 잎사귀마저 인간에게 전혀 쓸모가 없었으니, 이 나무는 그야말로 잎 한 장마저 온전히 지킬 수 있었던 것이죠. 남백자기는 이로부터 삶의 교훈을 배우게 됩니다. 인간도 쓸모가 없어야 오래 살 수 있다는 것이지요. 전쟁과 살육이 일상이었던 전국시대를 무사히 건너려면 인간은 쓸모가 없어야 한다는 이야기입니다. 남백자기가 말했던 신인(神人)은 바로 이에 성공한 사람입니다. 칼과 창이 난무하는 곳에서 전혀 피해를 보지 않는 사람이 있다면, 이 사람은 정말 신과 같은 사람, 즉 신인이라 불릴 만한 사람 아닌가요.

거목 이야기에서 쓸모가 있다는 것, 재목이 된다는 것은 바로 죽는다는 것과 동의어입니다. 쓸모가 있어야 잘 산다는 통념이 위태로워지는 대목이죠. 살아 있는 나무를 지붕을 받치는 기둥으로 쓴다고 상상해보세요. 나무가 자라면서 집이 무너지고 말 겁니다. 원래 설계대로 집을 유지하려면 목재는 형체를 그대로 유지해야 합니다. 철학적으로 말하자면, 목재는 일체의 능동성이 사라지고 완전한 수동성의 상태에 있어야 하는 겁니다. 그렇기에 인간은 자른 나무를 곧바로 목재로 쓰지 않고 잘 건조시키죠. 건조하지 않으면 목재는 외형의 자발적 변형이 생길 수 있으니까요. 그렇기에 나무는 잘린 다음 건조 과정까지 거쳐야 인간이 마음대로 쓸 수 있는 목재가 됩니다. 인간의 의지와 욕망을 그대로 수용할 수 있는 완전한 수동성의 상태에 있는 것이 목재라는 이야기죠. 결국 목재가 된다는 것은 나무 입장에서 한

6 쓸모없어 좋은 날

095

번만 죽는 것이 아닙니다. 죽고 죽고 또 죽어, 생명의 힘뿐만 아니라 자발적 변화마저도, 즉 최소한의 능동성마저 완전히 소멸되는 과정이 나무가 목재가 되는 과정이니까요. 거목 이야기가 우리에게 서늘함과 섬뜩함을 느끼게 하는 이유는 분명합니다. 이 이야기는 재목이 되면, 그러니까 인재가 되면 우리의 능동성이 증대하여 우리가 더 자유로울 것이라는 생각이 얼마나 잘못된 생각인지 폭로하기 때문입니다. 무서운 일입니다. 자신을 쓸모 있게 만드는 노력이 자신의 능동성을 강화시키기는커녕 오히려 자살의 길로 이끄니 말입니다.

남에게 쓸모 있는 길을 갈 것인가

———

　나무든 사람이든 능동적이고 자유로운 개체는 재목으로 부적절합니다. 그러나 나무가 목재가 되는 것과 인간이 인재가 되는 것은 차이가 있습니다. 나무가 목재로 쓰일 수 있는 이유는 나무가 동물에 비해 운동성이 적기 때문이지만, 가축과 마찬가지로 인간이 인재로 쓰일 수 있는 이유는 인간에게는 동물 특유의 운동성이 있기 때문입니다. 말이 운동성이 없다면, 말이 힘이 없다면, 우리는 말을 먼 거리를 이동하거나 무거운 것을 끄는 수단으로 쓰지 않을 겁니다. 인간도 마찬가지입니다. 운동성과 힘이 없다면 우리는 인간을 사용할 수 없습니다. 그래서 인간에게 적용되는 인재의 논리를 제대로 이해하려면, 헤겔(Georg

Wilhelm Friedrich Hegel, 1770~1831)의 『정신현상학(Phänomenologie des Geistes)』에 등장하는 주인과 노예 개념이 도움이 됩니다. 주인은 자신이 원하는 것을 하는 사람이고, 노예는 주인이 원하는 것을 하는 사람입니다. 주인이 노예를 제대로 쓰려면 노예는 두 가지 조건을 갖춰야 합니다. 하나는 육체적으로 강건해야 한다는 것이고, 다른 하나는 주인이 원하는 것을 할 수 있는 특별한 재능이 있어야 한다는 것입니다. 나무를 죽여야 만들어지는 목재와는 달리, 사람을 죽여야 인재가 만들어지는 것은 아닙니다. 주인이 노예에게서 착취하려는 것은 그의 노동력이기 때문입니다. 건강하지 않아도 쓸모가 없는 것이 노예인데, 죽은 사람은 노예를 만들 수조차 없는 법이죠.

목재와 인재의 공통성을 생사 여부에서 찾아서는 안 됩니다. 수동성과 부자유에서 찾아야 하죠. 자신이 원하는 것이 아니라 타인이 원하는 것을 하는 사람만이 그 타인에게 쓸모가 있는 법입니다. 강제로 잡혀서 노예가 되었는지, 자발적으로 노예가 되었는지의 여부가 중요한 것이 아닙니다. 과거의 노예든 현재의 임금노동자든 자신이 원하는 것이 아니라 주인이나 돈을 주는 사람이 원하는 일을 하는 것은 마찬가지니까요. 물론 타인이 원하는 것을 하게 되는 메커니즘은 다릅니다. 강제로 잡혀 와 주인이 원하는 재능을 강제로 익히는 노예화의 과정은 주인 후보자들이 원하는 재능을 자발적으로 익혀 스스로 자신을 파는 과정과는 구별되니까요. 그렇다고 임금노동자가 노예보다 더 낫지 않냐고 속단하지 마세요. 타율적 복종이든 자율적 복종이든 복종하지 않으면 생명을 유지하기 불가능하다는 사실이 중요하니까요.

인재가 되지 않으면 굶어 죽고, 인재가 되면 살아도 죽은 것과 진배없습니다
자신이 원하는 것을 해도 죽고 타인이 원하는 것을 해도 죽은 것이라면,
같은 말이지만 쓸모가 없어도 베이고 쓸모가 있어도 베인다면,
우리는 어떻게 해야 할까요?

오히려 어떤 면에서는 먹고살 길이 있기에 주인의 감시를 피해 탈출하려는 노예가 그나마 나을 수도 있습니다. 반면 자본주의 사회에서 임금노동자는 자본가로부터 도망가지 않습니다. 물론 특정 자본가로부터 벗어날 수는 있지만, 임금노동자는 생계를 위해 반드시 제 발로 다른 자본가를 찾아가야 합니다. 임금노동자는 새로운 자본가에게 자신이 쓸모가 있다는 것을 어필할 겁니다. 먹이를 얻으려고 "저는 튼튼하고 일을 잘하니 부려주세요" 하며 찾아온 기묘한 말이 바로 임금노동자인 셈입니다. 과거의 노예나 말에게 임금노동자는 미친 노예나 혹은 미친 말로 보일 겁니다. 그러니 자본주의를 벗어나지 못하면서 특정 회사는 떠날 수 있다고, 그래서 자신은 자유롭다고 착각해서는 안 됩니다.

책과 교재, 즉 북(book)과 텍스트(text)의 차이를 생각하면 인재의 논리가 우리 삶에 얼마나 치명적인지가 더 분명해집니다. 내가 읽고 싶어서 읽는 것이 책이라면, 남이 읽어야 한다고 강요해서 읽는 것이 바로 교재입니다. 책은 하품을 유발하지 않지만 교재는 하품을 넘어 졸음을 낳는 것도 이런 이유에서일 겁니다. 책은 읽기 싫으면 언제든지 그만둘 수 있습니다. 반면 교재는 읽기 싫어도 봐야 합니다. 시험도 봐야 하고, 그 결과가 진학이나 취업에 결정적인 영향을 주니까요. 교재는 나의 재능을 입증하는 관문인 셈이죠. 그러니 그 자체로 즐길 수 있는 대상이 아니라 가깝게는 성적과 스펙, 최종적으로는 취업을 위한 수단입니다. 스스로의 행복을 위해 읽는 책과 자신을 통제하는 혹은 통제할 타인을 위해 읽는 교재는 이처럼 주인과 노예의 거리만큼 다릅니다. 책이 사라지고 교재만 남았다면, 이제 정말 주인의 삶은 꿈꾸기 어렵게 된 겁니다. 남에게 쓸모 있는 길을 가느라 자신이 원하는 것을 찾고 돌볼 여력이 없다는 말이니까요. 과거 중국의 전국시대도 현재 자본주의 체제도 마찬가지입니다. 인재가 되지 않으면 굶어 죽고, 인재가 되면 살아도 죽은 것과 진배가 없습니다. 자신이 원하는 것을 해도 죽고 타인이 원하는 것을 해도 죽은 것이라면, 같은 말이지만 쓸모가 없어도 베이고 쓸모가 있어도 베인다면, 우리는 어떻게 해야 할까요? 체제를 떠나서도 살 여지가 있었던 시절, 아니 그럴 용기가 있었던 장자의 시절, 신인이 아직 있었던 그 시절이 그립기만 한 날입니다. 쓸모없어 좋은 날, 그날은 언제쯤 올까요?

7

허영, 애달파하기에는 너무나 치명적인

미인 이야기

양주가 송나라로 갈 때 어느 객사에서 하룻밤 머물렀다. 객사 주인에게는 부인이 두 명 있었는데, 그중 한 명은 아름답고 한 명은 못생겼다. 그런데 못생긴 부인은 귀한 대접을 받고, 아름다운 부인은 홀대를 받았다.

양주가 그 이유를 묻자 객사의 어린아이가 말했다. "아름다운 여자는 자신이 아름답다고 생각하지만, 우리는 그녀가 아름다운 줄 모르겠습니다. 못생긴 여자는 자신이 못생겼다고 생각하지만, 우리는 그녀가 못생긴 줄 모르겠습니다."

양주는 말했다. "제자들은 명심하라! 능력을 발휘하면서도 자신이 능력자라고 생각하는 마음을 버린다면, 어디에 간들 아낌을 받지 않겠는가!"

「산목」

陽子之宋, 宿於逆旅. 逆旅人有妾二人, 其一人美, 其一人惡. 惡者貴而美者賤.

陽子問其故, 逆旅小子對曰, "其美者自美, 吾不知其美也. 其惡者自惡, 吾不知其惡也."

陽子曰, "弟子記之! 行賢而去自賢之心, 安往而不愛哉!"

「山木」

모든 인간은 허영의 존재

현대 서양 지성인들은 사변적 생각에 몰두하는 사유 경향을 '데카르트적(Cartesian)'이라고 하고, 반면 현실을 냉혹할 정도로 응시하려는 사유 경향을 '파스칼적(Pascalian)'이라고 합니다. 그만큼 파스칼(Blaise Pascal, 1623~1662)은 서양철학자들 중 최고 수준의 현실 감각을 자랑하는 지성이죠. 이런 그의 눈에 우리 인간들은 어떻게 보였을까요? 기본적으로 그에게 인간은 만물의 영장이라기보다 만물의 '허접'이었습니다. 인간 삶에 대한 비정한 진단서라고 할 수 있는 주저 『팡세(Pensée)』에서 파스칼은 말합니다. "허영(vanité)은 사람의 마음속에 너무도 깊이 뿌리박혀 있는 것이라서 병사도, 아랫것들도, 요리사도, 인부도 자기를 자랑하고 찬양해줄 사람들을 원한다. 심지어 철학자들도 자신의 찬양자를 갖기를 원한다. 이것을 반박해서 글을 쓰는 사람들도 훌륭히 썼다는 영예를 얻고 싶어 한다. 이것을 읽는 사람들은 읽었다는 영광을 얻고 싶어 한다. 그리고 이렇게 글을 쓰고 있는 나 자신도 아마 그런 바람을 가지고 있는지 모르겠다. 또한 이것을 읽을 사람들도 아마 그러할 것이다." 인간은 이성의 존재라기보다는 허영의 존재라는 이야기입니다. 파스칼의 말은 알 듯 모를 듯합니다. 허영(虛榮)이라고 번역되는 불어 '바니테(vanité)' 혹은 영어로는 '배너티(vanity)'라는 개념의 의미가 분명하지 않기 때문이죠. 다행히도 파스칼은 허영이 무엇인지 친절하게 설명해줍니다. 모든 인간은 타인의 찬양을 원한다는 이야기로 그의 설명은 시작됩니다. 그의 말대로 병사, 아랫것들. 인부마저 남들의 찬양을 욕망할 정도이니 장군, 윗사람, 고용주들은 말해 무엇하겠습니까? 사실 장군, 윗사람, 고용주가 되거나 혹은 이 지위를 유지하려는 것도 남들로부터 받는, 혹은 받을 찬양 때문이라고 할 수 있습니다.

인간은 자신이 원하는 것을 한다기보다 남의 시선이나 평판을 의식해서 행동합니다. 그런데도 인간은 자신의 행동을 자신의 자유와 자신의 의지로 하고 있다고 생각합니다. 실제 모습과 상상한 모습 사이의 괴리도 서글픈 일이지만, 남의 시선과 평판에 따라 일희일비를 반복하니 인간의 삶은 경망스럽기까지 합니다. 바로 이것이 '바니테'의 의미이고, 이 말이 '허영'이라고 번역된 이유이기도 합니다. 파스칼은 인간의 모든 행동을 이끄는 찬양, 즉 '영광[榮]'을 '헛된 것[虛]'이라고 생각합니다. 심지어 가장 지혜롭다는 철학자들도 허영에서 자유롭지 않습니다. 인간, 사회 혹은 신에 대해 논쟁할 때조차도 그들의 진정한 목적은 진리 탐구가 아니라 "자신의 찬양자"를 갖는 데 있으니까요. 똑똑하다는 혹은 심오하다는 찬양을 듣고 싶었다는 이야기죠. 심지어 철학 책을 읽은 독자들마저 어려운 책을 읽는 사람이라는 남들의 찬양을 들으려 한 것입니다. 파스칼의 냉정함은 자신마저도 허영의 논리에서 자유롭지 않다고 토로하는 데 있습니다. 인간의 허영을 폭로한 자신의 글도 타인의 찬양을 받기 위한 허영의 표현일 수 있다는 이야기죠. 물론 파스칼의 통찰을 읽고 인간은 허영의 존재라고 떠드는 독자도 예외는 아닙니다. 인간은 허영의 존재라고 떠드는 사람조차도 허영의 존재일 수 있다는 것, 파스칼의 철저함이자 무서움이 드러나는 대목이죠.

파스칼이 분명히 표현하지는 않았지만, 허영의 논리를 숙고하다 보면 우리는 '비교'라는 중요한 개념에 이르게 됩니다. 인간이 허영의 존재라는 말은 인간은 '비교 우위'에 서려는 존재라는 말과 같으니까요. 장군, 윗사람, 고용주 등은 아무나 될 수 없고 소수의 사람만이 될 수 있습니다. 그만큼 이런 지위를 갖는 사람은 선망과 찬양의 대상이 되기 쉽습니다. 그런데 사람들은 특정 장군을, 특정 윗사람을, 그리고 특정 고용주를 쉽게 찬양하지는 않습니다. 누군가를 찬양한다는 것은 그 사람이 비교 우위에 있다는 것을 받아들이는 것입니다. 동시에 이는 자신이 비교 열등에 있음을 받아들인다는 의미입니다. 허영의 존재인 인간으로서 자신의 열등함을 받아들인다는 것은 힘든 일입니다. 자신도 비교 우위에 서서 남들로부터 찬양을 받고 싶기 때문이죠. 결국 자신이 비교 우위에 서려는 사람은 남들이 열등하기를 바랄 수밖에 없습니다. 그래서 병사, 아랫것들, 인부들은 겉으로는 자신의 장군, 윗사람, 고용주를 찬양하지만, 뒤돌아서서 혼자 있거나 아니면 자기들끼리 모여서는 그들에 대해 험담을 늘어놓는 겁니다. 물론 장군, 윗사람, 고용주 등도 이 점을 잘 알고 있죠. 그래서 그들은 진정으로 찬양받기 위해 헛된 노력에 빠져들기 쉽습니다. 거의 불가능한 일이지만 우월한 지위에 있는 사람을 진정으로 찬양하게 되었다면, 열등한 지위에 있는 사람들은 다른 차원에서 비교 우위에 있으려고 노력합니다. 비교의 대상만 바꾸면 됩니다. "나는 여가 시간에 철학책을 읽지" "여기서 내가 가장 아름다워!" "내가 패션 감각이 더 뛰어나!" 등등. 인간은 비교 우위에 서려는 욕망을 결코 포기하지 않습니다. 흥미로운 일입니다. 헤겔, 나아가 현대 독일 철학자 호네트(Axel Honneth, 1949~)가 강조했던 '인정 투쟁(Kampf um Anerkennung)'은 모두 인간은 허영의 존재라는 파스칼의 통찰로부터 자연스럽게 도출된다는 것이 말이죠.

거대한 허영의 감옥

찬양받는 자나 찬양하는 자 모두가 허영에 물들어 있다면, 우리가 살고 있는 세계는 거대한 허영의 감옥이라고 할 수 있습니다. 그렇다면 당연한 의문 한 가지가 뒤따릅니다. 어떻게 이 세상을 살아가야 할까요? 파스칼은 신에게 헌신하면 허영의 세계로부터 구원을 받을 수 있다는 다소 황당한 답을 제공합니다. 그는 허영이란 기독교에서 말한 원죄로, 인간 스스로의 힘으로 극복할 수 없다고 생각하기 때문이죠. 파스칼의 『팡세』 후반부에서 신에 대한 이야기에 집중하는 것도 이런 이유에서일 겁니다. 바로 이 대목에서 허영의 세계를 구원이라는 종교적 논리에 따르지 않고 정면으로 돌파하려는 「산목」 편의 이야기 하나가 우리 눈에 들어옵니다. 바로 '미인 이야기'입니다. 미인 이야기는 겉보기에 매우 단순합니다. 양주라는 철학자가 제자들과 함께 송(宋)나라(BC 11세기~BC 286)로 갈 때 한 객사에 머물면서 이야기는 시작됩니다. 객사 주인은 부인이 두 명이었습니다. 양주 일행이 보기에 한 명은 외모가 아름다웠고, 다른 부인은 못생겼습니다. 그런데 객사에 일하는 직원들은 아름다운 부인은 홀대하고 못생긴 부인은 귀하게 여겼습니다. 이상한 일이죠. 아름다운 부인을 귀하게 여기고 못생긴 부인을 천시하는 것이 일반적이니까요. 궁금해진 양주는 객사의 머슴아이에게 그 연유를 물어봅니다.

아이의 대답으로 이야기는 정점에 이르게 됩니다. "아름다운 여자는 자신이 아름답다고 생각하지만, 우리는 그녀가 아름다운 줄 모르겠습니다. 못생긴 여자는 자신이 못생겼다고 생각하지만, 우리는 그녀가 못생긴 줄 모르겠습니다." 이 말에 양주는 깨달음을 얻습니다. 제자들을 돌아보더니 말합니다. "너희가 능력을 발휘하되 '나는 능력자다'라는 마음을 버리라"고, "그런 마음을 갖고 있으면 아름다운 부인과 다를 바 없는 취급을 받고, 버린다면 어디에 간들 아낌을 받지 않겠느냐"고 말이죠. 미인 이야기가 말하려는 것은 분명해 보입니다. 미인은 미인입니다. 그렇지만 미인이 미인으로 제대로 인정받으려면 겸손해야 합니다. 자신을 미인이라고 생각하지 않을 정도로 겸손해야 한다는 것입니다. 마찬가지로 능력 있는 사람도 겸손해야 하죠. 스스로 능력이 있다고 생각하면, 자신이 가진 능력도 제대로 평가받을 수 없기 때문입니다. 이런 이해가 옳다면, 결국 미인 이야기가 문제 삼은 것은 스스로를 아름답다고 생각하는 마음, 즉 '자미지심(自美之心)'이나 스스로 능력 있다고 생각하는 마음, 즉 '자현지심(自賢之心)'이라는 독해가 가능하게 됩니다. 하지만 미인 이야기의 주인공을 미인에 국한시켜서는 안 됩니다. 객사에 살고 있는 모든 사람들의 내면이 눈에 들어와야 미인 이야기의 진정한 매력이 드러나니까요. 분명 미인은 허영의 가장 분명한 상징이라는 것은 맞습니다. 그렇지만 못생긴 부인, 즉 추녀도 그리고 객사의 머슴아이로 대표되는 나머지 객사 직원들도 허영의 존재입니다. 문제는, 미녀를 제외한 나머지 사람들의 허영은 은밀하고 복잡하기에 눈에 바로 띄지 않는다는 데 있습니다.

먼저 두 부인을 제외한 객사 식구들의 허영을 생각해볼까요. 머슴아이의 두 부인에 대한 평가가 그 실마리가 됩니다. 외모에서 미녀는 비교 우위에 있고 심지어 그것을 객사 식구들에게 노골적으로 드러냅니다. 이는 객사 식구들로 하여금 자신들이 외모에서 열등하다는 것을 받아들이라고 강요한 겁니다. 그래서 비교 우위에 대한 욕망을 가진 객사 식구들은 "아름다운 줄 모르겠다"며 미인에게 저항하게 되죠. 반면 추녀는 외모에서 자신이 열등하다는 것을 드러냅니다. 당연히 객사 식구들은 최소한 외모에 있어서는 자신들이 추녀보다 비교 우위에 있다고 느낄 것입니다. 추녀는 객사 식구들의 허영을 제대로 충족시켜준 셈이죠. 이제 가장 은밀하게 숨겨져 있는 추녀의 허영을 들여다볼까요. 미녀 때문에 객사 식구들은 외모라는 차원에 갇히고 맙니다. '외모 때문에 부인이 된 주제에. 너는 외모가 망가지면 버림받을 거야.' 이런 생각에 사로잡힌 순간, 객사 식구들은 추녀가 외모가 아닌 무언가 힘이 있어 부인이 되었다고 생각할 수밖에 없습니다. 자신의 라이벌이 객사 식구들과 외모로 인정 투쟁에 들어가자, 추녀는 외모에서의 비교 우위를 포기하면서 객사 식구들로부터 "우리는 그녀가 못생긴 줄 모르겠습니다"라는 반응을 끌어낸 거죠. 자신의 못생김이 찬양은 아닐지라도 상대적으로 멸시의 대상이 되지 않게 했으니, 추녀는 외모에 대한 자신의 허영을 나름 충족시킨 셈입니다. "얼굴이 고와야 미인인가, 마음이 고와야 미인이지"라는 말이 괜히 생긴 것은 아니죠.

"인간은 타자의 욕망을 욕망한다"

사실 미인 이야기는 '객사 이야기'라고 부를 수도 있습니다. 여기서 객사는 우리가 살고 있는 허영의 세계, 혹은 허영이 지배하는 세계를 상징하니까요. 미녀뿐만 아니라 나머지 객사 식구들, 심지어 추녀까지도 모두 자신의 허영을 충족하기 위한 투쟁에 참여합니다. 이렇게 장자는 객사 전체를 인정 투쟁의 장이자 허영의 감옥으로 만드는 데 성공합니다. 이것이 철학자이기에 앞서 장자가 일급 소설가인 이유이기도 합니다. 저는 이 이야기의 기본 모티브가 미인과 관련되었기에 기억하기 쉽게 미인 이야기라고 부르지만, 여러분은 이 이야기를 다른 사람에게 이야기할 때 객사 이야기라고 불러도 좋을 듯합니다. 어쨌든 이제야 우리는 미인 이야기가 표면적으로 왜 겸손을 강조하는지 이해하게 됩니다. 그것은 우리가 만나는 사람들이 모두 비교 우위에 서려는 욕망을 가진 인간, 즉 허영의 존재이기 때문입니다. 여기서 우리는 한 가지 더 고민해야 할 것이 있습니다. 왜 그리고 어떻게 인간은 허영의 존재가 되어 타인들에 대해 비

허영은 사람의 마음속에 너무도 깊이 뿌리박혀 있는 것이라서
병사도, 아랫것들도, 요리사도, 인부도 자기를 자랑하고 찬양해줄 사람들을 원한다
심지어 철학자들도 자신의 찬양자를 갖기를 원한다

교 우위에 서려는 것일까요. 이 질문에 답할 수 있다면, 비교 우위에 서려는 욕망으로부터 자유로운 삶, 비교 개념과는 무관한 삶에 들어가려는 장자의 분투하는 모습이 분명해질 겁니다. 다행스럽게도 우리는 루소라는 철학자의 도움을 받을 수 있습니다. 루소(Jean Jacques Rousseau, 1712~1778)는 자신의 진정한 주저『인간 불평등 기원론(Discours sur l'origine et les fondements de l'inégalité parmi les hommes)』에서 불평등한 사회 구조가 우리 인간을 허영의 존재로 만들었다고 이야기합니다. 그의 육성을 직접 들어보죠.

"각자의 지위와 운명은 재산의 많고 적음이나 다른 사람에게 도움이 되거나 해가 될 수 있는 능력에 의해서뿐만 아니라 정신이나 미모, 체력이나 재주, 장기나 재능 등에 의해서도 결정되었다. 그리고 이런 자질을 지닌 사람들이라야 남의 존경을 받을 수 있었으므로 그것을 실제로 갖추든지 적어도 갖고 있는 척이라도 해야만 했고 자기 이익을 위해서는 실제의 자기와는 다른 모습을 보여주어야 했다. 그래서 실제와 외관은 서로 전혀 다른 것이 되었고 이 차이에서 엄숙한 겉치장과 기만적인 책략과 이에 따른 모든 악덕이 나왔다." 여기서 '각자의 지위와 운명'이라는 표현이 중요합니다. 이미 지배/피지배라는 위계질서, 그 사이에 위계질서를 유지하는 복잡한 신분 질서가 구축되어 있는 것입니다. 불평등한 사회에서 살아가는 것은 서러운 일이지만, 이제 대부분의 인간은 파란만장한 자유보다는 평온한 굴종에 적응하고 만 것입니다. 도망쳐서는 살 수 없어서 도망치지 않는 노예와 같은 신세죠.『인간 불평등 기원론』에 등장하는 가장 유명한 말, "어떤 사람을 복종시킨다는 것은 그를 다른 사람이 없이는 살아가지 못하는 처지에 두지 않는 한 불능가능하다"는 말이 현실이 된 것입니다. 루소의 말이 서늘한 이유는, 지금 현재 우리 대부분이 다른 사람 없이는 살 수 없기 때문입니다. 우리는 취업을 하든 무엇을 하든 돈을 주는 사람을 떠나서는 생계를 유지할 수도 없습니다. 도망을 생각하지도 못했던 과거 노예나 지금 우리나 자신의 필요를 증명해야만 합니다. 그러지 않으면 억압체제는 우리에게 먹이를 주지 않을 테니까요. 자신이 쓸모가 없더라도 쓸모 있는 척이라도 해야만 합니다.

파스칼은 인간은 자신을 찬양할 사람이 필요하다고, 이것이 인간의 허영을 설명한다고 말했습니다. 그러나 그 이면에는 억압체제에 길들여져, 억압체제라도 이곳을 떠나서는 살 수 없게 된 인간의 서글픈 면모가 숨겨져 있었던 것입니다. 찬양이 아니더라도 인정을 얻지 못하면 생존이 어렵습니다. 그러니 더 찬양받고 더 인정받는 자리로 가려 하고, 적어도 동료들보다 비교 우위에 있으려 하는 것입니다. 평온한 굴종에 이미 적응해버린 인간, 도망치려는 의지가 없는 노예나 자본주의에 순응한 우리에게만 허영의 논리가 있다는 것을 잊어서는 안 됩니다. 라캉(Jacques Lacan, 1901~1981)은 "인간은 타자의 욕망을 욕망한다"고 했습니다. 비교 우위를 꿈꾸는 허영 논리의 정신분석학적 버전이죠. 그러니 프로이트(Sigmund Freud, 1856~1939)나 라캉의 정신분석 담론을 인간 내면의 본성이라고 오해해서는 안 됩니다. 그것은 평온한 굴종의 메커니즘에만 적용되니까요. 결국 우리는 억압체제에서 벗어나야 허영으로부터 자유로울 수 있고, 정신분석이 말하는 일체의 정신병들로부터 치유될 수 있습니다. 미인 이야기를 빌리자면 등불이 빛나는 따뜻한 객사를 떠나 어둡고 차가운 밖으로 나가야만 합니다. 객사는 바로 허영의 각축장이니까요. 객사라는 공간을 설정하면서 그 밖을 상상하도록 만들었다는 것, 바로 이것이 장자의 위대함일 것입니다. 「소요유」편의 표현을 빌리자면 객사 안이 전체 세계라고 믿는 사람들에게 객사 밖은 '어디에도 존재하지 않는 고향', 즉 '무하유지향(無何有之鄕)'이나 '쓸쓸한 들판', 즉 '광막지야(廣莫之野)'일 것입니다. 객사 밖 그 어둠, 그 낯섦, 그 추움이 익숙해지면 무하유지향은 어디에나 있는 고향으로, 광막지야는 파란만장한 자유의 땅으로 변할 수 있다는 것. 장자의 속내는 바로 이것일 겁니다.

8

세계는 하나가
아니라네

손약 이야기

혜시가 장자에게 말했다. "위나라 임금이 준 큰 박 씨를 심었더니 거기서 다섯 섬이나 담을 수 있는 박이 열렸다네. 거기다 물을 채웠더니 너무 무거워 들 수가 없었지. 쪼개서 바가지를 만들었더니, 깊이가 얕고 납작해서 아무것도 담을 수가 없었네. 박이 놀랄 정도로 크지 않은 것은 아니지만, 나는 그것을 무용하다고 생각해 깨뜨려버렸네."

장자가 말했다. "여보게, 자네는 큰 것을 쓸 줄 모르는군. 송나라에 손이 트지 않게 하는 약을 만드는 사람이 있었는데, 그 약을 손에 바르고 무명을 빨아서 탈색하는 일을 대대로 해왔다네. 어떤 이방인이 그 말을 듣고, 금 일백 냥을 줄 터이니 약 만드는 비방을 팔라고 했지. 그 사람은 가족을 다 모아놓고 의논하기를 '우리가 대대로 무명을 빨아 탈색시키는 일을 했지만 기껏해야 금 몇 냥밖에 만져보지 못했는데, 이제 이 약의 비방을 금 일백 냥에 사겠다는 사람이 있으니 팝시다'라고 했다네. 그 이방인은 오나라 임금에게 가서 그 비방을 가지고 유세를 했지. 마침 월나라 임금이 싸움을 걸어오자, 오나라 임금은 그 이방인을 수군의 대장으로 삼았다네. 결국 그 이방인은 겨울에 수전을 벌여 월나라 군대를 대패시켰다네. 오나라 임금은 그 사람에게 땅을 떼어주고 영주로 삼았지. 손 트는 것을 막는 약은 동일했는데, 한쪽은 그것으로 영주가 되었고 다른 쪽은 그것으로 무명 빠는 일을 면하지 못한 것은 사용한 바가 달랐기 때문이지. 자네는 어찌하여 다섯 섬을 담을 수 있는 박으로 큰 술통을 만들어 강이나 호수에 띄워놓고 즐길 생각을 못 하고, 깊이가 너무 얕아서 아무것도 담을 수 없다고만 걱정하는가? 자네는 아직도 '쑥의 마음'을 가지고 있는 것 같네."

「소요유」

惠子謂莊子曰, "魏王貽我大瓠之種. 我樹之成而實五石, 以盛水漿, 其堅不能自舉也. 剖之以爲瓢, 則瓠落無所容. 非不呺然大也, 吾爲其無用而掊之"

莊子曰, "夫子固拙於用大矣. 宋人有善爲不龜手之藥者, 世世以洴澼絖爲事. 客聞之請買其方以百金. 聚族而謀曰, '我世世爲洴澼絖, 不過數金. 今一朝而鬻技百金, 請與之.' 客得之, 以說吳王. 越有難, 吳王使之將, 冬與越人水戰, 大敗越人, 裂地而封之. 能不龜手, 一也, 或以封, 或不免於洴澼絖, 則所用之異也. 今子有五石之瓠, 何不慮以爲大樽, 而浮乎江湖, 而憂其瓠落無所容? 則夫子猶有蓬之心也夫!"

「逍遙遊」

'쓸모'에 관한 혜시와 장자의 논쟁

———

　2,500년 전 장자가 살았던 중국 전국시대나 21세기 현재 우리가 살고 있는 시대나 쓸모없는 것들, 쓸모없다고 낙인찍힌 것들의 삶은 팍팍하고 처량하기까지 합니다. 예나 지금이나 평범한 사람들은 대부분 자신들이 아주 높이 솟은 둥그런 원기둥 위에 살고 있다고 생각하죠. 중심부에서 계속 밀려 외곽에 이르면, 얼마 지나지 않아 천 길 낭떠러지로 떠밀린다고 말입니다. 원기둥 가장자리, 생과 사가 갈리는 날카로운 곳에 서서 쓸모없는 것들을 아파하고 보듬으려는 사람이 있다면, 버려졌다고 외로워하는 그들에게 얼마나 위로가 되겠습니까? 바로 그가 장자입니다. 그렇다고 장자가 좌절한 사람들이 흘리는 절망의 눈물을 무기력하게 닦아주지만은 않습니다. 그들의 절망과 함께하지만, 장자는 심각한 그들 앞에서 해맑게 웃으며 말합니다. 당신들은 세계가 둥그런 원기둥이라고, 그래서 밀리면 추락해 죽는다고 잘못 생각하고 있는 것 아니냐고, 그래서 파국을 미리 예감하며 스스로 목숨을 끊기도 하는 것 아니냐고. 장자는 미소와 함께 희망을 말합니다. 원기둥 가장자리는 절벽이 아니고, 그 바깥도 낭떠러지가 아니라고. 자신이 서 있는 육지에서 보면 저 먼 바다는 절벽으로 떨어지는 것 같지만 직접 가보면 절벽이나 낭떠러지 같은 것은 없는 것처럼 말이지요.
　쓸모의 논리가 지배하는 세계의 가장자리, 나아가 쓸모의 논리가 무력해지는 그 바깥은 억압과 지배로부터 가장 자유로울 수 있는 공간입니다. 쓸모없기에 이제 더 이상 지배자들로부터 쓰이지 않으니까요. 쓸모없음이 그에게 가장 쓸모 있게 되는 아이러니가 발생한 것입니다. 체제가 우리 삶을 써서 소진시키지 않으니 이제 우리가 우리 삶을 향유하면 됩니다. 거목 이야기에서 장자가 강조했듯, 거목은 쓸모가 없어 잘리지 않았기에 거목으로 자랄 수 있었던 겁니다. 바로 이것이 장자가 설파한 무용의 철학입니다. 무용은 처음에 우리를 절망시킬 수 있지만, 그것은 우리의 삶을 행복하게, 나아가 위대하게 만들 수 있는 희망이 되니까요. 바로 이 순간 지적 라이벌이었던 혜시는 장자의 생각을 논박합니다. 혜시의 입장은 나무를 비유로 쉽게 설명됩니다. 거목이 쓸모가 없었기에 거목으로 자라기도 하지만 이는 특이한 사례일 뿐이고, 대개의 경우 아무런 쓸모가 없다면 나무는 바로 잘리고 만다는 것이 논박의 핵심입니다. 장자는 혜시의 반박을 무력화해서 무용의 철학을 지켜낼 수 있을까요? 그 전말이 「소요유」 편에 등장하는 하나의 이야기에서 펼쳐집니다. 바로 '손약 이야기'입니다. 이야기는 혜시가 자신의 경험을 장자에게 들려주는 것으로 시작됩니다.

"위(魏)나라(BC 403~BC 225) 임금이 준 큰 박 씨를 심었더니 거기서 다섯 섬이나 담을 수 있는 박이 열렸다네. 그런데 거기다 물을 채웠더니 너무 무거워 들 수가 없었지. 쪼개서 바가지를 만들었더니 깊이가 얕고 납작해서 아무것도 담을 수가 없었네. 박이 놀랄 정도로 크지 않은 것은 아니지만, 나는 그것을 무용하다고 생각해 깨뜨려버렸네." 먼저 혜시는 커다란 박의 쓸모없음을 생생하게 묘사합니다. 이어서 그는 아무리 커도 무용하면 부수어질 수 있다고 주장합니다. 그의 주장이 옳다면, 거목 이야기의 거목도 이제 무사할 수 없으리라는 불길한 예감이 듭니다. 엄청난 크기의 박처럼 거목은 무용하기에 바로 파괴될 수 있으니까요. 손약 이야기의 매력은 바로 여기에 있습니다. 거목 이야기마저 부정될 수 있는 위험을 무릅쓰고 만든 이야기니까요. 자신이 만드는 이야기니 혜시의 반박쯤은 그냥 없는 듯 무시할 수도 있었지만, 장자는 그러지 않았습니다. 가능한 모든 비판으로부터 무용의 가치를 옹호하려는 장자의 지적인 정직함과 투철함, 무용하고 좌절한 사람들에게 삶의 희망을 반드시 불어넣어야 한다는 그의 간절함과 애정이 그만큼 빛나는 대목입니다. 혜시의 반박에 맞서기 위해 장자는 물 닿는 일을 해도 손이 트지 않게 하는 약이라는 흥미로운 사례를 가져옵니다. 혜시와 장자의 논쟁을 다룬 이 이야기를 손약 이야기라고 명명한 것도 이런 이유에서입니다.

텍스트주의 vs 콘텍스트주의

———

송나라에 손이 트지 않게 하는 약으로 무명을 빨아 탈색하는 일을 대대로 해온 사람이 있었습니다. 손이 터본 적이 있으세요? 손이 트면 물이 닿는 일을 할 수 없습니다. 튼 손에 물이 닿으면 엄청 쓰리고 아프니까요. 빨래하는 사람에게는 더욱 그렇겠죠. 집안 대대로 내려오는 비법의 힘으로 손이 트지 않으니,

추운 겨울에도 그는 돈을 벌 수 있었습니다. 그런데 한 이방인이 빨래하는 사람을 찾아와 그 비법을 금 일백 냥에 팔라고 제안합니다. 이방인은 손이 트지 않는 약을 보고, 그것을 겨울 전투에서 수군이 쓰면 좋겠다고 생각했던 것입니다. 송나라 사람은 지금까지 그 비법의 힘으로 빨래를 해서 금 몇 냥만을 벌어왔을 뿐입니다. 금 일백 냥을 준다는 말에 마침내 그는 이방인에게 비법을 팝니다. 이방인은 비법을 들고 오(吳)나라(BC ?~BC 473)로 떠나죠. 오월동주(吳越同舟)의 그 오나라입니다. 고사처럼 오나라 최고의 라이벌은 월(越)나라(BC ?~BC 334)였죠. 전쟁이 반복되면서 적개심은 두 나라 군주뿐만 아니라 두 나라 사람들 내면에도 깊게 파고들었습니다. 두 나라 사람들은 같은 배를 탈 수 없을 정도로 서로를 적대시했습니다. 남중국이라는 지역의 특성상 두 나라의 전쟁은 주로 물에서 이루어졌습니다. 이방인이 가져온 손이 트지 않는 약은 두 나라 사이의 팽팽한 전력에 불균형을 가져옵니다. 오나라 수군 대장이 된 이방인은 그 비법으로 겨울 수전에서 대승을 거둡니다. 오나라 수군들이 손이 트지 않았기에 가능했던 전과였죠. 전승의 공으로 이방인은 오나라의 영주가 됩니다. 손이 트지 않는 약은 똑같은데, 한 사람은 그것으로 여전히 무명 빠는 일을 하고 다른 사람은 그것으로 영주가 된 셈입니다. 손이 트지 않는 약을 빨래할 때 사용한 것과 수전에 사용한 것의 차이 때문입니다.

손약 이야기가 중요한 이유는 이 이야기가 장자 사유의 중요한 특징 한 가지를 보여주기 때문입니다. 바로 문맥주의 혹은 맥락주의로 번역될 수 있는 콘텍스트주의(contextualism)입니다.

제자백가 대부분이 텍스트(text)에 집중했을 때, 장자만이 콘텍스트(context)에 주목했다는 것은 놀라운 일입니다. 20세기에 들어서야 서양은 본격적으로 콘텍스트주의를 숙고하게 되죠. 모두 비트겐슈타인의 공이라고 할 수 있습니다. 비트겐슈타인은 사실 젊은 시절의 주저 『논리철학논고』에서 언어의 의미는 세계를 지시하는 데 있다고 말했습니다. 강력한 텍스트주의자의 모습이었습니다. 하지만 후기에 들어 성숙해지면서 그는 콘텍스트주의자로 변합니다. 이때의 주저 『철학적 탐구(Philosophische Untersuchungen)』라는 책에서 그는 "언어의 의미는 쓰임[use]에 있다"고 말하니까요. 동일한 말이라도 어떻게 '사용'되는지에 따라, 혹은 문맥에 따라 그 의미가 달라진다는 것입니다. 신혼 시절에 아내가 출근하는 남편을 보고 "사랑해"라고 말할 때, 결혼한 지 10년 된 남편이 출근하며 문 앞에서 아내에게 "사랑해"라고 말할 때, 너무나 무거운 얼굴이지만 그럼에도 미소를 지으며 남편이 아내에게 "사랑해"라고 말할 때 등등. 동의어를 생각해보세요. 첫 번째는 "잠시 헤어지는 것도 안타까워"가 될 것이고, 두 번째 경우는 "다녀올게"가, 그리고 마지막 세 번째 동의어는 "먼저 세상을 떠나 미안해요"가 될 수 있습니다. "사랑해"라는 말은 똑같지만 그 문맥은 매우 상이하죠. 마지막 문맥에서의 "사랑해"라는 말을 첫 번째나 두 번째 문맥으로 이해한다고 생각해보세요. 너무나 슬프고 안타까운 상황일 겁니다.

　비트겐슈타인이 '쓰임'을 뜻하는 '유즈(use)'를 강조할 때 장자가 같은 뜻의 '용(用)'이라는 단어를 사용한다는 것은 무척 인상적입니다. 그렇습니다. 손 트지 않는 약, 즉 손약이 "사랑해"라는 말과 같은 위상에 있다면, 송나라의 문맥과 오나라의 문맥, 혹은 빨래하는 문맥과 수전을 치르는 문맥은 "사랑해"라는 말이 사용되었던 세 가지 문맥과 위상이 같습니다. "사랑해"라는 말처럼 어느 문맥에 놓이느냐에 따라 손약도 그 의미와 가치가 달라집니다. 그래서 손약 이야기에서 장자는 자신의 문맥주의적 입장을 "손 트는 것을 막는 약은 동일했는데 한쪽은 그것으로 영주가 되었고 다른 쪽은 그것으로 무명 빠는 일을 면하지 못한 것은 사용한 바가 달랐기 때문이지"라고 요약합니다. 여기서 송나라 사람이 텍스트에 집중하는 사유를 상징한다면, 그 송나라 사람에게 비법을 사서 오나라의 영주가 된 이방인, 즉 객(客)은 콘텍스트주의자를 상징합니다. 텍스트주의자와 콘텍스트주의자는 전혀 다른 사람입니다. 송나라 사람에게 손약은 빨래를 하는 데 도움이 된다는 의미밖에 없습니다. 반면 이방인에게 손약은 빨래를 하는 데 도움이 될 수도 있고, 아니면 수전을 할 때도 도움이 될 수 있는 것이었죠. 우리는 왜 송나라 사람이 손약 비법을 이방인에게 팔 수 있었는지 알게 됩니다. 송나라 사람은 확신했을 겁니다. 이방인이 비법을 사서 송나라로부터 아주 멀리 있는 자기 고향으로 돌아가 자기처럼 빨래를 해서 돈을 벌 것이라고 말이죠. 만약 이방인이 비법을 사서 송나라 사람 옆에서 빨래하는 일을 한다고 했으면, 그는 결코 비법을 팔지 않았을 겁니다.

문맥은 오직 하나가 아니다

　중요한 것은 텍스트주의가 모든 문맥과 무관한 텍스트가 있다고 주장하는 것이 아니라는 점입니다. 텍스트주의의 핵심은 하나의 문맥만 있다고 주장하는 데 있습니다. 송나라 사람을 보세요. 그에게는 손약이 빨래하는 데만 사용되는 세계만이 유일한 세계로 주어집니다. 오나라도 월나라도 그리고 제나라도 심지어 한반도도 그에게는 송나라와 질적으로 같은 세계일 뿐이죠. 그래서 텍스트주의는 '문맥은 오직 하나일 뿐이다'라고 주장한다는 점에서 문맥 단수주의라고 해야 합니다. 반면 콘텍스트주의는 '문맥이 다양하다'는 것을 긍정합니다. 문맥 단수주의와는 대조적으로 콘텍스트주의를 '문맥 복수주의'라고 부를 수 있는 이유죠. 이방인은 손약이 다른 의미와 가치를 지니는 최소 두 가지 문맥을 알았던 사람입니다. 다른 문맥도 충분히 가능합니다. 물고기를 잡는 문맥이나 해산물을 채취하는 문맥, 겨울 사냥으로 생계를 유지하는 문맥도 있을 테니까요. 더군다나 손약의 발견 혹은 발명으로 새로운 문맥이 만들어질 수 있다는 것도 중요합니다. 송나라의 경우만 하더라도 손약은 겨울에도 가능한 빨래 산업을 만드는 계기가 되었을 것입니다. 혹은 겨울 바다에서 조업을 가능하게 해서 북쪽의 추운 지역 바닷가에 어촌을 만들 수도 있으니까요. 고층 건물 때문에 엘리베이터가 만들어지지만, 역으로 엘리베이터 때문에 새로운 고층 건물이 만들어질 수 있다는 겁니다. 그래서 문맥 복수주의와 함께 문맥 생

산주의는 콘텍스트주의의 두 날개 중 하나라고 할 수 있습니다.

　이제야 혜시의 반박에 장자가 어떻게 대응하는지가 분명해집니다. 장자는 손약 이야기로 혜시를 송나라 사람과 같은 텍스트주의자, 즉 문맥 단수주의자로 몰고 가는 것입니다. 그에게 박은 무언가를 담는 데에만 사용되는 것이었죠. 그런데 그의 박은 다섯 섬이나 담을 수 있을 정도로 컸지만 실제로는 아무것도 담을 수 없었습니다. 물을 담아 나르기에는 두께가 너무 얇아 곧 깨지고 말 것 같았고, 쪼개서 바가지를 만든다 해도 너무 평평해 바가지로 쓸 수 없었으니까요. 그래서 혜시는 자기 박이 무용하다고 판단했고 파괴해버린 겁니다. 여기서 장자는 박은 물 등 액체를 담을 수도 있지만 물 위에 띄울 수도 있는 것 아니냐고 반문합니다. 박은 그릇이 될 수도 "큰 술통으로 만들어 강이나 호수에 띄워놓고 즐길" 수도 있다는 겁니다. 그래서 장자는 혜시의 마음을 "쑥의 마음", 즉 '봉지심(蓬之心)'이라고 이야기합니다. 쑥은 땅바닥에 딱 붙어 있는 풀입니다. 송나라 사람에게 손약과 빨래가 문맥상 뗄 수 없이 밀착되어 있듯, 혜시에게 박은 물 등을 담는 것이라는 문맥에 붙어 떨어지지 않습니다. 여러모로 땅에 붙어 있는 쑥과 비슷하지 않은가요. 이렇게 무용하다면 파괴될 수 있다는 혜시의 반론은 해체되고 맙니다. 무용하다는 큰 박은 사실 무용하지 않았으니까요. '무용하다면 파괴된다'는 혜시의 말이 옳다고 전제하고, 장자는 지금 무용한 것은 존재하지 않는다고 이야기하는 것입니다. 그러니 파괴해도 좋은 것은 세상에 존재하지 않는다고 할 수 있죠.

　간혹 체제에 의해 직접적으로 파괴되는 것이 아니라 쓸모의 형이상학에 사로잡혀 스스로를 폐기하는 사람들을 봅니다. 자신을 쓸모없게 만드는 세계가 유일한 세계라고 믿기 때문입니다. 그러니 절망하는 것입니다. 바로 이 대목에서 장자의 문맥주의는 자신이 쓸모없다고 절망하는 이들에게 희망의 빛이 될 수 있습니다. 세계는 하나가 아니라 복수적이고 다양하기 때문이죠. 문맥에 따라 "개똥도 약에 쓸 수 있는" 법입니다. 자신이 쓸모 있어지는 다른 문맥을 찾을 수 없다면, 자신이 쓸모 있어지는 문맥을 만들어도 됩니다. 그만큼 장자의 문맥주의는 강력합니다. 일리(一理)가 있다는 말! 이것은 문맥주의자가 즐겨 사용하는 말이죠. 거목이 쓸모가 없어서 거목으로 자랄 수 있었다는 것도 일리가 있습니다. 커다란 박이 강이나 호수에 띄운 큰 술통으로 쓰이면 파괴되지 않을 수 있는 것도 일리가 있죠. 그렇지만 장자의 일리가 개체들의 삶을 긍정하는, 혹은 개체들이 자기 삶을 향유해야 한다는 그의 이념을 따른다는 것을 잊어서는 안 됩니다. 혜시가 큰 박을 무용하다고 여겨 부수거나 세상 사람들이 재목이라고 나무를 자르는 것에도 장자가 일리 있다고 하지는 않으니까요. 무용과 유용이 중요한 것이 아닙니다. 자신의 삶을 긍정하고 더 근사한 문맥을 모색하는 것이 더 중요하니까요.

9

타자와 함께 춤을

포정 이야기

포정이 문혜군을 위해 소를 잡았다. 손을 갖다 대고, 어깨를 기울이고, 발을 디디고, 무릎을 굽히며 소를 잡는데, 설컹설컹, 썩둑썩둑, 칼 쓰는 동작이 리듬에 맞지 않는 것이 없었다. 소 잡는 것이 무곡 〈상림(桑林)〉에 맞춰 춤추는 것 같고, 악장 〈경수(經首)〉에 맞춰 율동하는 것 같았다.

이에 문혜군이 말했다. "참 훌륭하다! 기술이 어찌 이런 경지에 이를 수 있을까?"

포정은 칼을 내려놓고 대답했다! "제가 귀하게 여기는 것은 도(道)이고, 이는 기술을 넘어서는 것입니다. 제가 처음 소를 잡을 때는 눈에 보이는 것이 온통 소뿐이었습니다. 3년이 지나자 온전한 소가 보이지 않게 되었습니다. 지금은 신(神)으로 조우할 뿐 눈으로 보지 않습니다. 감각기관은 쉬고, 신이 원하는 대로 움직입니다. 하늘이 낸 결을 따라 큰 틈바귀에 칼을 밀어 넣고 큰 구멍에 칼을 댑니다. 이렇게 소의 고유한 결을 '따르기(因)'에 아직 인대나 건을 베어본 일이 없습니다. 큰 뼈야 말할 나위도 없지 않겠습니까? 훌륭한 푸주한은 해마다 칼을 바꾸는데, 살을 가르기 때문입니다. 보통 푸주한이 달마다 칼을 바꾸는 것은 뼈를 자르기 때문입니다. 저는 지금까지 19년간 이 칼로 소를 수천 마리나 잡았지만 이 칼날은 이제 막 숫돌에 갈려 나온 것 같습니다. 소의 뼈마디에는 틈이 있고 이 칼날에는 두께가 없습니다. 두께 없는 칼날이 틈이 있는 뼈마디로 들어가니 텅 빈 곳처럼, 칼이 마음대로 놀 수 있는 여지가 생기는 것입니다. 그러기를 19년이 지났는데도 칼날이 이제 막 숫돌에 갈려 나온 것 같습니다. 하지만 매번 근육과 뼈가 모여 있는 곳에 이를 때마다 저는 다루기 어려움을 알고 두려워 조심합니다. 시선은 하는 일에만 멈추고, 움직임은 느려집니다. 칼을 극히 미묘하게 놀리면 뼈와 살이 툭

하고 갈라지는데 그 소리가 마치 흙덩이가 땅에 떨어지는 소리와 같습니다. 칼을 들고 일어서서 사방을 둘러보고, 잠시 머뭇거리다 흐뭇한 마음으로 칼을 닦아 갈무리를 합니다."

문혜군이 말했다. "훌륭하다! 나는 오늘 포정의 말을 듣고 '삶의 기름'이 무엇인지 터득했노라."

「양생주」

庖丁爲文惠君解牛. 手之所觸, 肩之所倚, 足之所履, 膝之所踦, 砉然嚮然,
奏刀騞然, 莫不中音. 合於桑林之舞, 乃中經首之會.

文惠君曰, "譆, 善哉! 技蓋至此乎?"

庖丁釋刀對曰, "臣之所好者道也, 進乎技矣. 始臣之解牛之時, 所見无非全
牛者. 三年之後, 未嘗見全牛也. 方今之時, 臣以神遇而不以目視. 官知止而
神欲行. 依乎天理, 批大郤, 導大窾. 因其固然, 技經肯綮之未嘗微礙, 而況
大軱乎! 良庖歲更刀, 割也.族庖月更刀, 折也. 今臣之刀十九年矣, 所解數
千牛矣, 而刀刃若新發於硎. 彼節者有閒, 而刀刃者無厚. 以無厚入有閒,
恢恢其於遊刃必有餘地矣. 是以十九年而刀刃若新發於硎. 雖然, 每至於族,
吾見其難爲, 怵然爲戒. 視爲止, 行爲遲. 動刀甚微, 謋然已解, 如土委地.
提刀而立, 爲之四顧, 爲之躊躇滿志, 善刀而藏之."

文惠君曰, "善哉! 吾聞包丁之言, 得養生焉."

「養生主」

'체험된 상황들'을 위하여

———

숫자나 문자가 발명되지 않았다면, 지배/피지배 관계 혹은 국가질서가 효과적으로 작동하거나 지금처럼 광범위하게 확대될 수 없었을 것입니다. 역사적으로도 처음 등장한 거대 문명 혹은 최초의 국가들이 복잡한 숫자나 문자 체계를 보여주는 고고학적 유물을 남긴 것도 이런 이유에서입니다. 세금 체계, 법률 체계 그리고 행정 체계는 숫자나 문자로 뒷받침됩니다. 숫자나 문자는 기억과 분석 그리고 예측이라는 마법을 부리는 요술 지팡이니까요. 자본주의가 발달하면서 자본가는 국가의 요술 지팡이를 그대로 벤치마킹합니다. 기업 내부에 떠돌아다니는 문서만 살펴봐도, 복잡한 숫자들과 문자들이 상명하복의 관계를 규정하고 있을 것입니다. 그래서 직장인은 위로부터 내려오는 문서를 잘 해독해 실행하거나 아니면 새로운 문서를 만들어 아래로 내려보내야 합니다. 중요한 것은 정신노동과 육체노동이라는 원초적 분업이 숫자와 문자가 없었다면 불가능하다는 사실이죠. 정신노동은 숫자와 문자를 다루는 노동을 말하니까요. 그러나 잊지 말아야 할 것은 농부, 어부, 광부, 목동, 노동자 등의 육체노동이 없다면, 정신노동은 그 존재 이유가 없어진다는 사실입니다. 어쨌든 억압체제를 받아들인 대부분 사람들은 정신노동에 종사하려고 합니다. 수고는 덜한 데 비해 이익을 더 많이 얻을 수 있다는, 그야말로 동물적인 판단에 따르는 셈입니다. 조선 시대의 과거 시험이나 오늘날의 입학시험, 임용 시험 혹은 입사 시험에 열심인 이유도 바로 여기에 있습니다.

예를 들어 농림축산식품부 관리나 혹은 그와 관련된 학과의 대학교수들을 생각해보세요. 그들은 소에 대해 박식함을 자랑할 수도 있습니다. 소를 직접 기르거나 도살하는 사람들은 그들의 지식에 경탄할지도 모릅니다. 하지만 관리나 대학교수들에게 직접 소를 기르거나 도살해보라고 하면, 그들 중 제대로 소를 기르거나 도살할 수 있는 사람은 거의 없을 겁니다. 그들은 문자나 숫자로 이루어진 책에서 배운 소와 관련된 이야기를 떠들 뿐이니까요. 『마음의 개념(The Concept of Mind)』의 저자 길버트 라일(Gilbert Ryle, 1900~1976)이라면 아마 실천적 지식(know-how)은 이론적 지식(know-that)을 가능하게 하지만, 이론적 지식이 실천적 지식을 가능하게 하지는 않는다고 했을 겁니다. 장자가 삶의 치열한 현장에서 씨름하는 육체노동자, 전국시대 당시 용어로 말해 소인(小人)이 작은 존재가 아니라 오히려 큰 존재라고 긍정했던 것은 너무나 당연한 일이었는지도 모릅니다. 육체노동자는 스스로 자기 삶을 살아낼 수 있지만 정신노동자는 육체노동자에 기생해야 살 수 있으니까요. 그만큼 정신노동자는 육체노동자에 비해 불완전한 상태에 있는 겁니다. 이는 소를 기르는 일, 소를 도살하는 일에만 국한되지 않습니다. 자전거 타는 일, 여행하는 일, 사랑하는 일도 모두 마찬가지입니다. 책이나 영상으로 떠올리는 자전거, 여행지 혹은 매력적인 사람은 실제로 타는 자전거, 걷고 있는 대지 혹은 만나고 있는 사람과는 다릅니다. 자전거를 잘 타는 사람, 울퉁불퉁한 길을 잘 걷는 사람, 제대로 사랑하게 된 사람이 중요합니다. 이런 사람들은 마음만이 아니라 몸도 뿌듯한 행복감에 젖어들 테니까요. 이럴 때 우리 삶은 정신과 육체라는 해묵은 이분법을 넘어 완전해지는 게 아닐까요.

　중요한 것은, 이론적 지식은 실천적 지식과는 거리가 있을 뿐만 아니라 심지어 실천적 지식을 방해한다는 사실입니다. 무엇이든 문자와 숫자로 기억하고 분류하고 통제하며 예측하려 하니, 현실을 체험하거나 그것으로부터 배우기 힘든 법입니다. 삶에서 만나는 타자로부터 배우지 않으면, 혹은 타자와 '같이하면서 관계를 맺지 않으면' 삶도 체험도 불가능합니다. 육체노동자는 타자를 존중하지 않으면 제대로 일을 할 수 없다는 것을 잘 압니다. 그것이 타인이든, 소이든, 나무이든, 물고기든, 철이든 티타늄이든, 혹은 땅이든 물이든 간에 상관없이 말이죠. 반면 상명하복에 포획된 정신노동은 삶의 세계에서 조우하는 타자와 제대로 관계하기 어렵습니다. 지배와 통제의 대상이 되는 타자는 우리 삶의 동반자가 될 수 없으니까요. 이제 사무실에서 나와 햇빛이 찬란한 밖으로 나가야 합니다. 컴퓨터와 스마트폰 영상에서 벗어나 사람들을 만나야 합니다. 내비게이션에서 눈을 떼고 창가로 불어들어오는 바람과 꽃 내음을 느껴야 합니다. 슬로터다이크(Peter Sloterdijk, 1947~)는 '표상된 상황들(vorgestellte Situationen)'과 '체험된 상황들(erlebte Situationen)'을 구별한 적이 있습니다. 이제 우리는 체험된 상황을 만들어야 합니다. 물론 그 상황은 나만이 아니라 타자와 어울려야 만들 수 있습니다. '포정해우(庖丁解牛)'라는 고사의 기원인 포정 이야기가 우리에게 소중한 이유입니다. 체험된 상황이 좌절감을 안기지 않도록 만드는 팁을 얻을 수 있으니까요.

내 몸을 매개로 타자와 하나가 되는

———

'포정해우'라는 말은 '포정이 소를 바르다'라는 뜻입니다. 자전거를 잘 타게 된 사람이나 근사하게 사랑하게 된 사람처럼 포정은 소를 잘 잡게 된 푸주한입니다. 네 번째(丁) 푸주한(庖)이라는 그의 이름과는 달리 그는 최상의 푸주한, 랭킹 1위의 푸주한이 된 겁니다. 포정 이야기는 그의 주인 문혜군이 포정이 소 잡는 모습을 관찰한 데서 시작됩니다. 핵심은 "칼 쓰는 동작이 리듬에 맞지 않는 것이 없었다"는 표현에 있습니다. 리듬이 관건이었던 겁니다. 바이올린 소나타를 생각해보세요. 근사한 연주가 펼쳐지려면, 바이올린의 리듬과 피아노의 리듬이 서로 존중하고, 상대방이 소리를 내지 않은 그 여백에 잘 들어가야 합니다. 아마도 가장 중요한 대목은 바이올린이나 피아노가 동시에 음을 내는 부분일 겁니다. 잘못하면 두 리듬 중 하나가 상쇄되어 파괴될 수도 있으니까요. 피아노 리듬이 바이올린의 리듬으로 들리고, 반대로 바이올린 리듬이 피아노의 리듬인 듯 들려야 할 겁니다. 그 순간 두 얼굴을 가진 야누스와 같은 상태가 달성됩니다. 공연장 관객들의 귀에는 바이올린 소리가 들리다 바로 피아노 소리가 들리고, 그리고 일순간 그 소리는 다시 바이올린 소리로 들리게 될 겁니다. 아니면 두 남녀의 근사한 탱고를 떠올려도 좋을 듯합니다. 남녀 사이에 호흡의 리듬, 심장 박동의 리듬, 팔의 리듬 그리고 다리의 리듬이 서로 존중하고 서로 스며들어야 합니다. 혹은 남자의 마음이 모두 여자의 몸에 가 있고 여자의 마음도 남자의 몸에 가 있어야 합니다. 누군가 자신들을 보고 있다고 의식하지 말아야 합니다. 오직 그런 순간에만 멋진 탱고가 플로어에 가득 찰 수 있을 겁니다.

포정이 소를 가르는 기술이 문혜군에게는 한마디로 멋진 춤처럼 보였습니다. 포정과 소 사이에 벌어진 공연이 얼마나 근사했던지 문혜군은 그 공연에 개입할 수조차 없었습니다. 너무나 감동적인 공연이어서 끝나는 것이 아쉬울 정도이니, 어떻게 그가 공연에 개입해 포정의 퍼포먼스를 방해할 수 있었겠습니까? 아쉽게도 퍼포먼스가 끝나자, 문혜군은 그제야 자신도 모르게 탄성을 터뜨리고 맙니다. "기술이 어찌 이런 경지에 이를 수 있을까?" 물론 포정도 소를 자를 때 문혜군을 의식할 틈이 없었죠. 모든 마음이 자신의 칼과 소의 살결에 가 있었기 때문입니다. 퍼포먼스를 마친 순간 포정의 마음은 평상시로 돌아오죠. 바로 그때 그는 주군 문혜군과 그의 탄성을 의식하게 됩니다. 플로어에서 춤을 마친 뒤에야 관객을 의식하는 댄서처럼 말입니다. 마침내 포정은 자신의 퍼포먼스가 매력적인 춤으로 보인 이유를 문혜군에게 알려줍니다. 포정의 말은 문혜군뿐만 아니라 2,500여 년이 지나 우리들의 관심을 끄는 선언으로 시작됩니다. "제가 귀하게 여기는 것은 도(道)이고, 이는 기술을 넘어서는 것입니다." 여기서 드디어 그 유명한 '도'라는 개념이 등장합니다. 그다음 소 잡는 방법에 대해 길게 이어지는 포정의 생생한 묘사는 왜 포정의 댄스와 같은 퍼포먼스가 단순한 기술을 넘어 도라고 불릴 수 있는지 알려줍니다. 포정 이야기의 묘미는 바로 여기에 있습니다. 포정의 도는 어디에 있으며, 그것은 무엇일까요? 바로 이것을 자신의 이야기에서 찾으라고 포정은 유혹합니다. 이제 자신이 어떻게 최고의 푸주한이 될 수 있었는지를 밝히는 포정의 설명을 따라가보도록 하죠.

처음 소를 잡을 때는 보이는 것마다 소로 보였다고 합니다. 당구를 꽤 쳐본 사람이라면 알 겁니다. 당구에 확 빠져드는 시기에는 사람들의 머리마저도 다 당구공으로 보이죠. 포정도 모든 사물이 소로 보일 정도로 소에 집중했던 것입니다. 그렇게 3년이 지나자 이제 소를 보면 온전한 소로 보이지 않고 살, 근육, 뼈 등으로 분해된 것처럼 보이는 경지에 이르게 되었죠. 영화 〈매트릭스〉에서 주인공 네오가 스미스 요원을 볼 때 그를 컴퓨터 프로그램 언어의 흐름으로 보는 것과 같습니다. 마침내 포정이 자신의 현재 경지를 설명하는 대목이 등장합니다. "지금은 신(神)으로 조우할 뿐 눈으로 보지 않습니다. 감각기관은 쉬고, 신이 원하는 대로 움직입니다. 하늘이 낸 결을 따라 큰 틈바귀에 칼을 밀어 넣고 큰 구멍에 칼을 댑니다. 이렇게 소의 고유한 결을 '따르기[因]'에 아직 인대나 건을 베어본 일이 없습니다." 신이란 무엇일까요? 나는 나라고 생각하는 마음이나 감각 자료를 처리하는 마음이 아닙니다. 내 손과 하나가 되어 있는 마음, 소의 내부 결을 느끼는 마음, 한마디로 자신의 몸의 리듬과 소의 몸의 리듬과 하나가 되는 마음입니다. 개념화해본다면 육체적 이성(bodily reason) 정도가 될 것 같네요. 몸과 하나가 되고 그뿐만 아니라 내 몸을 매개로 타자와 하나가 되는, 그 어떤 마음을 신(神)이라 부릅니다. 족구나 야구 등 구기 운동을 좋아하는 사람이라면 한 번쯤 경험해봤을 겁니다. 공에 집중해 숨 가쁘게 움직이고 있는데, 어느 순간 공이 슬로모션처럼 굉장히 느리게 다가옵니다. 그뿐 아니라 공을 패스하는 사람들의 동작도 느려 보이고, 공기조차 느려지는 것 같고 주변 소음마저 느릿느릿해져 다 식별되는 느낌! 당연히 공을 발로 차거나 배트로 치는 것이 너무 쉬울 겁니다. 나의 그러한 동작을 본 사람은 탄성을 지르겠지요. 어떻게 저렇게 빠른 공을 정확히 맞힐 수 있을까!

"모든 소는 다르다"

———

내게 날아오는 공이 슬로모션처럼 느려 보인다는 것은 나의 몸이 빠르다고 느낀 것입니다. 마찬가지로 내게 날아오는 공이 수박처럼 커 보이려면 나의 몸이 작아진 것처럼 느껴야 할 겁니다. 포정도 유사한 경지에 이른 것이죠. 일반 사람들의 눈에는 보이지 않는 소의 결, 근육과 뼈, 근육과 인대 사이의 너무나 미세한 결이 그야말로 고속도로처럼 넓게 보였으니까요. 이는 포정의 마음이 칼날의 그 날카로운 끝에 가 있었기 때문입니다. "소의 뼈마디에는 틈이 있고 이 칼날에는 두께가 없습니다. 두께 없는 칼날이 틈이 있는 뼈마디로 들어가니 텅 빈 곳처럼, 칼이 마음대로 놀 수 있는 여지가 생기는 겁니다." 당연히 뼈나 인대 등과 부딪힐 일이 없죠. 마치 16차선 도로를 천천히 걸어가는 것 같으니, 도로 외벽에 부딪힐 일이 어디 있겠습니까. 그래서 포정은 19년 동안 칼을 한 번도 바꾸지 않았다고 한 것입니다. 하긴 텅 빈 공간을 가르는 칼이 무슨 저항을 받았다고 무뎌질까요. 바로 여기가 소 잡는 기술이 이를 수 있는 정점입니다. 마침내 포정은 "두께 없는 칼날이 틈이 있는 뼈마디로 들어갈 수 있는" 기술을 얻은 겁니다. 이제 포정에게는 못 잡을 소가 없다는 느낌마저 듭니다. 소 내부의 결들이 16차선 도로를 넘어 허공처럼 휑하게 느껴지니, 두께가 없는 칼을 휘두르는 것은 그야말로 식은 죽 먹기일 겁니다. 바로 이 기술의 정점에서 포정은 놀라운 이야기를 합니다. 산 정상에 올라간 사람만이 할 수 있는 이야기가 시작되지요.

자신의 도는 기술을 넘어선다고 자신했을 때 그가 기술 끝에서 발견했던 것은 네 글자로 이루어진 문장으로 응축됩니다. 매지어족(每至於族)! '매번'을 뜻하는 부사 '매(每)', '이르다'를 뜻하는 동사 '지(至)', '~에'를 뜻하는 일종의 어조사 '어(於)', 그리고 '무리'나 '묶음'을 뜻하는 명사 '족(族)'으로 구성되어 있습니다. 그래서 '매지어족'은 '매번 근육과 뼈가 모여 있는 곳에 이른다'는 뜻으로 풀이됩니다. 놀라운 일입니다. 16차선 고속도로에서 속도를 내며 달리고 있는데 그 한가운데서 차를 전복시킬 장애물을 만난 셈이고, 허공에 칼을 휘두르는데 그 허공에서 예상치 못한 무언가와 조우한 셈이죠. "두께 없는 칼날이 틈이 있는 뼈마디로 들어갈 수 있는" 기술이 무력해지는 지점입니다. 그것은 무엇일까요? 어제 잡은 소와 달리 지금 잡는 소에게만 있는 장애물입니다. 바로 여기서 포정은 모든 소는 같은 것처럼 보이지만 궁극적으로 모든 소는 다르다는 것을 확인하게 됩니다. 그래서 '매지어족'이라는 문장에서 '매'라는 글자가 엄청난 무게감

으로 다가옵니다. 각각의 소는 다른 소와는 다른, 자기만의 단독
성(singularity)을 지니고 있다는 이야기니까요. 타자의 완전한 타
자성이라고 해도 좋습니다. 이 단독성과 소통하지 못하면 지금
칼을 댄 소는 제대로 해체될 수 없습니다. 틈이 있는 뼈마디가
갑자기 틈이 없음을 드러낸 것입니다. 정상에 오른 사람이 하늘
위에서 올라갈 수 없지만 올라가야 하는 어떤 곳을 발견한 형국
입니다. 누구도 가본 적이 없기에 길도 없습니다. 올라가면 길이
만들어질 테지만, 그 길은 푸른 하늘에 잠시 만들어졌다 사라지
고 말 겁니다. 하지만 허공 속에서 만난 그 무언가, 소의 단독성
을 통과해야만 합니다. 그렇지만 그것은 날개 없이 나는, 목숨을
건 비약일 겁니다. 그만큼 조심스럽고, 그만큼 과감해야만 감당
할 수 있는 일이죠.

　탱고의 마지막 하이라이트 부분, 진정 위험한 대목이 시작
된 겁니다. 이 부분을 통과하지 못하면 앞의 전체 춤사위는 무
의미해지고 맙니다. 성공하면 근사한 희열이 찾아올 테지만, 실
패하면 19년의 기술마저 무용지물이 되고 칼날도 이가 빠질 겁
니다. 도가 없는 곳에 도를 만드는 일이기에 포정은 조심스럽기
만 합니다. "저는 다루기 어려움을 알고 두려워 조심합니다. 시
선은 하는 일에만 멈추고, 움직임은 느려집니다." 다행히도 포
정의 칼은 최종 장애물을 무사히 통과합니다. 포정은 통과하지
못할 수도 있는 곳을 통과한 것이고, 날개 없이 날아 창공 위 더
높은 곳에 이른 겁니다. 포정에게는 묵직한 행복감이 찾아듭니
다. "칼을 극히 미묘하게 놀리면 뼈와 살이 툭 하고 갈라지는데
그 소리가 마치 흙덩이가 땅에 떨어지는 소리와 같습니다. 칼을

들고 일어서서 사방을 둘러보고, 잠시 머뭇거리다 흐뭇한 마음으로 칼을 닦아 갈무리를 합니다." 하지만 포정은 압니다. 행복은 잠시뿐이라는 것을요. 내일 또 다른 소를 만나면 포정의 칼날은 여전히 망가질 가능성이 있으니까요. 포정만의 상황은 아닙니다. 연애의 고수도 새로 만난 연인과의 연애를 두려워합니다. 지금의 연인은 과거의 연인들과는 다른 사람이니까요. 연애는 하면 할수록 힘들고, 산은 타면 탈수록 힘들고, 악기는 연주하면 할수록 힘들고, 탱고는 추면 출수록 힘든 법입니다. 문혜군은 포정의 이야기를 다 듣고서 마지막에 덧붙입니다. "나는 오늘 포정의 말을 듣고 '삶의 기름'이 무엇인지 터득했노라." 삶의 기름은 한자 '양생(養生)'을 풀이한 말입니다. 문혜군이라는 군주는 정말로 포정의 도를 이해했을까요? 이해했다면 포갑, 포을, 포병 그리고 포정이라는 네 명의 푸주한을 그들의 단독성으로 만나게 될 겁니다. 여기서 푸주한이라는 신분이나 지위는 힘을 잃게 됩니다. 이렇게 신분과 지위의 힘이 무력해지는 순간, 군주로서 그의 지위도 덧없는 것이 되고 맙니다. 과연 문혜군은 네 명의 푸주한, 나아가 피지배자들과 동등한 삶의 동반자가 될 수 있을까요? 타자와 '같이하면서 관계를 맺는' 춤은 이렇게 치명적인 데가 있는 것입니다.

10

텅 빈 하늘의
바람 소리

바람 이야기

남곽자기가 탁자에 기대 앉아 하늘을 올려다보면서 숨을 쉬고 있었다. 그는 마치 자신의 짝을 잃어버린 듯 보였다. 그 앞에 시중들며 서 있던 안성자유가 물었다. "어디에 계십니까? 몸은 진실로 시든 나무처럼, 마음은 꺼진 재처럼 만들 수 있습니까? 오늘 탁자에 기대 앉아 있는 사람은 어제 탁자에 기대 앉았던 사람이 아닌 것 같습니다."

남곽자기가 말했다. "자유야, 현명하게도 너는 그것을 질문하는구나! 지금 나는 나 자신을 잃었는데, 너는 그것을 아느냐? 너는 사람의 피리 소리를 들어보았어도 아직 땅의 피리 소리를 들어보지 못했을 수 있다. 너는 땅의 피리 소리를 들어보았어도 아직 하늘의 피리 소리를 들어보지 못했을 수도 있다."

안성자유가 물었다. "감히 그 의미를 묻고 싶습니다."

남곽자기가 말했다. "대지가 기운을 내뿜는 것을 바람이라고 말한다. 이것은 일어나지 않으면 그뿐이지만, 일어나기만 하면 모든 구멍이 성난 듯이 울부짖는다. 너는 무섭게 부는 바람 소리를 듣지 못했는가? 높고 깊은 산이 심하게 움직이면 백 아름이나 되는 큰 나무의 구멍들, 마치 코처럼, 입처럼, 귀처럼, 병처럼, 술잔처럼, 절구처럼, 깊은 웅덩이처럼, 좁은 웅덩이처럼 생긴 구멍들이 각각 물 흐르는 소리, 화살 나는 소리, 꾸짖는 소리, 숨을 들이마시는 소리, 울부짖는 소리, 아우성치는 소리, 탁하게 울리는 소리, 맑게 울리는 소리 등 온갖 소리를 낸다. 앞의 것들이 '우우' 하고 소리를 내면 뒤의 것들은 '오오' 하고 소리를 낸다. 산들바람에는 작은 소리로 대답하고, 거센 바람에는 큰 소리로 대답한다. 그러다 사나운 바람이 가라앉으면 모든 구멍들은 고요해진다. 너만 저 나무들이 휘청휘청하거나 살랑살랑거리는 모습을 보지 못했는가?"

안성자유가 말했다. "땅의 피리가 온갖 구멍들이라면, 사람의 피리는 대나무관들을 붙여 만든 악기들이군요. 감히 하늘의 피리에 대해 묻고 싶습니다."

남곽자기가 말했다. "만 가지로 다르게 소리를 내지만 자신으로부터 나오도록 해서 모두 자신이 취한 것이다. 그렇게 소리 나도록 한 것은 그 누구인가!"

「제물론」

南郭子綦隱机而坐, 仰天而噓, 荅焉似喪其耦. 顏成子游立侍乎前, 曰, "何居乎? 形固可使如槁木, 而心固可使如死灰乎? 今之隱机者, 非昔之隱机者也."

子綦曰, "偃, 不亦善乎, 而問之也! 今者吾喪我, 汝知之乎? 女聞人籟而未聞地籟, 女聞地籟而未聞天籟夫."

子游曰, "敢問其方."

子綦曰, "夫大塊噫氣, 其名爲風. 是唯無作, 作則萬竅怒呺. 而獨不聞之翏翏乎? 山林之畏佳, 大木百圍之竅穴, 似鼻, 似口, 似耳, 似枅, 似圈, 似臼, 似洼者, 似污者. 激者, 謞者, 叱者, 吸者, 叫者, 譹者, 宎者, 咬者. 前者唱于而隨者唱喁. 泠風則小和, 飄風則大和. 厲風濟則衆竅爲虛. 而獨不見之調調之刁刁乎?"

子游曰, "地籟則衆竅是已, 人籟則比竹是已. 敢問天籟."

子綦曰, "夫吹萬不同, 而使其自己也, 咸其自取. 怒者其誰邪!"

「齊物論」

"지금 나는 나 자신을 잃었다"

———

『장자』는 전국시대부터 진나라와 한나라에 이르기까지 대략 300여 년이라는 시간을 거쳐 장자 본인과 그의 제자들, 나아가 장자를 너무나 사랑하고 따랐던 사람들의 사유가 합류해 만들어진 책입니다. 물론 강물의 수원지는 장자이지만, 무수한 지류들이 합류되어 섞이면서 『장자』라는 하나의 거대한 강물이 된 것입니다. 문제는, 합류한 지류들 중에 맑은 물을 흐리는 탁한 것들도 있고, 심지어 맑은 물을 썩게 만드는 오염된 것들도 있다는 점입니다. 그래서 대학과 연구소의 많은 연구자들은 지금도 『장자』에 합류한 다양한 흐름을 식별하려는 연구를 쉬지 않고 있죠. 다행히도 공통된 의견 한 가지가 있습니다. 『장자』 중 내편에 속한 일곱 편들, 그중 두 번째 편인 「제물론」 편은 장자 본인의 사유를 담고 있다는 겁니다. 「제물론」 편은 그만큼 중요합니다. 물론 「제물론」도 다른 편들과 마찬가지로 많은 이야기들로 구성되어 있지만, 여기 묶인 이야기들은 문학적 감수성뿐만 아니라 지적 영민함이 최상의 수준입니다. 분명 「제물론」 편은 매우 영민하고 섬세한 정신이 쓴 것이 확실합니다. 장자 본인이 썼는지 아니면 장자보다 더 장자적이었던 익명의 저자가 있었는지는 모를 일이지만, 어쨌든 장자가 직접 쓴 이야기라면 좋겠다는 개인적인 바람은 있습니다. 그만큼 「제물론」 편에 등장하는 이야기들은 반짝반짝 빛이 납니다. 아니나 다를까, 「제물론」 편의 시작을 알리는 이야기는 매력적일 뿐만 아니라 아름답기까지 합니다. 수백 번 읽었지만 아직도 설렘을 주는 이야기, 바로 '바람 이야기'입니다.

안성자유라는 제자가 스승 남곽자기에게 던지는 질문으로 바람 이야기는 시작됩니다. 제자는 오랫동안 스승을 모시고 있었기에 스승의 일거수일투족에 익숙합니다. 그런데 그날따라 스승이 어딘가 이상하기만 합니다. 스승이 생면부지의 남인 양 느껴진 것입니다. "오늘 탁자에 기대 앉아 있는 사람은 어제 탁자에 기대 앉았던 사람이 아닌 것 같습니다." 제자의 질문에 스승은 기뻐합니다. 제자의 섬세함과 영민함만큼 스승이 기대하는 것은 없으니까요. 스승은 제자의 의구심을 풀어주려고 지금의 자신이 어제의 자신과 달라 보이는 이유를 설명합니다. "지금 나는 나 자신을 잃었다." '오상아(吾喪我)'라는 유명한 말이 바로 여기서 등장합니다. '상(喪)'이라는 한자는 '상을 치른다'나 '상을 당했다'고 할 때 사용합니다. 사랑하는 가족이나 지인이 먼저 죽을 때 그를 떠나보내는 예식을 상례(喪禮)라고 하고, 상을 당한 가족을 상가(喪家), 상가에 가서 그 유족을 위로하는 것을 문상(問喪)이라고 합니다. 그래서 빈 배 이야기에 등장하는 '허기(虛己)', 즉 '자신을 비운다'는 말보다 '상아'라는 표현은 더 강렬한 데가 있습니다. 바구니에 있던 사과를 꺼내는 것은 결과적으로 바구니가 비는 것은 마찬가지더라도, 사과를 꺼내 매장하는 것과는 느낌이 다르니까요. 그만큼 '상아'는 '허기'보다 강한 개념이죠. 그래서 제자는 스승에게서 무언가 죽음의 냄새를 맡았던 겁니다. "몸은 진실로 시든 나무처럼, 마음은 꺼진 재처럼 만들 수 있습니까?"

자신을 비운다거나 아니면 자신을 잃는다는 것이 물론 마취 상태나 혹은 코마 상태를 말하는 것은 아닙니다. 자의식이나 소유 의식 혹은 허영의 마음을 없앤다는 말이니까요. '나는 똑똑해' '나는 진리를 알아' '나는 남자(여자)야' '나는 돈이 많아' '나는 섹시해' 등등 이런 생각들이 사라지는 겁니다. 그렇지만 '비운다'나 '잃는다'는 말을 들었을 때 대부분의 사람들은 허무하다거나 부정적인 느낌이 들 겁니다. 제자 안성자유가 시든 나무나 꺼진 재라는 인상을 받은 것도 다 이해가 되죠. 한마디로 제자는 "자신을 잃는" 경지에서 죽음의 이미지를 얻은 것입니다. 자신의 상태를 감지한 제자의 영민함이 기뻐서인지, 아니면 자신이 자기 자신을 잃어버린 경지에 오른 것이 행복해서인지, 스승은 죽음의 냄새를 맡은 제자의 잘못된 생각을 바로잡으려 합니다. 그에게 '오상아'의 경지 혹은 실존의 상태는 잿빛의 어두운 이미지가 아니라, 오히려 풀빛의 생생한 이미지에 가깝기 때문입니다. 어둠이 아니라 밝음, 허무가 아니라 충만, 부정이 아니라 긍정, 무기력이 아니라 생기, 한마디로 사(死)가 아니라 생(生)의 이미지를 느껴야 '오상아'의 경지를 제대로 이해할 수 있습니다. 그래서 스승 남곽자기는 피리에 비유해 제자의 잘못된 인상을 고쳐주려 합니다. 우리로서는 다행스러운 일입니다. 안성자유의 의문 덕분에 장자의 속내에 한 걸음 더 접근할 수 있으니까요.

바람의 소리는 어디서 생긴 걸까

———

남곽자기는 먼저 사람의 피리 소리, 땅의 피리 소리 그리고 하늘의 피리 소리를 이야기하면서 제자의 호기심을 자극합니다. "너는 사람의 피리 소리를 들어보았어도 아직 땅의 피리 소리를 들어보지 못했을 수 있다. 너는 땅의 피리 소리를 들어보았어도 아직 하늘의 피리 소리를 들어보지 못했을 수도 있다." 일단 스승은 제자가 최소한 사람의 피리 소리를 들었다고 확신합니다. 사람의 피리 소리, 그것은 관악기가 내는 소리를 말합니다. 원문에 등장하는 비죽(比竹)이 바로 사람의 피리죠. '비(比)'는 '옆으로 나란히 놓는다'는 뜻이고, '죽(竹)'은 '대나무'를 가리키니, 리코더가 아니라 팬플루트처럼 생긴 대나무 관악기가 바로 비죽입니다. 생황(笙簧)이 아마 대표적인 비죽일 겁니다. 사람은 비죽의 대나무 관에 바람을 불어넣어 아름다운 소리를 만들어냅니다. 여기서 이미 장자는 자신을 비우거나 잃은 것이 어떤 의미인지 암시합니다. 대나무 관이 막혀 있으면 입으로 아무리 바람을 불어넣어도 소리 자체가 나지 않을 테니까요. 오직 대나무 관이 비어 있어야 소리가 생길 수 있죠. 스승은 이 점을 제자의 마음에 더 강하게 새기기 위해 땅의 피리 소리를 묘사하기 시작합니다. 사실 원문을 보면 스승은 사람의 피리 소리에 대한 설명은 생략합니다. 대나무 관악기 소리는 이미 제자도 들어보았을 테니 너무 진부한 비유라고 여긴 겁니다. 그래서 들어보았을 수도, 아니면 들어보지 못했을 수도 있는 땅의 피리 소리를 묘사하는 데 그리 공을 들이죠.

대나무 악기와 같은 사람의 피리, 즉 인뢰(人籟)와 달리 땅의
피리로서 지뢰(地籟)는 사람들이 내뱉는 바람이 아니라 세기나
강도가 다른 수많은 바람들, 자연적으로 부는 바람들에 의해 소
리를 냅니다. 땅에는 깊이와 넓이 그리고 모양이 다른 수많은
구멍들이 있기 때문이죠. "큰 나무의 구멍들, 마치 코처럼, 입처
럼, 귀처럼, 병처럼, 술잔처럼, 절구처럼, 깊은 웅덩이처럼, 좁은
웅덩이처럼 생긴 구멍들" 등등이 바로 그것입니다. 바로 이 땅
표면의 구멍들이 지뢰의 정체였던 겁니다. "물 흐르는 소리, 화
살 나는 소리, 꾸짖는 소리, 숨을 들이마시는 소리, 울부짖는 소
리, 아우성치는 소리, 탁하게 울리는 소리, 맑게 울리는 소리 등
온갖 소리"는 바로 바람이 이들 구멍과 만나 만들어진 소리였
죠. 안성자유도 분명 이런 수많은 소리들을 들어봤을 것입니다.
하지만 그는 이런 소리들을 구멍과 바람의 마주침으로 듣지는
못했죠. 익숙한 들음이 존재론적 들음으로 반전을 이루는 대목
입니다. 아니, 산에서 들리는 자연스러운 소리도 이제 지뢰의 소
리로 인식하는 순간 안성자유의 인식은 전환되었다고 할 수 있
습니다. 그 결과 산에서 울려 퍼지는 땅의 소리들, 그 각각은 모
두 하나하나의 경이로운 기적처럼, 특정 모양의 구멍이 특정 세
기의 바람을 만나는 기적이 없었다면 불가능했을 경이로 경험
하게 될 것입니다. 그래서 "사나운 바람이 가라앉으면 모든 구
멍들은 고요해진다"는 표현이 의미심장한 것입니다. 구멍과 바
람이라는 존재론적 구별이 없다면 이 묘사는 나올 수도 없으니
까요. "너는 저 나무들이 휘청휘청하거나 살랑살랑거리는 모습

을 보지 못했는가?"라는 표현이 인상적인 것도 이런 이유에서입니다. 구멍과 마주치지 않은 바람에 대한 사유가 전제되어야 가능한 묘사입니다.

　마주침의 존재론 혹은 마주침의 현상학은 그 자체로도 매우 인상적일 뿐만 아니라 장자 사유의 특이성을 이해하는 데도 중요합니다. 바람 소리가 나지 않으면 그만이지만, 만약 바람 소리가 났다고 하면 그 소리에는 '어떤 구멍'과 '어떤 바람'이 반드시 전제되어 있습니다. 그리고 그 둘이 마주치더라도 모두가 똑같은 소리를 내지도 않습니다. 구멍의 모양새는 다양하고, 바람도 그 속도와 방향에 따라 복수적입니다. 구멍의 모양에 따라, 바람의 세기와 방향에 따라, 각자 고유한 바람 소리를 냅니다. 특정 바람 소리, 예를 들어 '우우' 하는 소리나 '오오' 하는 소리는 그 자체로 존재 근거는 없습니다. 특정 구멍과 특정 바람이 마주치지 않았다면 그 소리는 발생할 수 없습니다. 이 대목에서 우리는 다음과 같은 질문을 던져볼 수 있습니다. 특정 바람의 소리는 어디서 생긴 걸까요? 바람이 내는 소리일까요, 아니면 구멍이 내는 소리일까요? 이 질문은 장자 사유의 핵심이자 화두입니다. 바람일까요, 구멍일까요? 어디서 소리가 나올까요? 답은 바람도 구멍도 아닙니다. 이 둘이 마주쳐야 소리가 나는 것이죠. 구멍이 없으면 바람은 거의 비존재에 가깝습니다. 바람이 불어도 구멍이 없으니 소리를 낼 수 없으니까요. 구멍도 마찬가지입니다. 바람이 없으면 구멍은 어떤 소리도 낼 수 없지요. 그러나 달리 생각해보면 소리가 바람에서도 나온다고 해도 좋고, 구멍에서 나온다고 해도 좋죠. 바람과 구멍이 마주쳤다고 전제한다면 말입니다. 마주침의 존재론은 소리에만 국한되지 않습니다. 우리를 포함한 모든 것들의 탄생도 그리고 변화도 모두 어떤 마주침의 효과이기 때문이죠. 수증기와 추위, 그리고 씨 핵이 될 만한 먼지가 마주치지 않으면 만들어지지 않는 눈송이처럼 말입니다. 물론 반대로 마주침이 지속되지 않으면 그 여운만 남긴 채 모든 것은 사라질 것입니다.

우리는 바람과 같다

———

안성자유는 모든 소리에는 구멍과 바람이 존재론적으로 선행한다는 것을 알게 됩니다. 그러자 그는 마치 최상의 음악일 것 같은 하늘의 피리 소리에 대한 궁금증을 참을 수 없었죠. 하늘에는 대나무 관과 같은 구멍도 혹은 나무나 산, 땅이 품고 있는 다양한 구멍들과 같은 구멍도 보이지 않으니까요. 그렇지만 바람이 거센 날 하늘에서는 분명 소리가 들려옵니다. 물론 인뢰와 지뢰에서 나는 소리처럼 나름 안정적이고 지속적인 소리는 아닙니다. 간헐적이고 순간적으로 아주 날카롭게 혹은 아주 조용하게 소리가 들리다 어느새 소멸합니다. 잠시의 틈을 주지 않고, 또 앞에 들었던 것과는 완전히 다른 소리가 등장하지요. 하늘에서 들리는 바람 소리, 즉 천뢰의 소리를 들으려고 하면, 알타이(Altay)산맥이나 티베트고원에 서서 바람을 맞는 장자의 모습이 떠오릅니다. 알타이나 티베트 출신은 아닐지라도 장자는 그곳을 여행했던 것은 분명한 것 같습니다. 하긴 목적이 없는 여행, 소요유의 달인인 장자가 알타이나 티베트 방향으로 자기 발걸음을 옮기지 않았을 리 없지요. 「소요유」편을 보면 이우(犛牛)라는 특이한 소가 등장합니다. 털이 많은 검은 소를 말합니다. 장자는 이 소를 마치 대붕인 것처럼 묘사합니다. "그 크기가 하늘을 드리운 구름 같았다[其大若垂天之雲]." 흰 구름 사이로 모습이 아른거리는 거대한 소의 이미지가 떠오르지 않나요. 바로 야크입니다. 구름과 눈을 벗 삼아 고산을 배회하는 검은 소 야크입니다. 야크와 함께 있었다는 것은 장자가 그만큼 바람과 함께 있었다는 것, 그리고 그만큼 바람 소리를 들었을 것임을 말해줍니다.

지금도 히말라야나 티베트에는 불경이 적힌 타르초(tharchog)와 바람의 말이 그려진 룽따(lungta)가 휘날리고 있습니다. 아무리 불교 전통과 결합되었다 해도 이만큼 그곳은 대대로 바람과 그 소리가 중시되는 곳이었죠. 물론 중국의 높은 산에서도 천뢰 소리를 들을 수도 있을 테지만 그 소리는 산의 많은 구멍들과 나무 구멍들이 내는 소리와 뒤섞이기 쉽습니다. 그러나 해발 5,000~6,000미터 이상 고산 혹은 그 정상에서는 그렇지 않습니다. 나무도 자라지 않고 산의 구멍이란 구멍은 모두 만년설로 메워진 히말라야 고산들을 생각해보세요. 하늘에는 수천의, 아니 수만의 바람들이 만들어져 야생마들처럼 온갖 방향으로 질주하고 있습니다. 바람들은 부딪히기도 하고 스치기도 할 겁니다. 바로 이 순간 천뢰는 소리를 내게 됩니다. 구멍과 마주침의 존재론이 위태로워지는 순간입니다. 구멍은 없고 바람들만 있는데 소리가 나니까요. 그러나 안심해도 좋습니다. 마주침의 존재론은 여전히 유지됩니다. 그것도 더 근사하고 우아하게. 이제 구멍과 바람의 마주침 대신 바람과 바람의 마주침이 그 자리를 대신합니다. 물론 소리가 나려면 구멍은 불가피합니다. 마주친 바람 중 어느 하나가 구멍 역할을 한다고 생각해보세요. 다른 바람과 부딪혀 순간적으로 움푹 패어 그만큼 구멍을 갖게 된 바람을 상상해보세요. 바로 그때 바람들이 소리를 내는 겁니다. 그렇습니다. 바람은 어떤 바람과 마주치느냐에 따라 구멍의 역할도 하고 계속 바람의 역할도 하는 것입니다.

천뢰에 조바심을 쳤던 사랑스러운 제자에게 스승은 말합니다. "만 가지로 다르게 소리를 내지만 자신으로부터 나오도록 해서 모두 자신이 취한 것"이라고. 셀 수 없을 정도로 많은 바람들이 바람으로 있다가 어느 순간 구멍이 되는 역동적인 장면을 떠올리면, 남곽자기의 말은 어려울 것이 없습니다. 사실 장자의 눈에는 인뢰의 구멍도 그리고 지뢰의 구멍도 너무 사물화되어 있는 것으로 보이죠. 마치 마주침과 무관하게 실체처럼 존재하는 것 같으니까요. 그러나 생각해보면 대나무의 빈 공간도 원래부터 있었던 것이 아닙니다. 속이 꽉 찬 죽순을 보세요. 나무의 구멍들이나 산이나 땅의 구멍들도 마찬가지입니다. 어떤 마주침에 의해 팬 겁니다. 구멍은 소리가 생기기 위해 반드시 있어야 하지만, 그 구멍을 실체화해서는 안 됩니다. 바로 천뢰가 이것을 가르쳐준 겁니다. 바람이면서 구멍일 수도 있는 바람! 바람 안의 구멍과 구멍 안의 바람! 자신을 비운다거나 아니면 자신을 잃는다고 할 때 우리가 구멍이 되는 것은 맞습니다. 이제 타자를 그 구멍에 담아 타자와 소통하는 소리를 낼 수 있습니다. 그러나 구멍의 상태를 실체화하거나 절대화해서는 안 됩니다. 우리는 대나무도 아니고 그렇다고 산도 아니니까요. 차라리 우리는 바람과 같습니다. 아니 정확히 말해 우리의 마음은 바람과 같은 것이며, 나아가 바람과 같은 것이어야만 합니다. 구멍이 되어 바람을 맞아 소리를 낼 수도 있고, 바람이 되어 누군가의 구멍에 들어가 그 구멍에 어울리는 소리를 낼 수도 있으니까요. 바로 이것이 장자가 바람의 철학자인 이유입니다. 바람 이야기를 마무리하며 이제 남곽자기, 그러니까 장자가 던진 화두가 풀어지셨나요. "그렇게 소리 나도록 한 것은 그 누구인가!" 오늘도 타르초와 룽따는 좌르르 파르르 웁니다.

흰 구름 사이로 모습이 아른거리는 거대한 소의 이미지가 떠오르지 않나요
바로 야크입니다. 구름과 눈을 벗 삼아 고산을 배회하는 검은 소 야크입니다
야크와 함께 있었다는 것은 장자가 그만큼 바람과 함께 있었다는 것,
그리고 그만큼 바람 소리를 들었을 것임을 말해줍니다

11

자유로운
공동체를 꿈꾸며

네 선생 이야기

송나라 사람이 '장보'라는 모자를 밑천 삼아 월나라로 장사를
갔다. 그런데 월나라 사람들은 머리를 짧게 깎고 문신을 하고 있
어서 그런 모자를 필요로 하지 않았다.

요임금이 천하의 사람들을 다스리고 바다 안의 정치를 평정했
다. 그런데 막고야라는 산, 분수의 북쪽에 살던 네 명의 선생을
만나고 나서, 그는 멍하니 천하를 잃어버리게 되었다.

「소요유」

宋人資章甫適諸越. 越人短髮文身, 無所用之.

堯治天下之民, 平海內之政. 往見四子藐姑射之山汾水之陽, 窅然喪其天下焉.

토끼를 기다린 농부

    『장자』에는 송나라 사람이 주인공으로 등장하는 이야기가 간혹 나옵니다. 그럴 때마다 장자 본인이 만든 이야기를 만났다고 보시면 됩니다. 장자는 송나라 출신이거든요. 송나라는 상나라의 유민들이 세운 전국시대의 작은 제후국입니다. 그래서인지 송나라 사람들은, 좋게 말하면 전통을 중시했다고 할 수 있지만, 나쁘게 보자면 현실감각을 찾아보기 힘든 사람들로 유명했습니다. 전국시대에 이르러 송나라 출신들은 바보나 멍청이의 대명사가 되고 맙니다. 『한비자(韓非子)』「오두(五蠹)」편에 나오는 '수주대토(守株待兎)'라는 고사를 아시나요? "나무 그루터기[株]를 지키면서[守] 토끼[兎]를 기다린다[待]"고 풀이할 수 있습니다. 어떤 농부가 밭일을 하고 있는데, 토끼가 나무 그루터기에 부딪혀 죽는 광경을 목격합니다. 얼떨결에 토끼 고기를 얻은 농부는 밭일을 포기하고 나무 그루터기를 지키기 시작합니다. 다른 토끼가 그루터기에 부딪혀 죽기를 기다리는 것이었죠. 바로 이 농부도 송나라 사람이었습니다. 한비자는 송나라 농부의 사례를 통해 전통을 묵수하는 것이 얼마나 어리석은지 이야기한 것입니다. 이처럼 당시 송나라 사람들만큼 공개적으로 조롱의 대상이 되었던 이들도 없을 겁니다. 그런데 정말로 송나라 사람들이 바보거나 멍청이였을까요? 이런 의문이 드는 것은 수주대토 고사에 등장하는 송나라 농부가 생각이 없다기보다 생각이 너무 많아 보이기 때문입니다. 그는 토끼가 나무 그루터기에 부

딪혀 죽은 일회적 사건을 심각하게 고민할 뿐만 아니라 밭일과
토끼잡이 사이에서 효율성까지 따집니다. 더 놀라운 것은 그가
보인 자기 사유에 대한 확신이죠. 그는 자기 판단을 확신하고서
과감히 밭일을 접으니까요.

  송나라 사람이 지킨 나무 그루터기는 단순히 전통이나 통념
이 아닙니다. 오히려 그 반대입니다. 그것은 토끼가 나무 그루터
기에 부딪혀 죽은 사건에 대한 사유의 결과물이었습니다. 그러
니까 그가 지킨 나무 그루터기는 그가 옳다고 판단한 자신의 생
각이었던 겁니다. 한비자는 나무 그루터기를 지킨 송나라 농부
를 잘못 읽어냈습니다. 송나라 농부는 고지식해서 융통성이라
고는 찾아볼 수 없는 사람은 아니었으니까요. 비유를 하자면, 송
나라 사람은 이것저것 재느라 여행을 떠나지 못하는 사람이 아
니라 촉이 발동하면 모든 것을 내려놓고 여행을 떠나는 사람에
가깝습니다. 자신의 판단을 믿고 밭일을 포기하는, 무모함에 가
까운 그 경쾌함을 떠올려보세요. 송나라 사람들은 단순한 사람
들이 아닙니다. 그들은 생각이 많을 뿐만 아니라 그 생각을 실
천하는 과감성도 갖추고 있었습니다. 일회적 사건을 일회적이
라고 치부하지 않고 오히려 그로부터 일반적 법칙을 끌어내고
그것을 현실에 과감히 적용합니다. 평범한 바보나 멍청이는 이
런 일을 감당하지 못합니다. 창조적인 과학자나 비판적인 지식
인만이 그렇게 할 수 있죠. 송나라 출신들은 주어진 관념이나
상식의 노예가 아니었습니다. 분명 그들은 성급한 일반화의 오
류에 빠지기 쉽습니다. 그것은 개별 사건들로부터 법칙을 찾으
려는 사람이라면 어쩔 수 없이 겪어야 하는 일입니다. 주목해야

할 것은 송나라 사람들에게는 자신의 생각을 스스로 수정할 여지도 있다는 점입니다. 물론 그것은 그가 자신의 생각을 현실에 적용해보기 때문입니다. 나무 그루터기를 지키던 송나라 사람은 자신의 생각이 잘못되었음을 곧 깨달을 것입니다. 효율성을 따져 밭일을 접은 그입니다. 더 이상 효율적이지 않다고 판단한다면 그는 나무 그루터기 지키기를 그만둘 겁니다.

장자도 송나라 출신입니다. 사건들에 민감하고 생각이 많지만, 뭔가 결정하면 곧바로 실천하는 사람이었죠. 통념이나 상식을 생각 없이 따르기보다는 주어진 사건에 촉을 세우고 그로부터 기존 통념과 상식을 넘어서고자 사유를 거듭하는 철학자, 그가 바로 '송나라적인, 너무나도 송나라적인' 장자였습니다. 그래서 송나라 사람이 등장하는 장자의 이야기들을 송나라 출신에 대한, 한비자나 당시 전국시대의 편견에 입각해 이해해서는 안 됩니다. 잘못하면 송나라 철학자가 송나라 출신들을 조롱하니, 장자가 일종의 자학 개그를 하는 것처럼 보일 수 있으니까요. 통념에 사로잡혀 현실에 매몰된 사람들, 당연히 별다른 생각이 없는 사람들보다 송나라 출신들은 더 바람직한 덕목을 가지고 있습니다. 그들은 바보처럼 보이고 멍청해 보일 만큼 생각이 많고 과감했을 뿐입니다. 비록 실패할지라도 그들에게 새로운 사유와 삶의 전망이 가능했던 것도 이런 이유에서일 것입니다. 송나라 출신 사람들은 실패를 두려워하지 않고 그로부터 무언가를 배우려 했죠. 그래서 장자가 쓴 송나라 사람에 대한 이야기는, 송나라 출신이라는 그의 핸디캡을 반영하는 것이 아니라 반대로 송나라 출신이라는 자부심의 표현일 수도 있습니다.

물론 장자는 송나라적인 것마저 넘어서려고 합니다. 송나라 사람들이 빠질 수밖에 없었던 성급한 일반화의 오류, 나아가 일반화 자체의 논리마저 비판적으로 성찰하니까요. 바로 이것이 송나라적이지만 송나라적이지만은 않았던 장자 사유의 특징일 것입니다. 지금 읽어볼 '네 선생 이야기'가 중요한 이유도 다른 데 있지 않습니다. 송나라적인 것이 무엇인지 혹은 송나라적인 것을 극복한다는 것이 무엇인지를 이보다 잘 보여주는 이야기도 없으니까요.

내가 나로 강렬하게 서는 순간

네 선생 이야기는 '장보'라는 모자를 가지고 월나라로 장사하러 떠난 송나라 상인에 대한 일화로 시작됩니다. 송나라 상인은 장보를 가지고 월나라에 들어가자마자 그야말로 멘붕에 빠지고 맙니다. 월나라 사람들은 장보건 무엇이건 모자 자체를 쓰지 않았으니까요. 그곳 사람들은 머리를 삭발에 가깝게 짧게 자르고 문신을 하는 풍습이 있었습니다. 여기서 중요한 것은 송나라 상인이 되어 이 이야기를 읽어야 한다는 겁니다. 사후적으로(ex post factor) 이 이야기를 읽지 말고 사전적으로(ex ante factor) 읽어야 합니다. 사후적으로 읽으면 장자가 송나라 상인의 예로 문화상대주의를 주장하고 있다는 얕은 해석만 남게 되니까요. 상인은 월나라로 들어가기 전에 혹은 사전에 월나라 사람들이 모자를 쓰지 않는다는 사실을 알지 못했습니다. 아니, 알 수 없었다는 것이 정확할 겁니다. 그저 막연하게 월나라 사람들도 모자를 쓰리라 믿었던 거죠. 장보는 오랜 문화 전통을 자랑하는 송나라에서 만든 세련된 모자이니 월나라에서는 명품 취급을 받아 비싼 가격에 팔리리라 생각한 것입니다. 하긴 당연한 일 아닌가요. 그는 월나라에 가본 적이 없었을 테니까요. 그럼에도 그는 송나라 밖으로 과감하게 나간 겁니다. 우물 안 개구리가 한 번도 나가보지 않았던 우물 밖으로 나간 셈이죠. 송나라적인 모험심이자 무모함입니다.

모자를 쓰지 않는 월나라로 모자를 팔러 간 송나라 상인이 되어보면, 우리는 외부성(externality)이나 타자성(otherness)을 경험하게 됩니다. 월나라로 들어가기 전, 그곳은 송나라와 다름없는 곳이었습니다. 그런데 몸소 월나라에 들어간 순간 송나라 상인은 과거에 자신이 생각했던 월나라가 자기 내면이 투사된 것에 지나지 않는다는 사실을 알게 됩니다. 자기 내면으로 환원되지 않은 월나라, 모자를 쓰지 않는 월나라는 바로 외부성으로서의 월나라입니다. 외부성의 경험은 타자성의 경험과 함께합니다. '다르다'는 경험, 정확히 말해 '나와는 다르다'는 경험이 타자성의 경험이니까요. 여기서 중요한 것은 외부성이나 타자성의 경험은 동시에 내부성(internality)과 주체성(subjectivity)의 발견이기도 하다는 사실입니다. 낯선 외부로서 월나라에 들어간 송나라 상인은 자신이 누구인지를 자각하게 됩니다. 처음으로 해외여행을 떠나본 사람이라면 누구나 경험했을 겁니다. 외국에 들어가는 순간, 우리는 자신이 한국인이라는 것을 알게 됩니다. 예를 들어 한국에 살고 있을 때 우리는 자신이 김치를 먹는 사람이라는 것을 거의 느끼지 않습니다. 그러다 외국에 가면 음식 문화가 완전히 낯설어지는 경험을 하게 됩니다. 그 순간 우리는 '아, 나는 김치를 먹는 한국인이구나'를 자각합니다. 주체는 이렇게 탄생합니다. 내가 나로 가장 강렬하게 서는 순간이 타자를 발견하는 때입니다. 특히 그 타자가 낯설고 나를 당혹시킬수록 나를 더 강렬하게 자각할 겁니다.

자기 생각 속의 월나라와는 다른 실제 월나라를 발견한 순간, 송나라 상인은 어떻게 해야 할까요? 외부에 직면한 내부는, 혹은 타자와 마주친 주체는 어떻게 해야 할까요? 아쉽게도 네 선생 이야기는 이에 대해 침묵합니다. 하지만 우리는 그가 취할 수 있는 행동, 그 경우의 수를 추정해볼 수 있습니다. 그가 할 수 있는 일은 세 가지일 겁니다. 첫째는 다시 송나라로 돌아오는 것이죠. 이건 아무 문제 없습니다. 우물 안 개구리가 바깥에 놀라 다시 우물 안으로 돌아오는 겁니다. 문제는 돌아와서도 그가 이전과 같을 수는 없다는 점이죠. 이미 우물 바깥을 경험해버린 개구리니까요. 둘째는 월나라를 미개하다고 규정하고 계몽하는 겁니다. 문신을 지우게 하고 억지로 모자를 쓰게 만들어 모자를 팔아먹는 겁니다. 월나라의 타자성과 외부성을 제거하고 이 나라를 송나라처럼 만드는 방법이니, 제국주의자의 길이라 할 만하죠. 세 번째는 가지고 간 장보를 깔끔하게 태워버리는 겁니다. 우물 안으로 다시 돌아가지 않겠다는 결의입니다. 우물 바깥의 삶을 긍정하고 새로운 타자들을 삶의 동반자로 받아들이는 겁니다. 예를 들어 그는 월나라에서 문신사가 되어 살아갈 수도

내가 나로 가장 강렬하게 서는 순간이
타자를 발견하는 때입니다

있죠. 물론 문신사가 된 이 사람은 마음만 먹으면 송나라로 돌아갈 수도 있을 겁니다. 월나라에서만 나는 재료로 만든 모자를 가지고 말입니다. 이제 송나라 사람도 아니고 월나라 사람도 아닌, 아니 송나라 사람이면서 동시에 월나라 사람이기도 한 이 사람은 어떤 외부와 직면해도 어떤 타자와 마주쳐도 삶을 영위할 수 있는 힘을 얻은 것입니다.

천하를 잃어 땅에 묻다

———

네 선생 이야기가 송나라 상인의 이야기로 끝났다면 무언가 찜찜한 느낌이 들 수도 있습니다. 송나라든 월나라든 쓸모의 형이상학에 포획되어 있는 곳, 허영을 증폭시키는 국가질서가 지배하는 곳이기 때문입니다. 생각해보세요. 모자든 문신이든 그것은 모두 신분과 지위 혹은 부에 대한 허영이 전제되어야 합니다. 이런 허영이 작동하기에 더 고급스러운 모자를 만들거나 파는 사람이 존재하고, 더 크고 아름다운 문신을 새기는 문신사도 있는 것입니다. 결국 송나라 상인은 더 큰 이득을 위해 월나라에 간 것입니다. 마치 나무 그루터기를 지키는 것이 밭일을 하는 것보다 효율이 높다고 생각했던 송나라 농부처럼 말입니다. 결국 여러 미덕에도 불구하고 송나라적인 것의 바닥에는 이익에 대한 동물적인 본능, 강력한 이기주의가 깔려 있었던 것입니다. 바로 이 대목에서 장자는 송나라적인 것을 넘어서려고 합니다. 쓸모와 허영에 사로잡힌 인간에게 하염없는 서글픔을 가졌던 장자입니다. 송나라 사람들이 품은 새로운 사유를 향한 힘, 그리고 외부성에 몸을 던지는 과감함에 새로운 방향성을 주려고 합니다. 송나라 상인 이야기 다음에 요임금 이야기를 덧붙인 것도 이런 이유에서죠. 어쩌면 네 선생 이야기의 핵심은 바로 여기에 있는지도 모릅니다. 송나라 상인 이야기는 요임금 이야기를 위한 밑그림이나 일종의 떡밥이라고 할 수 있다는 것입니다.

네 선생 이야기의 후반부 요임금 이야기는 송나라 상인 이야기만큼 짧습니다. "천하의 사람들을 다스리고 바다 안의 정치를 평정"하는 데 성공한 요임금은 중국의 절대 권력자가 되었습니다. 하지만 요임금은 "막고야라는 산, 분수 북쪽에 살던 네 명의 선생을 만나고 나서 멍하게 천하를 잃어버리게 되죠." 이 짧은 이야기를 맛보려면 '천하'와 '네 선생'이라는 단어가 그 실마리가 될 수 있습니다. 천하라는 말은 글자 그대로 '하늘 아래'라는 뜻입니다. '하늘-하늘의 아들-정신노동자-육체노동자', 즉 '천(天)-천자(天子)-대인(大人)-소인(小人)'으로 이루어진 국가질서를 상징하는 것이 바로 천하라는 말입니다. 문제는 이 국가질서가 지상(地上)의 모든 곳을 포괄하지 못한다는 점이죠. 물론 요임금은 처음에는 국가질서가 모든 곳에 통용된다고 믿었습니다. 설령 자신의 지배력이 미치지 못하는 곳이어도 국가질서는 작동하리라 확신했던 것입니다. 마치 월나라도 모자를 쓰리라 믿었던 송나라 상인처럼 말입니다. 그러나 그는 "막고야라는 산, 분수 북쪽에 살던 네 명의 선생"을 만나면서 국가질서가 미치지 않는 외부성을 발견하게 됩니다. 분수(汾水)는 황하 북쪽에서 황하로 흘러들어오는 지류입니다. 유목민들이 살았던 중국 북쪽 초원지대였죠. 그곳 네 명의 선생은 모자를 필요로 하지 않았던 월나라 사람들처럼 국가질서 따위는 안중에도 없었죠. 바로 여기서 요임금은 '천-천자-대인-소인'이라는 피라미드 지배 구조가 우물 안 질서에 지나지 않는다는 것을 알게 됩니다. 자, 이제 '네 선생'이라는 표현, 구체적으로는 "막고야라는 산, 분수의 북쪽에 살던 네 명의 선생"을 생각해보죠.

국가질서든 종교 질서든 일자와 다자의 구조로 이루어져 있습니다. 신은 하나이거나 최고신이 존재합니다. 이 일자가 만물을 관장하는 것이죠. 국가질서도 마찬가지입니다. 천자는 한 명입니다. 이 한 명이 모든 피지배자를 지배할 때 인간 사회가 질서와 조화를 달성했다고 하죠. 그런데 "막고야라는 산, 분수의 북쪽"은 일자와 다자의 구조가 통용되지 않습니다. 스스로 선생이라 생각하고 서로를 선생이라고 생각하는 네 선생이 있었으니까요. 한 명의 천자와 네 명의 선생의 만남! 이는 상명하복의 국가질서와 자유로운 개인들의 공동체와의 마주침을 상징합니다. 월나라라는 외부성과 마주쳤을 때, 송나라 상인에게는 세 가지 행동 가능성이 있었습니다. 송나라로 되돌아오는 것, 폭력적으로 월나라를 송나라로 개조하는 것, 그리고 마지막으로 송나라를 버리고 월나라에 몸을 던지는 것! 마찬가지로 요임금도 세 가지 행동이 가능합니다. 중국으로 돌아오는 것, "막고야라는 산, 분수의 북쪽"을 정복하는 것, 그리고 그곳에 머물며 '다섯 선생' 중 한 사람이 되는 것! 역사적으로 보아 요임금은 첫 번째나 두 번째를 선택한 듯 보입니다. 그러나 장자는 요임금이 군주의 자리를 내려놓고 네 선생 옆에 머문 것으로 해석하려 합니다. 요임금은 천하를 잃어버리기 때문이죠. 상천하(喪天下)! 천하를 잃어 땅에 매장한 겁니다. 천하라는 관념 자체가 죽은 셈이죠. 다섯 번째 선생이 된 요임금을 따라 국가질서에 포획된 모든 이들이 차례차례 여섯 번째, 일곱 번째 선생이 되어가는 것! 어느 송나라 철학자의 꿈은 바로 이것입니다.

12

보편적인 것은 없다

동시 이야기

설결이 스승 왕예에게 물었다. "선생님께서는 외물에서 누구나 옳다고 동의할 수 있는 측면을 알고 계십니까?"

　　"내가 그것을 어떻게 알겠나!"

　　"선생님께서는 선생님 자신이 알지 못한다는 것을 아는 것 아닙니까?"

　　"내가 그것을 어떻게 알겠나!"

　　"그러면 외물이란 알 수 없다는 겁니까?"

　　"내가 그것을 어떻게 알겠나! 하지만 그 문제에 대해 말이나 좀 해보세. 도대체 우리가 안다고 생각하는 게 사실은 모르는 것이 아니라고 알 수 있겠는가? 우리가 모른다고 생각하는 게 사실 아는 것이 아니라고 알 수 있겠는가? 이제 시험 삼아 자네에게 묻겠네. 사람이 습지에서 자면 허리가 아프고 반신불수가 되겠지. 미꾸라지도 그럴까? 사람이 나무 위에서 산다면 겁이 나서 떨 수밖에 없을 것일세. 원숭이도 그럴까? 이 셋 중에서 어느 쪽이 '올바른 거주지'를 안다고 할 수 있는가? 사람은 고기를 먹고, 사슴은 풀을 먹고, 지네는 뱀을 달게 먹고, 올빼미는 쥐를 좋다고 먹지. 이 넷 중에서 어느 쪽이 '올바른 맛'을 안다고 할 수 있는가? 원숭이는 비슷한 원숭이와 짝을 맺고, 순록은 사슴과 사귀고, 미꾸라지는 물고기와 놀지 않는가. 모장이나 여희는 사람들이 모두 아름답다고 하지만, 물고기는 보자마자 물속 깊이 들어가 숨고, 새는 보자마자 높이 날아가버리고, 사슴은 보자마자 급히 도망가버린다네. 이 넷 중 어느 쪽이 '올바른 아름다움'을 안다고 하겠는가?"

「제물론」

齧缺問乎王倪曰, "子知物之所同是乎?"

曰, "吾惡乎知之!"

"子知子之所不知邪?"

曰, "吾惡乎知之!"

"然則物無知邪?"

曰, "吾惡乎知之! 雖然, 嘗試言之. 庸詎知吾所謂知之非不知邪? 庸詎知吾所謂不知之非知邪? 且吾嘗試問乎女. 民濕寢則腰疾偏死, 鰌然乎哉? 木處則惴慄恂懼, 猨猴然乎哉? 三者孰知正處? 民食芻豢, 麋鹿食薦, 蝍蛆甘帶, 鴟鴉耆鼠, 四者孰知正味? 猨猵狙以爲雌, 麋與鹿交, 鰌與魚游. 毛嬙 · 麗姬, 人之所美也, 魚見之深入, 鳥見之高飛, 麋鹿見之決驟. 四者孰知天下正色哉?"

「齊物論」

"모두가 옳다고 생각한다"

———

「제물론」편이 장자를 이해하는 데 중요하다는 것은 옳은 평가입니다. 하지만 이런 평가가 나온 데에는 철학 전공자들의 지적 우월 의식도 한몫 단단히 합니다. 철학자들은 보통 추상적 사유나 논리적 사유를 좋아합니다. 주장에 상식을 넘어서는 심오함이 있어야 하고, 동시에 그 주장은 충분한 근거들을 지니고 있어야 한다는 겁니다. 당연히 철학자들은 『장자』를 수놓는 수많은 이야기들을 불편해합니다. 일종의 문학 작품이기 때문이죠. 비록 시만큼은 아닐지라도 장자가 쓴 이야기들은 다양한 해석이 가능합니다. 주장, 이유, 전제, 결론, 논쟁, 논변 등을 선호하는 철학자들이 『장자』를 껄끄러워하는 것도 이런 이유에서입니다. 그렇지만 장자는 사상사적으로 너무나 중요한 철학자여서 우회하기도 어렵습니다. 그렇게 난처한 상황에 빠진 철학자들에게 「제물론」편은 목마른 사람에게 내리는 단비와 같습니다. 바람 이야기처럼 최고 수준의 문학성을 자랑하는 이야기도 있지만, 「제물론」편에는 상대방의 주장을 논박하거나 혹은 자기 입장을 정당화하는, 얼핏 보아도 철학적 느낌이 물씬 풍기는 이야기들이 많기 때문이죠. 물론 그렇다고 해서 이 편에 등장하는 철학적 이야기들이 쉽다는 것은 아닙니다. 단지 철학적 연습이 충분한 사람들이 흥미를 느낄 만한 이야기들이 「제물론」편에 집중되어 있다는 정도로 생각하면 좋을 것 같습니다.

'동시 이야기'는 아마 「제물론」편의 철학적 이야기들 중 가장 대표적인 일화일 겁니다. 이야기 제목에 들어 있는 '동시'라는 단어를 보세요. '함께'나 '모두'를 뜻하는 '동(同)'과 '이것이다'나 '옳다'는 뜻의 '시(是)'로 구성된 '동시'는 "모두가 옳다고 생각한다"로 풀이할 수 있습니다. 그렇습니다. 동시 이야기는 철학자들에게 익숙한 인식론(epistemology)의 문제를 다루고 있습니다. 이 이야기에서 설결과 왕예라는 가상의 두 인물은 인식의 타당성과 한계를 토론합니다. 두 사람의 토론은 설결이 장자의 페르소나 왕예에게 질문을 던지면서 시작됩니다. "선생님께서는 외물에서 누구나 옳다고 동의할 수 있는 측면을 알고 계십니까?" 이미 우리는 모든 문맥과 무관한 절대적 의미를 장자가 부정한다는 것을 알고 있습니다. 장자는 문맥주의자니까요. 개똥은 거름으로도 쓸 수 없는 배설물이지만, 어떤 때에는 요긴한 약재가 되기도 합니다. 그렇다면 왕예는 설결의 질문에 대해 "외물에서 누구나 옳다고 동의할 수 있는 측면", 즉 외물의 본질 따위는 없다고 대답하면 됩니다. 하지만 왕예는 "내가 그것을 어떻게 알겠나!"라며 확답을 피합니다. 왕예의 반문은 두 가지로 해석할 수 있습니다. 본질이 있다 해도 그것을 알 수 없다는 뜻일 수도 있고, 아니면 본질이 없다면 당연히 그것을 알 수 없다는 뜻일 수도 있습니다. 어쨌든 왕예의 애매한 반문을 듣자마자 설결은 그에게 새로운 질문을 던집니다. "선생님께서는 선생님 자신이 알지 못한다는 것을 아는 것 아닙니까?" 여기서 우리는 설결이 왕예의 반문을 첫 번째 뜻으로 이해했다고 추정할 수 있습니다.

『범주론(Categoriae)』에서 아리스토텔레스(Aristoteles, BC 384~BC 322)는 제1실체와 제2실체를 구분합니다. 제1실체가 개별자나 개체라면 제2실체는 보편자나 본질을 의미합니다. 개똥을 생각 해보세요. 개똥도 약에 쓴다고 할 때, '개똥임'과 '약임'이 제2실 체의 사례입니다. 그렇지만 개똥으로 보든 약재라고 보든 무언 가 자기 동일적인 X가 있다고 할 수 있죠. 바로 이 X가 제1실체 인 셈입니다. 개똥인 X와 약재인 X는 아무리 다르더라도 동일 한 X가 아니냐는 발상입니다. X는 미지수 X가 상징하듯 분명 존재하지만, 그렇다고 그것이 무어라고 이야기할 수는 없죠. 이 제야 설결이 "선생님께서는 선생님 자신이 알지 못한다는 것을 아는 것 아닙니까?"라고 물은 이유가 조금은 이해가 됩니다. 제 2실체로서 보편자를 부정해도 제1실체로서 개별자는 긍정해야 하는 것 아니냐는 생각이 없었다면, 설결의 두 번째 질문은 아 무런 의미가 없습니다. 이 대목에서 칸트의 『순수이성비판(Kritik der reinen Vernunft)』에 등장하는 '표상(表象, Vorstellung, Representation)' 과 '물자체(物自體, Ding an Sich, the Thing-in-Itself)'라는 개념이 도움이 될 듯합니다. 정확히 일치하지는 않지만 개똥(으로 보이는 것)과 약 재(로 보이는 것)가 '표상'이라면, 그 자기 동일적인 X를 '물자체'라 고 할 수 있습니다. 그러니까 설결의 "선생님께서는 선생님 자 신이 알지 못한다는 것을 아는 것 아닙니까?"라는 질문은 칸트 식으로 번역하면 "선생님께서는 물자체―혹은 물자체가 있다 는 것―를 아는 것 아닙니까?"라는 질문이 됩니다. 그렇다면 왕 예는 어떻게 대답했을까요? 놀랍게도 왕예의 대답은 설결의 첫 번째 질문에 대한 대답과 같았습니다. "내가 그것을 어떻게 알 겠나!" 물자체가 없으니 그것은 알 수 없다는 거죠. 이렇게 제1 실체마저, 개별자마저 깔끔하게 부정된 겁니다.

'안다'와 '모른다'의 경계

———

    제1실체와 제2실체, 즉 개별자와 보편자도 모두 알 수 없다고 하니 설결은 당혹감에 빠져 절규하고 맙니다. "그러면 외물이란 알 수 없다는 겁니까?" 선생님의 이야기가 옳다면, 우리는 외물을 알 수 없다는 불가지론에 빠진다는 절망을 표현한 겁니다. 왕예는 제자의 절망을 위로하기는커녕 그로기 상태에 빠진 설결에게 마지막 펀치를 가합니다. "내가 그것을 어떻게 알겠나!" 왕예는 불가지론자의 길마저 끊어버린 겁니다. 보통 철학자들이 많이 사용하는 딜레마(dilemma)가 두 가지 선택지를 모두 부정하는 것이고 나가르주나(Nāgārjuna, 200년 전후)의 테트랄레마(tetralemma)가 네 가지 선택지를 모두 부정하는 것이었다면, 장자는 세 가지 선택지를 모두 부정하는 트릴레마(trilemma)의 전략을 쓴 것입니다. 어쨌든 이제 설결은 케이오 펀치를 맞아 링 위에 쓰러지기 직전입니다. 왕예에게 세 차례 펀치를 맞고 설결의 입은 피범벅이 되었습니다. 이가 빠질 정도의 강펀치였으니까요. 이름 '설결(齧缺)'도 '앞니가 빠졌다'는 뜻입니다. 장자의 문학적 위트가 번쩍이는 대목입니다. 그는 이미 입으로 하는 싸움에서 패해 이가 빠질 운명으로 캐스팅되었던 겁니다. 이가 빠진 사람이 어떻게 논쟁에 다시 참여할 수 있겠습니까? 말을 또박또박 못 하니 그는 그저 우스꽝스러워 보일 겁니다. 그럼 논쟁의 승자로 캐스팅된 스승의 이름 '왕예(王倪)'가 무슨 뜻인지 궁금해지죠. '왕과 같은 아이'나 '절정의 천진난만'이라는 의미입니다. '군주'라는 뜻의 '왕(王)'과 '어린이'라는 뜻의 '예(倪)'로 구성되어 있으니까요. 결국 왕예는 일체의 선입견과 허영에 지배되지 않는 순수한 마음, 권위에 아부하지 않고 자유로운 마음을 상징합니다.

동시 이야기를 제대로 맛보려면 우리는 지적 절망에 빠져 허우적대는 설결이 되어야 합니다. 제자가 링에 쓰러지기 직전에 스승은 마침내 그에게 구원의 손을 내밉니다. "그 문제에 대해 말이나 좀 해보세." 스승의 태도는 지금까지 태도와는 확연히 다릅니다. 제자가 건넨 인식론적 문제에 대해 왕예는 미온적이거나 냉소적으로, 아니면 불친절하게 반응했습니다. "내가 그것을 어떻게 알겠나!" 그런데 이제 스승은 따뜻하고 긍정적이며 친절하게 변합니다. 먼저 트릴레마에 빠진 제자의 난처한 마음을 풀어주려 하죠. "도대체 우리가 안다고 생각하는 게 사실은 모르는 것이 아니라고 알 수 있겠는가? 우리가 모른다고 생각하는 게 사실 아는 것이 아니라고 알 수 있겠는가?" '안다'와 '모른다'의 경계선은 항상 모호하니 모른다고 절망할 일도 아니고 안다고 뻐길 필요도 없다는 겁니다. 이어서 얼핏 보기에 너무나 상식적이고 평범한 이야기, 그냥 쉽게 상대주의나 좁혀서는 문화상대주의로 요약될 만한 이야기를 하기 시작합니다. 습지나 나무 위는 사람이 살기에 좋지 않지만, 미꾸라지는 습지를 좋아하고 원숭이는 나무 위를 편하게 여깁니다. 먹는 것만 보아도 사람은 고기를 먹고, 사슴은 풀을 먹고, 지네는 뱀을 달게 먹고, 올빼미는 쥐를 좋아하죠. 그것만이 아닙니다. 사람들이 좋아하는 전설적인 미녀 모장이나 여희를 만나면, 물고기나 새 그리고 사슴은 보자마자 도망가버리지요.

왕예는 구체적인 사례를 통해 모든 존재가 동의하는 '올바른 거주지', '올바른 맛' 그리고 '올바른 아름다움'은 있을 수 없다고 주장합니다. '올바른 거주지', '올바른 맛' 그리고 '올바른 아름다움'라는 생각 자체가 관념 속에만 있을 뿐 실제 삶의 세계에서는 그런 것을 찾을 수는 없다는 이야기죠. 어떤 장소는 누군가에게는 쾌적하고 다른 누군가에게는 끔찍할 수도 있습니다. 어떤 음식은 누군가에게 군침 돌게 하지만 다른 누군가는 역겹게 만들기도 하죠. 어떤 사람은 누군가에게 설렘을 주지만 다른 누군가에게는 불쾌함을 주기도 합니다. 그러니 어떤 외물에 불변하는 본질이 있다고 생각하는 것은 터무니없습니다. 개똥도 약에 쓴다고 요약할 수 있는 장자의 통찰입니다. 이렇게 스승은 제자의 손을 잡고 트릴레마 바깥의 너른 세계, 추상적 사유 너머 생생한 삶의 세계로 인도합니다. 처음부터 가르침을 내렸다면, 자기 생각에 매몰된 제자는 스승의 말을 귀담아 듣지도 않았을 겁니다. 이 정도만 해도 왕예는 근사한 스승이라고 말하기에 충분합니다. 하지만 왕예는 근사함을 넘어 위대한 스승입니다. 왕예는 설결의 첫 번째 질문에 해답의 실마리만 던져주고는 침묵합니다. 자신이 던졌던 두 번째 질문은, 그리고 마지막 세 번째 질문은 이제 설결 스스로 풀어야 합니다. 사유는 스스로의 힘으로 밀어붙여야 하는 것이니까요.

제대로 마주치지 않으면 번개는 생길 수 없다

먼저 두 번째 질문을 생각해보죠. "우리는 자신이 알지 못한다는 것을 아는 것 아닐까?" 설결은 이 문제를 어떻게 풀었을까요? 아니 정확히 말해, 잘못 제기된 이 문제는 어떻게 그의 마음속에서 해소되었을까요? '모든 동물들이 동의하는 올바른 거주지는 어디에 있을까?'라는 의문을 생각해보세요. 잘못된 문제는 답을 찾아서 풀리는 것이 아니라 해소되어야 합니다. 다시는 이런 질문을 던지고 답을 찾느라 삶을 허비하지 않아야 하니까요. 설결의 두 번째 질문은, 어떤 장소가 누군가에는 쾌적하고 다른 누군가에게는 끔찍하지만 그곳 자체는 존재하는 것 아니냐는 질문, 어떤 음식은 누군가에게 군침 돌게 하고 다른 누군가에게 역겨움을 주기도 하지만 그 음식 자체는 존재하는 것 아니냐는 질문, 혹은 어떤 사람은 누군가에게 설렘을 주고 다른 누군가에게 불쾌함을 주지만 그 사람 자체는 존재하는 것 아니냐는 질문과 같은 것입니다. "이것은 개똥이다"라는 문장을 생각해보세요. 술어 '개똥임'이라는 보편자가 부정된다고 해도 '이것'이라는 주어가 가리키는 개별자는 자기 동일적으로 존재하는 것 아니냐는 이야기입니다. 물자체, 제1실체 혹은 개별자는 불변한 채로 존재하는 것일까요? 동시 이야기가 설결과 우리에게 던지는 첫 번째 화두는 바로 이겁니다.

제자가 화두를 스스로 풀도록 5년이고 10년이고 기다려주는 것이 선생의 배려일 겁니다. 하지만 성질이 급한 독자들을 위해 왕예 혹은 장자 대신 이야기해보도록 하죠. '번개가 친다' '꽃이 핀다' 혹은 '물이 흐른다'는 말을 생각해보세요. 주어와 술어, 혹은 제1실체와 제2실체로 나뉜 표현입니다. 이로부터 주어가 의미하는 제1실체, 즉 개별자가 불변한 채로 존재한다는 착각이 생깁니다. 번개가 치는 장면을 떠올려보세요. 하나의 운동만이, 밤하늘에 번쩍 섬광이 일어나는 현상만 있습니다. 그런데 번개가 친다는 주술 구조에 빠져드는 순간 우리는 번개가 있고 그다음에 친다고 생각할 수 있습니다. 여기서 한 걸음 더 나아가면 치지 않는 번개를 떠올리게 됩니다. 그러니까 번개가 있는데, 그것이 내려칠 수도 있고 그렇지 않을 수도 있다는 발상이죠. 어떤 장소가 누군가에 쾌적하기도 하고 아니면 다른 누군가에게 끔찍하기도 하지만 그곳 자체는 존재한다는 발상과 같은 겁니다. 하지만 번개가 치지 않으면 번개는 없는 것입니다. 그냥 없는 겁니다. 내려치지 않은 채 하늘 어딘가에 번개가 숨어 있는 것은 아닙니다. '꽃이 핀다'도 마찬가지입니다. 피지 않은 꽃을 생각해서는 안 됩니다. 또한 물이 흐르지 않을 때도 흐르지 않는 물을 생각해서는 안 됩니다. 돌아보세요. 번개가 치고 다시 어두워지고 눈이 오고 멎는, 그리고 꽃이 피고 지는 세계입니다. 사람이 태어나고 사람이 사랑하고 사람이 늙어가고 사람이 죽어가는 세계입니다. 불변하는 제1실체와 같은 것이 개입할 여지가 없는 멋진 세계죠.

이제 설결이 절망적으로 던진 마지막 질문, "외물이란 알 수 없다는 겁니까?"도 깔끔하게 해소되었나요. 인간의 인식은 문장을 만드는 능력입니다. "A는 B다!" 바로 이것이 판단의 핵심

구조니까요. "이것은 더러운 개똥이다"라는 인식을 보세요. 하지만 이제 우리는 더러운 개똥이 '이것'의 본질이 아닌 것을 압니다. "이것은 약재다"라는 말도 가능하니까요. 사람에 따라 문맥에 따라 어느 표현이든 가능합니다. 여기서 사물에만 속한다는 본질로서의 제2실체가 흔들리게 됩니다. 주술 구조에서 술어 부분의 견고함은 이렇게 녹아내리게 됩니다. 번개 등도 다양한 조건들의 마주침의 결과이니, 주어가 가리키는 제1실체도 불변하는 그 무엇으로 남아 있을 수 없습니다. 적절한 수증기와 대기의 운동 등이 제대로 마주치지 않으면 번개는 생길 수 없습니다. 사물도 혹은 사물의 속성마저도 마주침의 효과이니, 주어와 술어는 모두 확고한 토대를 잃고 맙니다. 이렇게 주술 구조 전체가 흔들리면서 "A는 B다"라는 판단이 흔들리니 설결은 절망했던 겁니다. 외물에 대해 어떤 판단도 하기가 어렵기 때문입니다. 그러나 모두가 옳다고 동의하는 본질이나 불변하는 개별자를 상정하지 않으면, 우리는 외물에 대해 인식하고 판단하고 말할 수 있습니다. 사람에 대해, 원숭이에 대해, 미꾸라지에 대해, 장소에 대해, 아름다움에 대해, 사랑에 대해, 소통에 대해, 그리고 바람에 대해.

2부

물결을 거스르며

13

선과 악을 넘어서

위악 이야기

우리 삶에는 한계가 있지만, 앎에는 한계가 없다. 한계가 있는 것으로 한계가 없는 것을 추구하는 것은 위험할 뿐이다. 그런데도 계속 앎을 추구하려는 자는 더더욱 위태로워질 뿐이다. 선을 행해도 명성에 가까워서는 안 되고 악을 행하더라도 형벌에 가까워서는 안 된다. 독맥적인 것 따르기를 기준으로 삼아라! 그러면 몸을 온전하게 보존할 수 있고, 삶을 온전하게 할 수 있고, 어버이를 기를 수 있고, 주어진 수명을 다 채울 수 있을 것이다.

「양생주」

吾生也有涯, 而知也无涯. 以有涯隨无涯, 殆已. 已而爲知者, 殆而已矣.
爲善无近名, 爲惡无近刑, 緣督以爲經! 可以保身, 可以全生, 可以養親, 可
以盡年.

「養生主」

바로 이곳, 이 순간, 이 삶

———

장자의 사유를 이해하는 핵심 키워드는 '타자'와 '문맥'일 겁니다. 물론 장자가 이 키워드를 개념화해서 사용하지는 않습니다. 사실 이 두 키워드가 개념으로 주제화된 것은 20세 후반기이후부터입니다. 이것이 『장자』라는 이야기책이 아직도 낡아 보이지 않는 이유일 겁니다. 이미 2,500여 년 전에 장자는 현대 서양철학자들에 밀리지 않을 정도로 타자와 문맥을 숙고하니까요. 구체적으로 말해 개나 새, 물고기뿐만 아니라 같은 종(種)에속한 동료 인간도 장자에게는 모두 타자입니다. 나와는 다른 생각이나 감정 혹은 욕망을 가지고 있으니까요. 또한 장자는 세계는 하나가 아니라 다양하고 복잡한 문맥들로 구성된다고, 한마디로 세계는 단수가 아니라 복수적이라고 이야기합니다. 타자의 타자성과 문맥의 복수성! 이 두 가지는 『장자』의 수많은 이야기들을 읽을 때 나침반이 됩니다. 당연히 장자는 모든 사람, 모든 곳, 모든 시간에 적용되는 앎을 부정합니다. 신조어를 만들어본다면 장자는 '모든주의(all-ism)'에 날을 곤두세웠던 철학자라고 할 수 있죠. 앎이 함축하는 모든주의의 핵심은 일반명사로 상징되는 언어의 추상성과 개체의 질적 차이를 사장하는 숫자의 양화 가능성에 있습니다. 예를 들어 "인간은 합리적이다" "여자에게는 모성이 존재한다" "유목민은 야만적이다" "장미 열 송이를 꺾어 와!" "소 열 마리를 동원하라" "회비는 만 원씩 내세요" 등등. 여기서 개체의 질적 고유성, 즉 단독성은 사장되고 맙니다. 각각의 인간, 각각의 여자, 각각의 유목민, 각각의 장미, 각각의 소들이 자기만의 특성이 있고, 자기만의 상황이 있다는 것이 무시되니까요.

잊지 말아야 할 것은 추상적 사유나 양화된 사유가 지배자의 사유 혹은 지배에 도움을 주는 사유라는 사실입니다. 상명하복의 지배체제가 유지되고 성장하려면, 이 체제의 혈관에는 문자와 숫자라는 피가 돌아야만 합니다. 인류가 자랑하는 문명, 정확히 말해 국가라는 지배와 복종의 체제가 문자와 숫자의 발명과 함께하는 것도 이런 이유에서입니다. 문자와 숫자가 없는 법률, 세금, 예산, 군사, 행정 등등은 생각할 수도 없습니다. 일반명사가 없다면 사람이든 동물이든 식물이든 사물이든 분류할 수 없고, 숫자가 없다면 일반명사에 속하는 것들을 양적으로 헤아릴 수 없기 때문이죠. 문자와 숫자로 작동하는 앎은 타자의 고유성이나 문맥의 복수성을 무시하고, 그래서 본질적으로 지배 지향적이고 제국주의적입니다. 문자와 숫자를 다루는 노동, 즉 정신노동은 상명하복 체제에서는 육체노동에 비해 우월한 것이 됩니다. 그래서 생계를 안정적으로 확보하기 위해 또는 사회적 인정을 얻기 위해 대부분의 사람들은 정신노동, 즉 앎을 지향하게 됩니다. 여기서 묘한 아이러니가 생깁니다. 타인이나 사물을 지배하고 통제하는 데 유용한 앎이 앎의 주체마저도 지배하고 통제하기 때문이죠. 다시 말해 앎의 주체는 자신의 단독성을 망각하거나 부정하게 된다는 것입니다. 자신은 없어도 된다는 극단적인 생각도 여기서 나옵니다. 내가 없어도 다른 것이 나를 대신할 수 있다고 믿으니까요.

190

앎이 우리 삶을 위태롭게 한다고 경고하면서 장자가 '위악 이 야기'를 시작하는 것도 이런 이유에서입니다. 지배와 억압의 칼날을 타자뿐만 아니라 자신에게도 휘두르는 인간들에 대한 안타까움이 묻어납니다. 장자는 말합니다. "우리 삶에는 한계가 있지만, 앎에는 한계가 없다"고. 여기서 한계로 풀이한 한자 '애(涯)'가 중요합니다. 땅과 물 사이의 경계, 즉 물가라는 뜻입니다. 땅과 물의 차이 혹은 물의 타자성이나 외부성을 부정하면, 우리는 물에 빠져 죽을 수 있습니다. 땅을 걷듯 물 위를 걸으려 할 테니까요. 그러니까 여기서 삶에 한계가 있다는 장자의 이야기를 부정적으로 읽어서는 안 됩니다. 장자는 인간 삶이 한계가 있다고 탄식하는 것이 아니라 삶을, 유한성을 긍정하고 있는 것이니까요. 장자는 한계가 없는 삶, 영원한 삶, 신과 같은 삶을 꿈꾸는 것이 아닙니다. 쉬운 비유가 도움이 될 수 있을 것 같네요. 장자는 영원히 시들지 않는 플라스틱 조화(造花)가 아니라 피었다 지는 생화(生花)를 좋아하는 사람입니다. 자신의 한계를 넘어 조화가 되려는 생화가 있다고 생각해보세요. 예를 들어 밀봉해서 유리 안에 넣거나 냉동해서 진공 속에 두는 겁니다. 그러면 불행히도 이것은 살아 있는 생명체가 사라지고 미라나 박제로 남는 셈입니다. 그래서 장자에게 있어 무한한 삶을 지향한다는 것은 자살에 지나지 않는 겁니다. 바로 이곳, 바로 이 순간, 바로 이 삶을 긍정해야 합니다. 그래야 꽃이 필 수 있고 질 수도 있고, 행복도 있을 수 있고 불행도 있을 수 있습니다. 풍요로운 색채들의 삶과 세계는 이런 긍정에서 가능해집니다. 인간, 개, 꽃 등등 일반명사가 무한한 앎을 상징한다면, 바로 나, 다른 누구도 아닌 너, 내가 사랑하는 바로 그 반려견, 사랑하는 사람에게서 받은 화분의 바로 그 꽃은 유한한 삶을 상징한다고 할 수 있습니다. 그러나 잊지 마세요. 바로 나, 바로 너, 내 반려견, 당신이 준 꽃 등은 죽을 수 있지만, 인간 일반, 개 일반, 꽃 일반은 죽을 수도 없다는 사실을요. 영원, 그건 저주받은 박제의 상태, 조화처럼 세상에 반응하지 못하는 무감각의 상태, 단조로운 무채색의 상태와 다름없습니다.

나는 나의 욕망을 욕망할 수 있어야 한다

위악 이야기는 여기서 멈추지 않습니다. 유한한 삶과 무한한 앎의 대조가 너무 추상적일 수 있다는 장자의 노파심입니다. 그래서 장자는 우리에게 자신의 삶을 긍정하는 구체적인 행동 지침을 내립니다. 장자의 충고를 제대로 음미하려면 먼저 앎의 주체에 대한 정신분석을 시도해보는 것이 좋습니다. 앎의 주체가 되려는 욕망의 바닥에는 지배자가 쓸모 있다고 인정하는 사람이 되려는, 어느 면에서는 생존을 향한 너무도 서글픈 욕망이 깔려 있습니다. 달리 말해, 쓸모가 없다면 자신이 버려질 것이라는 두려움이 있다는 겁니다. 사랑받고 인정받으려는 어린아이와 같은 욕망은 이렇게 탄생합니다. 정신분석학에 따르면 인간은 미숙아로 태어납니다. 야생마와 비교해보세요. 새끼 망아지는 어미 자궁에서 태반과 함께 나온 뒤 곧 태반을 찢고 스스로 일어섭니다. 10여 분이 지난 뒤 망아지는 걸을 수 있습니다. 사실 태어난 곳에서 빨리 떠나야만 합니다. 어미가 업어주지 못하니 스스로 걸어야 합니다. 시간을 지체했다가는 피 냄새를 맡은 육식동물들이 곧 몰려올 테니까요. 반면 인간 아이는 스스로 서기까지 상당한 시간이 소요됩니다. 스스로 움직이지 못하니 혼자 힘으로 생존하기가 거의 불가능합니다. 그래서 인간 아이는 어머니에게 절대적으로 의존할 수밖에 없습니다. 여기서 어머니가 반드시 생물학적 어머니일 필요는 전혀 없습니다. 아버지나 고아원 원장일 수도 있고, 누구든 상관없습니다. 아이가 자신에게 사랑을 주어야 한다고 믿고 의지하는 사람, 바로 그가 어머니입니다.

집 안 정리를 하는 것도, 개다리춤을 추는 것도, 혹은 유치원에서 상장을 받으려는 것도 모두 부모의 사랑을 받으려는 행동입니다. 깨끗한 방을 좋아해서도, 개다리춤을 추면 행복해서도, 혹은 진리를 탐구하는 것이 좋아서도 아닙니다. 부모가 원하는 것을 해야 그 사람의 사랑과 돌봄을 지속적으로 확보할 수 있다는 본능적인 판단 때문입니다. "인간은 타자의 욕망을 욕망한다"는 라캉의 격언은 바로 이 대목에서 의미를 갖습니다. "나는 부모가 했으면 하고 원하는 것을 하려고 한다"는 의미입니다. 게다가 동생이라도 생기면 아이의 부모의 사랑에 대한 갈망은 더 절박해지고 강해집니다. 부모의 사랑을 쟁취하려는 경쟁자가 생긴 셈이니까요. 바로 이 순간 동생과의 비교가 이루어지고, 이어서 동생보다 우위에 서려는 경쟁심이 생깁니다. 보통 최초의 타자는 어머니이고, 그다음은 유치원이나 학교의 선생님일 겁니다. 유치원이나 학교에서의 생활이 안정적이려면 선생님의 애정과 관심을 받아야 하니까요. 불행히도 유치원이나 학교에는 경쟁자가 더 많습니다. 더군다나 그들은 생면부지의 남이기에 경쟁은 잔인한 성격마저 띠곤 합니다. 결국 인간은 두 종류의 타자와 만나게 됩니다. 부모-타자와 동생-타자, 혹은 선생님-타자와 급우-타자입니다. 생사여탈권을 갖고 있다고 믿는 타자와 그 타자의 사랑을 받기 위해 경쟁하는 타자, 아니면 절대적 타자와 비교 대상으로서의 타자라고 해도 좋습니다. 언젠가 집을 떠나게 되므로 더 이상 부모가 원하는 행동을 할 필요가 없는 때가 올 수 있습니다. 또한 언젠가 졸업을 하게 되니 더 이상 선생님이 원하는 행동을 하지 않아도 될 겁니다. 물론 사랑받아야 한다는 갈망과 사랑을 차지하려는 경쟁은 우리에게 치유되기 어려운 구조적 상처를 남깁니다.

집과 학교를 떠나면 원칙적으로 우리는 타자와 무관하게 내가 원하는 것을 할 수 있어야 합니다. 이제 우리는 미성숙한 아이가 아니라 성숙한 어른이 되었으니까요. 라캉의 표현을 빌리자면, 이제 "나는 나의 욕망을 욕망할" 수 있어야 한다는 이야기입니다. 불행히도 국가로 상징되는 억압체제가 탄생한 뒤로 어른으로 가는 길은 무한히 멀어지고, 심지어 막히게 됩니다. 강력한 상명하복체제와 경쟁체제가 우리를 사로잡고 있으니까요. 집이나 학교보다 더 냉혹한 현실이 우리를 기다리고 있는 것입니다. 19세기 이후 자본주의가 마치 공기처럼 우리의 폐까지 스며들면서 상황은 더 악화되고 맙니다. 인류학적 차원의 구조적 상처가 치유되기는커녕 이제 골수에까지 새겨지는 형국이죠.

바로 이곳, 바로 이 순간,
바로 이 삶을 긍정해야 합니다

오히려 유년 시절이나 학창 시절이 그리워질 정도입니다. 그럼에도 어른이 되는 길은 생각 이상으로 단순합니다. 집이나 학교를 떠나듯 국가나 자본주의를 떠나면 됩니다. 문제는 우리가 국가나 자본의 질서를 벗어나서는 살 수 없다고 믿는다는 데 있습니다. 심지어 국가나 자본의 질서를 강화하고 타인에게 강요하는 사람도 많습니다. 마마보이나 마마걸보다 무서운 국가보이나 국가걸 혹은 자본보이나 자본걸이라는 괴물이 되고 마는 겁니다. 하지만 희망은 있습니다. 유년 시절이나 학창 시절 우리는 부모나 선생님이 원하지 않는 행동을 한 적이 있으니까요. 물론 이것은 반항함으로써 부모나 선생님의 관심을 받으려는 행동일 수도 있습니다. 그러나 부모나 선생님이 원하지 않지만 자신이 원해서 몰래 무언가를 하는 행동도 가능합니다. 부모나 선생님이 원하는 것과 나 자신이 원하는 것이 팽팽하게 맞서던 경험입니다. 이 경우 우리는 부모나 선생님으로부터의 독립을 꿈꾸게 됩니다. 부모의 왕국이나 선생님의 왕국이 아닌 나만의 왕국은 이렇게 자라게 됩니다.

'독맥적인 것'을 따르기

———

체제가 원하는 삶이 아니라 자기 삶을 사는 것, 타자의 욕망이 아니라 자신의 욕망을 긍정하는 것, 동료들과 비교하지 않고 자신만의 시선으로 무언가를 좋아하는 것! 이것이 바로 어른의 길입니다. 문제는 어른이 되기에 우리는 너무 나약하다는, 아니 정확히 말해 나약하도록 훈육되었다는 점입니다. 물론 어른이면서도 어른이기를 포기한 자신의 비겁함을 숨기려면, 우리는 상명하복의 사회나 경쟁을 강요하는 사회를 바꿀 수 없는 현실로 받아들이면 됩니다. 그러나 자신이 아니라 타인이 원하는 것을 하면 우리 삶은 무거워지고 우울해집니다. 이것은 분명합니다. 무거움과 우울함이 반복되면 우리 삶은 죽음보다 더 불행해질 겁니다. 그래서 당장 억압사회를 떠나거나 극복할 수 없어도 잠시 숨이라도 쉬려면, 우리는 삶의 경쾌함과 시원함을 포기해서는 안 됩니다. 그럴 때 미약하나마 자기 삶과 자기 욕망이 조금씩 자라나게 될 겁니다. 이런 이유 때문인지 장자는 완전한 어른이 되는 길에 하나의 디딤돌을 놓습니다. 한달음에 어른이 되기 힘들다면 잠시 쉬면서 도약을 준비할 수 있는 중간 단계가 필요할 테니까요. 그것이 바로 억압사회를 떠나지 못하는 사람들에게 건네는 실천 강령입니다. "선을 행해도 명성에 가까워서는 안 되고 악을 행하더라도 형벌에 가까워서는 안 된다. 독맥적인 것 따르기를 기준으로 삼아라!"

실천 강령에 등장한 선과 악은 억압체제가 규정하는 것입니다. 다시 말해 개체들이 하기를 체제가 원하는 것이 선이라면, 반대로 개체들이 하지 않기를 체제가 원하는 것이 악이라는 겁니다. 아이가 말을 잘 들으면 안아주고 말을 잘 듣지 않으면 화를 내는 부모처럼, 체제는 개체가 말을 잘 들으면 명성을 높여주고 반대로 말을 안 들으면 형벌을 가합니다. 억압체제에 완전히 포획된 사람은 명성을 얻고 형벌을 피하기 위해 체제가 정한 선을 시행하고 악을 저지르지 않으려고 합니다. 그사이에 그는 자신만의 욕망과 삶을 망각하고 말지요. 그렇지만 자신만의 왕국을 꿈꾸는 사람은 가급적 자신이 원하는 것을 하려고 노력합니다. 그는 체제가 선이라고 한 것을 실천할 수도 있습니다. 그러나 그것은 체제가 선이라고 해서가 아니라 자기가 선이라고 느껴서 행한 겁니다. 그렇기에 그는 체제의 칭찬을 멀리하려고 하죠. 칭찬은 고래도 춤추게 한다는 말이 있습니다. 그만큼 칭찬은 치명적인 데가 있습니다. 아이가 무언가를 하도록 유도할 때 부모도 칭찬을 앞세우니까요. 칭찬에 노출되면 자신도 모르게 체제가 원하는 선을 행하게 될 수도 있습니다. 이와는 대조적으로 어른이 되려는 사람은 체제가 싫어하는 악을 행하려고 합니다. 체제가 싫어한다 해도 자신이 원하는 것이면 하겠다는 의지입니다. 물론 악을 행할 때는 은밀하게 해야 합니다. 체제는 악을 저지른 개체에게 형벌을 가하기 때문이죠. 형벌로 풀이한 형(刑)은 성기를 자르는 궁형(宮刑), 아킬레스건을 자르는 월형(刖刑), 목을 자르는 참형(斬刑) 등 신체에 가해지는 형벌을 의미합니다. 그만큼 형벌에 처해지면 개체의 삶은 회복 불가능하게 훼손되고 말죠.

체제가 원하지 않더라도 자신이 원하면 은밀히 행하라는 장자의 충고! 고개를 갸우뚱거리는 사람이 있을 수도 있습니다. 사이코패스나 살인마들도 자신이 원하는 것을 마음대로 하는 것처럼 보이기 때문입니다. 하지만 사이코패스나 살인마들에게는 체제가 원하는 것과 자신이 원하는 것 사이의 팽팽한 긴장이라고는 없습니다. 놀랍게도 그들은 상명하복과 경쟁을 강요하는 체제를 그대로 수용하는 사람들로, 동료 인간들보다 우위에 서서 체제의 인정을 받으려고만 합니다. 불행히도 그들은 공정한 경쟁으로는 타인들 위에 설 수 없습니다. 그렇지만 그들은 낮은 위치에 있는 자신을 너무나 증오합니다. 그들이 약자를 찾아 감금하거나 죽이는 것도 이런 이유에서입니다. 그 순간만큼은 피해자가 낮은 위치에 있고 자신은 높은 위치에 있을 수 있으니까요. 정말 아이러니한 일입니다. 억압체제의 논리를 그대로 따르다 그 논리를 어긴 셈이니까요. 반면 자신이 원하는 것을 은밀하게라도 관철하려는 사람은 다릅니다. 그는 자신만의 욕망, 자신만의 삶을 긍정하기 때문입니다. 그래서 장자는 "독맥적인 것 따르기를 기준으로 삼아라!"라고 말한 것입니다. 『황제내경(黃帝內經)』 등 동양의학 전통에 따르면, 독맥(督脈)은 생식기에서 등 뒤로 척추를 거쳐 뇌까지 흐르는 맥으로 양기(陽氣)를 관장합니다. 그래서 "독맥적인 것을 따른다[緣督]"는 것은 척추로 상징되는 당당함과 양기로 상징되는 경쾌함을 기준으로 삶을 살아야 한다는 이야기입니다. 당당하고 경쾌한 삶! 억압체제를 떠나거나 극복하지 못해도, 아니 억압체제를 떠나거나 극복할 때까지 한순간이라도 잊어서는 안 되는 가치입니다.

14

왓 어 컬러풀 월드
(What a Colorful World)!

마음 이야기

'큰 앎은 여유로워 보이고 작은 앎은 분별적이네. 큰 말은 담백하고 작은 말은 수다스럽네.'

그것이 잠잘 때는 혼들과 교류하고, 그것이 깨어날 때는 몸이 열린다. 함께 접촉하는 것과 얽혀 날마다 마음은 다툰다. 느린 마음, 깊은 마음, 내밀한 마음.

'작은 공포는 겁먹어 보이고, 큰 공포는 넋을 잃어 보이네.'

그것이 쇠뇌를 발사하듯 표현된다는 것은 그것이 옳고 그름을 관장하고 있다는 것을 말한다. 그것이 맹세하듯 머문다는 것은 그것이 우월한 것(勝)을 지키고 있다는 것을 말한다. 그것이 가을과 겨울처럼 쇠락해진다는 것은 그것이 나날이 쇠약해진다는 것을 말한다.

'그것이 자신이 하는 일에 빠져들면 더 이상 회복시킬 수 없다네.'

그것이 밀봉한 것처럼 막힌다는 것은 그것이 늙어 새어나간다는 것을 말한다.

'죽음을 가까이하는 마음은 다시 활기차게 만들 수 없다네.'

기쁨과 분노, 슬픔과 즐거움, 염려와 한탄, 변덕과 고집, 성급함과 자만, 불손함과 가식 등등은, 음악이 빈 곳에서 나오고 이슬이 버섯에서 맺히는 것처럼, 밤낮으로 우리 앞에서 교차되지만 그것이 싹트는 곳을 알지 못하겠구나! 그만 되었다! 이제 충분하다! 아침저녁으로 이것들을 얻어서 살아가고 있구나!

「제물론」

'大知閑閑, 小知閒閒. 大言炎炎, 小言詹詹.'

其寐也魂交, 其覺也形開. 與接爲搆, 日以心鬪. 縵者, 窖者, 密者.

'小恐惴惴, 大恐縵縵.'

其發若機栝, 其司是非之謂也. 其留如詛盟, 其守勝之謂也. 其殺如秋冬,
以言其日消也.

'其溺之所爲之, 不可使復之也.'

其厭也如緘, 以言其老洫也.

'近死之心, 莫使復陽也.'

喜怒哀樂, 慮嘆變慹, 姚佚啓態, 樂出虛, 蒸成菌, 日夜相代乎前,
而莫知其所萌! 已乎! 已乎! 日暮得此, 其所由以生乎!

「齊物論」

고통의 당의정과 중독 사태

뇌과학과 신경과학이 발달하면서 과학자들이나 일부 인문학자들은 이제 인간의 마음을 알게 되었다고, 혹은 곧 알 것이라고 이야기합니다. f-MRI(기능성 자기공명영상) 장치로 살펴본 뇌의 전기적 신호와 마음의 상관관계에 대한 논문들이 대중적인 관심을 받으며 지금도 쏟아지고 있습니다. 이제 감정을 포함한 인간의 모든 마음의 양태는 뇌와 신경의 작용으로 환원될 것만 같습니다. 우리 삶을 풍성하게 만드는 다양한 색깔들이 전자파의 파장들로 설명되는 것처럼 말입니다. 내가 좋아하는 보라색은 400나노미터 파장의 전자파와 같은 것일까요? 이런 질문은 뇌과학에도 그대로 적용됩니다. 내가 좋아하는 그 사람은 뇌 우측 하단부 특정 표면의 전자기적 반응과 같은 것일까요? 여기서 중요한 것은 마음에 대한 과학적 연구가 취하고 있는 입장 혹은 관점입니다. 과학철학자 네이글(Thomas Nagel, 1937~)이 말했듯이 과학은 '어디도 아닌 곳에서 바라보는 관점(the view from nowhere)'에 서 있다고 자임합니다. 여기서 '어딘가에서 바라보는 관점(the view from somewhere)'은 비과학적인 것이라고, 일종의 미신이나 편견 같은 것이라는 인상이 만들어집니다. 이렇게 내가 세상을 경험하는 풍요로운 방식이나 세계가 내게 나타나는 다채로운 방식들은 중시되기는커녕 폄하되기 십상입니다. 무지개를 보고 행복해하는 사람을 보고 혀를 끌끌 차는 식으로 말입니다. 국가주의만큼이나 우리 삶을 위축시키고 어둡게 만드는 과학주의

(scientism)입니다. 그러나 우리는 압니다. 무지개를 보고 눈물 흘리는 사람이 무지개에서 전자파의 다양한 파장들만을 보는 냉담한 과학자보다 풍성하고 다채로운 삶을 영위한다는 것을요.

생각해보세요. 인간은 다양한 사물이나 풍경에서 보라색을 봅니다. 보라색에는 인간이 이미 개입되어 있습니다. 뱀이나 하루살이 혹은 장미는 그것을 전혀 다르게 보거나 느낄 겁니다. 과학은 인간도 아니고 뱀도 아니고 장미도 아닌 관점에서 보라색을 보려 하고, 그 결과 400나노미터 파장의 전자파가 보라색 자체라고 이야기하죠. 바로 이것이 '어디도 아닌 곳에서 바라보는 관점'입니다. 하지만 인간의 색에 대한 관심이 있었기에, 그것을 사장하려는 노력도 가능하다는 것을 잊어서는 안 됩니다. 400나노미터 파장의 전자파가 보라색 자체라고 아무리 떠들어도 이런 생각에는 이미 보라색에 대한 인간의 관심, 그 흔적이 남아 있다는 이야기죠. 보라색에 대한 인간의 지대한 관심이 없다면, 400나노미터 파장의 전자파를 만들어 필요할 때마다 보라색을 생산하겠다는 발상도 없었을 테니까요. 더군다나 400나노미터 파장의 전자파도 사실 전자파를 조작해 언제든 필요할 때 보라색을 만들겠다는 인간의 특정한 관심이 반영되어 있습니다. 자연을 지배하고 통제하겠다는 지배자적 관심 혹은 색을 만들어내 돈을 벌겠다는 자본주의적 관심이지요. 보라색에 대한 인간의 관심이 비과학적이라고 폄하하면서도 전자파의 파장을 통제해 보라색을 상품화하는 모습은 아이러니한 데가 있습니다. 보라색에 대한 인간의 풍부한 감성을 부정한다면, 보라색 램프 등을 만들어서는 안 되기 때문이죠. 물론 빛과 전자파를 연구하는 물리학자들은 자신은 그냥 순수하게 전자파의 파장만을 연구하고 있다고 역설할 수도 있습니다. 그야말로 아이 같은 발상이죠. 그런 연구를 위한 연구소와 연구비가 어떻게 지원되는지를 살펴보면, 이런 무책임하고 순진무구한 발상은 허상에 지나지 않는다는 것이 금방 들통납니다.

인간의 풍요로운 보라색 경험, 그리고 400나노미터 파장의 전자파! 둘 사이의 관계는 구조적으로 마음과 뇌 사이에도 그대로 적용됩니다. 다양한 색깔이 전자파의 다양한 파장으로 환원되듯, 마음의 다양한 상태도 뇌의 신경생리학적 작용으로 환원되죠. 뇌과학이나 신경과학도 '어디도 아닌 곳에서 바라보는 관점'을 표방합니다. 하지만 여기에도 지배자의 관점과 자본주의적 관점이 숨어 있습니다. 고통, 기쁨, 우울, 명랑, 불안, 안정 등 인간의 마음 상태는 뇌 표면의 전자기적 현상, 즉 f-MRI로 관측 가능한 현상으로 환원됩니다. 여기서 사람마다 다른 고통과 기쁨의 문맥들이나 색채들은 가볍게 무시됩니다. 예를 들어 고통을 느끼면 뇌 표면 중 A 영역에 반응이 일어나, 의료 장비나 약을 이용해 A 영역의 반응을 순간적이나마 약화시킨다고 해보죠. 고통에 빠진 사람은 분명 고통이 완화된다고 느낄 것입니다. 뇌에 가해진 신경생리학적 자극은 그에게 일순간 안정을 주지만, 그를 고통에 빠지게 만든 상황은 근본적으로 변하지 않습니다. 신경생리학적 자극의 효과가 떨어지면 그는 다시 의료 장비나 약을 찾을 겁니다. 일단 그는 고통을 피하려 할 테니까요. 여기서 일종의 중독 상태가 만들어집니다. 고통의 당의정을 파는 자본은 그를 통해 이익을 남깁니다. 만약 국가가 복지 차원에서 이 당의정을 거의 무료로 제공한다고 생각해보세요. 사람들은 국가에 그만큼 의존하게 될 겁니다. 고통이 아닌 평안의 감정을 무료로 제공하는 국가를 어떻게 거부할 수 있을까요? 문제는 이런 중독의 메커니즘이 반복되면, 고통을 만드는 다양한 상황을 극복하겠다는 노력, 그리고 그것이 불가능하다면 고통과 공존하려는 노력이 사라지고 만다는 데 있습니다. 단지 나의 고통을 뇌의 표면 현상으로 환원해, 필요한 신경생리학적 자극만 얻으려 하기 때문이죠. 절대적 관념론은 이렇게 절대적 뇌 주의가 되고 마는 것입니다.

마음의 다양한 양태

———

다양한 파장의 전자파들 혹은 뇌의 신경생리학적 작용들로 우리의 풍요로운 경험과 다채로운 감정을 환원해서는 안 됩니다. 우리는 풍성한 색채들의 향연에 참여하고 있는 것이지, 그 누구도 모노톤의 전자파들을 보고 있지 않습니다. 또한 우리는 다양한 감정에 물들어 있지만 그 누구도 뇌 표면의 전자기장 현상을 경험하지 못합니다. '어디도 아닌 곳에서 바라보는 관점'은 이렇게 풍성하고 다채로운 우리 삶을 왜소하고 보잘것없게 만듭니다. 그래서 철학은 한편으로는 '어디도 아닌 곳에서 바라보는 관점'에 의해 폄하된 인간 삶의 풍요로움을 복원하고, 다른 한편으로는 '어디도 아닌 곳에서 바라보는 관점'이 사실 특정 관점을 절대화한 신적 관점에 지나지 않다는 것을 폭로합니다. 이 점에서 「제물론」 편의 '마음 이야기'만큼 장자가 얼마나 우리 마음과 감정의 풍성함을 긍정하는지 보여주는 일화도 없을 듯합니다. 이는 당시 제자백가 대부분이 인간의 복잡하고 다양한 마음 상태를 인성(人性) 혹은 심성(心性)으로 환원하려 했던 것과는 대조적인 태도입니다. 예를 들어 맹자 같은 사람은 윤리적 감정만을 인간의 본성이라 주장하고, 순자(荀子, BC 298~BC 238) 같은 철학자는 이기적 욕망을 본성이라고 주장합니다. 어느 쪽이든 본성이라 인정된 마음의 상태나 특정 감정을 제외한 나머지 수많은 마음이나 감정은 폄하되거나 무시되기 쉽습니다. 이렇게 인성론은 구체적인 상황에서 다양한 모습을 띠는 우리의 마음을 긍정하지 않습니다. 결국 인성론적 사유도 일종의 '어디도 아닌 곳에서 바라보는 관점'이었던 겁니다. 다채로운 체험의 세계나 그만큼 풍요로운 마음과 감정의 세계가 위축되기는 마찬가지니까요.

마음 이야기가 흥미로운 또 다른 이유는 다른 이야기들과 달리 이 이야기만이 지니는 고유한 스타일 때문입니다. 마음 이야기는 가로줄과 세로줄로 직조된 직물처럼 짜여 있습니다. 가로줄은 다음 시의 다섯 행들을 네 개로 쪼개 만듭니다. "큰 앎은 여유로워 보이고 작은 앎은 분별적이네. 큰 말은 담백하고 작은 말은 수다스럽네. 작은 공포는 겁먹어 보이고 큰 공포는 넋을 잃어 보이네. 그것이 자신이 하는 일에 빠져들면 더 이상 회복시킬 수 없다네. 죽음을 가까이하는 마음은 다시 활기차게 만들 수 없다네." 마음 이야기의 가로줄이 되는 시는 아마도 불교 경전에 등장하는 게송의 역할을 하는 것 같습니다. 장자는 게송처럼 이 시를 암송해 제자들이 각 상황마다 마음을 성찰하기를 원했던 것 같습니다. 먼저 첫 번째 가로줄, 즉 시의 처음 두 연을 보죠. 남보다 우위에 서려는 앎과 말은 오히려 작아지고, 반면 더 훌륭하고 더 위대해지기를 바라지 않는 앎과 말은 커진다는 이야기입니다. 두 번째 가로줄은 큰 앎과 큰 말이 얼핏 보면 위대해 보이지 않은 이유를 공포를 비유로 설명합니다. 진짜로 공포에 빠져들면 우리는 멍한 상태에 빠져 마치 겁이 나지 않는 것처럼 보인다는 섬세한 비유가 돋보입니다. 세 번째 가로줄에서부터 장자는 본격적으로 마음을 이야기합니다. 먼저 마음이 활력이나 유동성을 잃어서는 안 된다고 경고합니다. 마음은 네모난 그릇에서는 네모가 되고 원형 그릇에서는 원형이 되는 물처럼 되어야 한다는 이야기입니다. 네모난 그릇에서 얼어버린 물처럼 되지 말라는 겁니다. 그러면 둥근 그릇에 담겨야 할 때 그릇을 부수거나 아니면 자신이 깨져 버릴 테니까요. 네 번째 가로줄, 그러니까 시의 다섯 번째 행은 죽음을 걱정하거나 염려하지 말라는 장자의 충고입니다. 죽음을 지나치게 의식하면 우리는 현재의 살아 있음을 긍정할 수 없게 되죠. 심지어 '죽음을 가까이하는 마음'이 강해지면 우리는 두려움에 빠져 스스로 목숨을 끊어버릴 수도 있을 겁니다. 비에 젖는 것이 무서워 아예 미리 강물에 빠지려는 사람처럼 말입니다.

마음의 다양한 양태들을 하나하나 묘사하는 구절들이 세로줄을 구성합니다. 마음 이야기는 이 세로줄이 네 개로 쪼개진시의 행들, 즉 가로줄 사이에 삽입되면서 만들어진 것입니다. 세로줄을 구성하는 묘사들 중 "마음이 잠잘 때는 혼들과 교류하고, 그것이 깨어날 때는 몸이 열린다"는 구절도 의미심장하지만, "마음이 쇠뇌를 발사하듯 표현된다는 것은 그것이 옳고 그름을 관장하고 있다는 것을 말한다"는 구절이나 "마음이 맹세하듯 머문다는 것은 그것이 우월한 것[勝]을 지키고 있다는 것을 말한다"는 구절은 특히 시선을 끕니다. 마음이 타인에 대해 공격적이거나 급하게 움직일 때가 있습니다. 장자는 우리가 옳고 그름을 따지기 때문이라고 분석합니다. 마치 검사처럼 타자를 용의자로 본다면, 우리는 그의 말을 다 듣지 않고 중간에 그의 말을 끊으려 할 겁니다. 방금 상대방이 한 말이 명료하지 않다고 느끼고 그것을 확인하기 위해서죠. 상대방의 모든 말을 일종의 증언이라고 보기에 이런 일이 생기는 겁니다. 시비를 따지는 마음은 불행합니다. 이런 마음은 시를 읽을 수 없는 마음, 문맥을 읽을 수 없는 마음이기 때문입니다. 반대로 아예 돌부처처럼 타자의 말에 무덤덤할 때도 있습니다. 자신이 상대방보다 우월하다고 믿기 때문이죠. 모든 것을 안다고 생각하는 사람은 다른 사람의 이야기에 귀를 열지 않습니다. 지적 오만이든 신분적 오만이든 자만은 타자와의 소통을 가로막는 원인입니다. 타자와 소통하거나 그로부터 조금이라도 배우려면 자신이 우월하다는 자만을 버려야 한다는 장자의 충고입니다.

싹틈을 긍정하라

———

마지막 네 번째 가로줄 밑에는 장자가 어떻게 마음을 생각하고 있는지를 보여주는 결론부가 배치되고, 이것으로 마음 이야기가 마무리됩니다. 이 부분을 읽을 때 핵심적인 것은 "음악이 빈 곳에서 나오고 이슬이 버섯에서 맺힌다"는 매력적인 비유입니다. 바람 소리를 생각해보세요. 바람과 구멍이 만나야 특정한 바람 소리가 납니다. 그렇다면 이 바람 소리는 바람이 낸 걸까요, 아니면 구멍이 낸 걸까요? 바람이나 구멍 어느 하나라고 말한다면 틀린 대답일 겁니다. 구멍이 없다면 바람이 아무리 강력해도 바람 소리는 만들어질 수 없고, 바람이 없다면 구멍이 아무리 근사해도 바람 소리는 생길 수 없으니까요. 사실 바람 소리가 만들어진 다음 사후적으로 우리는 바람과 구멍을 짐작하게 됩니다. 만약 바람 소리가 들리지 않는다면, 우리는 바람이든 구멍이든 생각조차 못 할 것입니다. 버섯에 맺힌 이슬도 마찬가지입니다. 이슬이 맺혀야 우리는 공기 중에 떠돌던 수증기와 다른 식물과는 다른 버섯을 의식하게 될 테니까요. 장자 특유의 마주침의 존재론입니다. 장자는 "기쁨과 분노, 슬픔과 즐거움, 염려와 한탄, 변덕과 고집, 성급함과 자만, 불손함과 가식 등등"을 바람 소리나 이슬과 같은 것으로 사유합니다. 이런 다양한 마음들은 타자와 우리가 마주쳐 생기는 것입니다. 당연히 우리는 그 원인을 타자에서만 찾아도 안 되고, 우리 자신에게서만 찾아서도 안 됩니다. 그것은 마주침을 너무 단순화하는 일이니까요. 이것이 장자가 "그것이 싹트는 곳을 알지 못하겠구나!"라고 말한 이유입니다. 다양한 마음들이 싹트게 하는 원인은 타자에만 있는 것도 아니고, 그렇다고 우리 자신에만 있는 것도 아니기 때문이죠. 이것은 다양한 마음들의 싹틈 자체가 절대적 출발점이자 긍정의 대상이라는 의미이기도 합니다.

싹트는 곳을 찾지 말고 싹틈을 긍정해야 합니다! 그렇기에 장자는 "그만 되었다! 이제 충분하다! 아침저녁으로 이것들을 얻어서 그것으로 살아가고 있구나!"라고 말하며 마음 이야기를 마무리한 것입니다. 싹틈의 컬러풀함을 원인을 찾느라 무채색으로 바꾸지 말라는 이야기입니다. 물론 바람 소리의 원인을 바람에서만 찾으려 해서도 안 되고, 구멍에서만 찾으려 해서도 안 됩니다. 하지만 더 중요한 것은 바람 소리의 원인을 바람에서만 찾든 구멍에서만 찾든, 아니면 동시에 바람이나 구멍에서 찾든, 원인을 찾으려는 시도 자체가 바람 소리의 매력이나 그 풍성함을 쉽게 망각하도록 만든다는 사실일 겁니다. 보라색 꽃을 경험하면서 느끼는 풍성한 감정과 삶을 외부로는 400나노미터 파장의 전자파와 같은 것으로 환원하거나 안으로는 뇌의 신경생리학적 작용으로 환원하는 것도 동일한 문제를 낳습니다. 기쁨은 마주침의 자리에서 그 강화를, 슬픔은 마주침의 자리에서 그 경감을, 행복은 마주침의 자리에서 그 지속을, 고통은 마주침의 자리에서 그 완화를 모색해야만 합니다. 핑크빛 무드 등은 우리에게 따뜻하다는 느낌을 줄 수 있지만, 그것은 오히려 결별의 쓸쓸함을 근본적으로 해결해주지 못합니다. 뇌의 특정 표면을 자극해서 생기는 행복도 늙고 병듦의 고통에 대한 최종 치료제일 수는 없습니다. 우리는 쓸쓸함이 싹트는 곳, 그 마주침의 장소에서 새로운 마주침을 꿈꾸며 따뜻함을 싹틔워야 합니다. 마찬가지로 고통이 싹튼 곳, 그 마주침의 장소에서 새로운 마주침을 통해 우리는 행복을 싹틔워야 하죠.

장자는 인간과 무관한 사물 자체와 마찬가지로 사물과 무관한 마음 자체도 일종의 '어디도 아닌 곳에서 바라보는 관점'이라는 것을 알고 있던 철학자였습니다. 마음과 무관한 세계 자체도 문제지만, 세계와 무관한 마음 자체도 그만큼 문제라는 것입니다. 그래서 장자는 바람도 아니고 그렇다고 구멍도 아닌, 바람과 구멍이 마주쳐서 생긴 바람 소리에 서고자 했던 것입니다. 이 점에서 장자는 7세기 불교 최고 이론가 다르마키르티 (Dharmakīrti, 7세기)의 통찰을 선취하고 있다고 할 수 있습니다. 다르마키르티는 보라색 꽃이라는 의식 대상과 꽃이 보라색이라는 의식은 필연적으로 함께 간다고 주장했습니다. 사호파람바니야마(sahopalambhaniyama)라고 불리는 주장입니다. '동시'나 '함께'를 뜻하는 사하(saha), '지각'이나 '의식'을 뜻하는 우파람바 (upalambha), 그리고 '필연성'이나 '제약'을 뜻하는 니야마(niyama)라는 산스크리트어로 구성된 말입니다. 이 주장이 중요한 것은 다르마키르티가 의식 대상을 떠난 마음 자체나 의식을 떠난 사물 자체를 아는 것은 불가능하다고 집요하게 주장하기 때문입니다. 절대적 객관주의나 절대적 주관주의를 모두 벗어나려는 그의 의지가 번뜩입니다. 그러나 우리는 절대적 객관주의나 절대적 주관주의라는 쉬운 길을 걷기 쉽습니다. 핑크빛 무드 등을 켜면 일순간적으로나마 따뜻함을 얻을 수 있고, 뇌의 신경을 약이나 의료 장치로 자극하면 고통도 잠시나마 잊을 수 있으니까요. 결별이 주는 쓸쓸함을 껴안고 따뜻함을 싹틔운다는 것, 병듦과 노쇠함이 주는 고통과 공존하며 행복을 싹틔운다는 것! 장자가 주저하며 우리에게 전하는 가르침입니다. 쓸쓸함에 무드 등을 켜거나 고통을 달래려 뇌를 자극하는 것보다 힘든 길입니다. 그렇지만 우리는 넘어진 곳에서 일어나야만 합니다. 그것이 인간의 삶이니까요.

기쁨은 마주침의 자리에서 그 강화를,
슬픔은 마주침의 자리에서 그 경감을,
행복은 마주침의 자리에서 그 지속을,
고통은 마주침의 자리에서 그 완화를 모색해야만 합니다

15

여유와 당당함의 비법

사생 이야기

설결이 물었다. "선생께서는 이익과 손해를 알지 못하니, 지극한 사람은 이익과 손해를 알지 못한다는 말입니까?"

왕예가 대답했다. "지극한 사람은 신비스럽지! 넓은 습지가 불타올라도 그를 뜨겁게 할 수 없고, 황하와 한수가 얼어붙어도 그를 춥게 할 수 없고, 벼락이 산을 쪼개고 폭풍이 바다를 뒤흔들어도 그를 놀라게 할 수 없다네. 이와 같은 사람은 구름의 기운을 타고 해와 달을 몰고 사면의 바다 밖에서 노닌다네. 죽고 사는 일도 그에게 어떤 변화도 줄 수 없는데, 하물며 이익과 손해라는 작은 실마리에 대해 말해서 무엇하겠는가!"

「제물론」

齧缺曰, "子不知利害, 則至人固不知利害乎?"

王倪曰, "至人神矣! 大澤焚而不能熱, 河漢沍而不能寒, 疾雷破山飄風振海
而不能驚. 若然者, 乘雲氣, 騎日月, 而遊乎四海之外. 死生無變於己, 而況
利害之端乎!"

「齊物論」

가축화 메커니즘의 핵심, 당근과 채찍

———

　지배와 통제의 기술은 동서양이 마찬가지입니다. 한비자(韓非子, BC 280?~BC 233)는 군주가 상과 벌을 능숙하게 사용해야 한다고 강조하고, 마찬가지로 마키아벨리(Niccolò Machiavelli, 1469~1527)도 패권의 비법으로 사랑의 방법과 힘의 방법을 이야기하지요. 자신이 원하는 것을 개인이 수행하면 체제는 그에게 이득을 제공하고, 반대로 자신이 금지한 것을 개인이 행하면 체제는 그에게 불이익을 주는 겁니다. 슬프게도 인간은 야생동물을 가축화할 때 사용했던 방법을 동료 인간에게 그대로 적용했습니다. 기원전 4000년경 인간은 말을 마지막으로 가축화한 이후로 더이상 다른 동물을 가축으로 길들이지 않았습니다. 그보다 동료 인간을 가축화하는 것이 더 효과적이라는 것을 알게 된 겁니다. 인간 가축은 동물 가축과는 달리 말이 통하고 더 섬세한 작업에 투입할 수도 있으니까요. 거대 건축물로 상징되는 국가 체제는 인간 가축화 과정이 없었다면 불가능했죠. 20세기 전반에 민주주의를 자임했던 국가에서 언론이나 정치가들이 유행처럼 사용했던 비유가 하나 있습니다. 바로 '당근과 채찍(carrot & stick)'입니다. 다른 국가들이나 혹은 자국민들을 길들여 지배하려 할 때 반드시 병행해야만 하는 두 가지 방법을 비유한 거죠. 단순한 비유라고 생각했지만 사실 당근과 채찍은 가축화 메커니즘의 핵심에 있습니다. 당근과 채찍이 동료 인간에게 적용된 것이 바로 상과 벌 혹은 사랑의 방법과 폭력의 방법이니까요.

비유로 사용했던 당근과 채찍이 사실 상과 벌의 본질을 폭로해 버린 셈이니 정말 아이러니한 일입니다. 간혹 우리를 개돼지로 보지 말라고 목소리 높이는 사람들을 보면 당혹스럽기만 합니다. 상벌 체계를 받아들였다면 인간은 그냥 개돼지와 같기 때문입니다.

모든 가축화 메커니즘의 핵심, 당근과 채찍의 논리에서 중요한 것은 당근과 채찍이 대등한 관계가 아니라는 사실입니다. 채찍이 당근을 가능하게 만듭니다. 다시 말해 폭력이 먼저라는 이야기입니다. 야생마가 말이 되는 과정을 생각해보면 쉽죠. 먼저 폭력을 사용해 야생마를 잡고 이어 그 목에 밧줄을 걸어야 합니다. 그리고 어느 정도 굶겨야 할 겁니다. 그래야 말이 목초지에 방목될 때 자유를 느끼고 풀을 맛나게 먹을 테니까요. 말에게 목초지의 풀 혹은 목초지에서의 한가로운 산보가 바로 당근이었던 겁니다. 그러나 야생마에게 초원의 자유로운 삶은 자연스러운 향유의 대상이었다는 것을 잊어서는 안 됩니다. 이 모든 자연스러운 것이 매혹적인 당근이 되도록 마법을 부린 것은 목줄, 채찍, 감금 등 원초적 박탈과 폭력입니다. 먹을 것을 빼앗은 뒤 복종하면 그걸 조금 줍니다. 초원의 자유를 빼앗은 뒤 복종하면 그걸 조금 누리게 해줍니다. 주인이 제공하는 모든 것은 사실 야생마로부터 빼앗은 것에서 유래합니다. 어쨌든 상벌 전략에 길들여지면 말은 주인을 떠나서는 목초지에서 얻는 풀이나 여유를 얻을 수 없다고 느끼게 됩니다. 주인을 태우거나 수레를 끄는 일이 자신에게도 이익이 된다고 믿으니까요. 한마디로, 주인을 위해 자신이 소비한 힘의 양과 그 대가로 목초지에서 얻는 이익은 등가라는 겁니다. 이렇게 자신의 풀과 자유를 뺏은 주인에게 오히려 의존하는, 혹은 그 주인이 자기 삶에 필요하다고 느끼는 서글픈 풍경, 심지어 주인에게 버림받는 경우에도 주인을 그리워하는, 웃을 수도 울 수도 없는 상황이 벌어지기도 합니다. 가고 싶을 때 가고 가기 싫을 때 가지 않고 쉬고 싶을 때 쉴 수 있는 자유는 이제 말에게 너무나 먼 일이 되고 만 것입니다.

상과 벌에 의한 인간 가축화는 당근과 채찍으로 이루어지는 동물 가축화의 모든 논리를 그대로 반복합니다. 생계와 자유의 박탈이라는 원초적 폭력 과정이 먼저 이루어지니까요. 이런 조건에서 주인은 상과 벌을 내겁니다. 자신이 원하는 것을 수용하면 주인은 그로부터 빼앗은 생계와 자유를 그에게 일부 허락하고, 그러지 않으면 그의 생계와 자유를 더 압박합니다. 자유를 빼앗긴 이 불행한 사람이 생존을 위해 주인의 요구를 받아들이는 순간, 상벌을 휘두르는 사람과 상벌을 따르는 사람, 즉 지배자와 피지배자의 관계가 탄생합니다. 주인이 원하는 것을 해야 살 수 있고, 그러지 않으면 생명까지 위태로워집니다. 주인의 의지에 복종하는 것이 이익이고 그에 반하는 것은 손해라는 이해 감각은 이렇게 발생합니다. 이제 당근을 얻고 채찍을 피하려고 주인을 태우거나 수레를 끄는 말처럼, 인간도 상을 받고 벌을 면하기 위해 주인이 원하는 것을 하게 됩니다. 이해와 손해를 따지느라 이제 자신이 원하는 것은 주인이 원하는 것의 뒷전으로 밀려나고 맙니다. 자신이 원하는 걸 하는 것이 자유라면, 이제 그는 자유가 무엇인지도 헷갈리게 됩니다. 심지어 주인이 원하는 걸 하는 것도 내 자유 아니냐는 궤변을 늘어놓기까지 합니다. 이익과 손해의 감각이 강화되면 자유에 대한 감각만이 퇴화하는 것은 아닙니다. 사랑에 대한 감각도 함께 시들어버리니까요. 마침내 인간이 동물보다 못한 상태에 이른 겁니다. 자기 동료를 가축으로 만들거나 자기 동료를 주인으로 받드는 동물은 없습니다. 사자도 독수리도 사슴도 그런 일은 벌이지 않습니다. 강한 동료가 생겨 자신이 밀려난다면 표연히 무리를 떠날 뿐입니다. 하지만 대부분의 경우 무리의 강자는 약자를 강한 연민을 갖고 돌봅니다. 무리에 속한 아기 사슴이나 늙은 사슴이 육식동물의 공격을 받으면 장성한 사슴들은 그에 분연히 맞서기까지 하지요.

가축화에 저항할 수 있는 인간

동료 인간에 대한 가축화! 이런 희비극은 20만 년 전부터 기원전 3000년 전후 국가가 탄생할 때까지 인간 사회에서는 상상할 수도 없던 일이었습니다. 소수 인간이 동료 인간을 가축으로 만드는 것이 개나 양 혹은 말을 가축으로 만드는 것보다 자기에게 더 큰 이익이라는 것을 발견한 겁니다. 인간을 동물보다 못한 종으로 만든 그들 범죄자들은 마침내 동종을 가축화하는 데 성공합니다. 그 결과 피라미드 같은 압도적인 건축물로 상징되는 거대한 억압체제가 지상에 출현한 겁니다. 파라오 한 사람을 위해 돌을 나르는 수십만 명의 노예들을 떠올려보세요. 노예들이 일을 하는 이유는 단순합니다. 파라오의 말을 거부하면 죽을 수밖에 없는 처지이기 때문입니다. 노예들은 죽는 것보다는 사는 것이 이익이라고 판단했기에 돌을 날랐던 겁니다. 노예들의 꿈은 무엇일까요. 소극적으로는 파라오로부터 탈출하는 것이고, 적극적으로는 자신이 파라오가 되는 겁니다. 어느 경우든 이익과 손해에 대한 판단이 작동합니다. 피라미드 공사 현장에 있는 것과 그곳을 탈출하는 것 중 어느 쪽이 이익일까? 파라오의 명령을 듣는 것과 혁명을 일으켜 자신이 파라오가 되는 것 중 어느 쪽이 이득일까? 억압체제를 문명이라는 이름으로 개점한 그 소수 범죄자들이 모든 인간들에게 이해 관념을 주입한 것입니다. 자신에게 이익이 되니 누군가를 지배하고, 자신에게 이익이 되니 누군가에 복종합니다. 이제 인간 종은 이익을 꿈꾸고 이익을 다투는 개인주의자나 이기주의자로 산산이 분열되기 시작한 겁니다. 물론 개인주의와 이기주의가 완전히 개화하려면 자본주의 체제를 기다려야 할 테지만요.

전국시대에 중국 대륙에서도 문명으로 치장한 야만이 거부할 수 없는 추세로 심화하고 팽창하자, 이에 정면으로 맞서는 철학자가 탄생합니다. 바로 장자였습니다. 「제물론」편의 '사생 이야기'는 그의 고독한 투쟁의 흔적입니다. 장자는 짧지만 강렬한 사생 이야기를 통해 가축화에 저항할 수 있는 인간, 상벌로 길들여지기를 단호히 거부하는 인간, 야생마나 늑대만큼 자유를 향유하는 인간을 꿈꾸었습니다. 사생 이야기는 설결이라는 제자의 의문으로부터 시작됩니다. 스승 왕예는 이익과 손해에 따라 움직이지 않았기 때문입니다. 스승은 이익이라고 모든 사람이 동의하는 것, 권력이나 부, 지식 등을 추구하지 않았습니다. 높은 지위나 황금을 보면 그것을 거머쥐려는 사람들과는 달리 그는 그런 것들에도 별다른 관심을 두지 않습니다. 반대로 스승은 남들이 손해라고 생각하는 행동도 거리낌 없이 합니다. 예를 들어, 유력 인사와 만나기로 한 약속을 어기고 부모를 잃은 아이와 시간을 보내는 식이었죠. 그러니 제자의 눈에 스승의 행동은 그의 이름답게 어린아이와 같아 보였던 겁니다. '군주'라는 뜻의 '왕(王)'과 '어린이'라는 뜻의 '예(倪)'로 이루어진 왕예는 '왕과 같은 아이'나 '절정의 천진난만'이라는 의미입니다. 자고 싶으면 자고, 놀고 싶으면 놀고, 먹고 싶으면 먹고, 똥을 누고 싶으면 시원하게 눕니다. 만나고 싶은 사람이 있으면 만나고, 함께 있기 싫은 사람이 있으면 그냥 떠나버립니다. 제자에게 이야기하고 싶으면 말하고, 말하기 싫으면 그냥 침묵합니다. 책을 좋아하다 어느 순간 책을 멀리합니다. 정말 변덕스럽고 예측 불가능한 스승입니다. 영민한 제자 설결은 스승의 모습에서 인간이 도달할 수 있는 최선의 삶을 직감합니다. 그래서 그는 물어본 겁니다. "선생께서는 이익과 손해를 알지 못하니, 지극한 사람은 이익과 손해를 알지 못한다는 말입니까?"

　제자가 던져야만 하는 질문을 던졌기에, 왕예는 행복했을 겁니다. 스승은 친절하게 지극한 사람, 즉 지인(至人)의 비밀을 알려줍니다. 먼저 스승은 이해 관념에 지배된 사람의 눈에 지인은 이해하기 어려울 정도로 신비스럽게 보일 것이라며 말을 시작합니다. 이어서 그는 가축이 되기 전 인간의 삶을 문학적으로 묘사합니다. 사실 장자 당시 인간농장이 유행처럼 퍼져가고 있었지만, 중국 대륙의 인간농장 사이사이나 혹은 중국 대륙 바깥에는 지배에의 욕망이나 복종에의 욕망이 싹트지 않은 인간 공동체가 있었다는 것을 잊어서는 안 됩니다. 바로 문(文)과 대조적으로 야(野)라고 불리던 공간, 문명이 아니라 야만이라 불리던 공간이 바로 그곳입니다. 여행의 귀재인 장자가 이곳을 가보지 않았을 리 없죠. 억압체제가 없으니 거대한 규모의 궁궐이나 사치 시설도 찾아보기 힘든 곳입니다. 자연환경에 어우러져 자유로운 삶을 영위했던 사람들이 서로 도우며 살고 있을 뿐이었죠. 거대 문명에 적응한 사람들 눈에 그들의 삶은 불편하고 미개해 보였을 겁니다. 그렇지만 장자의 눈에는 가축화되지 않은 그들의 자유로운 삶은 그야말로 '오래된 미래'로 보입니다. "넓은 습지가 불타올라도 그를 뜨겁게 할 수 없고, 황하와 한수가 얼어붙어도 그를 춥게 할 수 없고, 벼락이 산을 쪼개고 폭풍이 바다를 뒤흔들어도 그를 놀라게 할 수 없다네. 이와 같은 사람은 구름의 기운을 타고 해와 달을 몰고 사면의 바다 밖에서 노닌다네." 산불이 발생해도, 추위가 몰려와도, 천재지변이 일어나도 동요하지 않고 삶을 영위하는 사람들, 멋진 구름을 보며 바람을 맞고 낮과 밤을 향유하는 사람들, 천하 혹은 국가질서 밖에서 유유자적한 사람들! 가축화되기 전, 자유로운 공동체에 살고 있던 야생마들을 떠올리는 것으로 충분할 것입니다.

죽음이라는 불이익 vs 삶이라는 이익

───

장자의 이야기가 아니더라도 상벌 체계, 즉 법체계가 발달하지 않은 사회, 동료를 가축으로 만들지 않는 사회에서 개인주의나 이기주의적 경향이 약화된다는 인류학적 연구 성과는 너무나 많습니다. 그 대상이 동물이든 인간이든 가축화 과정은 결국 개체를 자신의 이해와 손해만을 따지는 개인주의적이고 이기적인 존재로 만들어갑니다. 채찍을 맞는 동물이나 인간이 어떻게 동료를 돌아볼 여유가 있겠습니까? 상과 벌이 개체의 생존을 결정할 정도로 강력할 때, 인간은 그만큼 더 자기 자신에 매몰되고 자기 이해에 몰두하게 됩니다. 간혹 개인주의나 이기주의를 인간의 동물적 본성으로 규정하고 사회나 국가가 그 이기주의를 바로잡는 강제력을 지녀야 한다고 주장하는 학자들이 있습니다. 그들은 인간의 개인주의나 이기주의가 억압체제의 결과물이라는 것을 은폐하고, 오히려 억압체제의 가축화 논리를 정당화하는 것입니다. 마르크스(Karl Heinrich Marx, 1818~1883)가 『자본론(Das Kapital)』에서 자본주의를 조롱하면서 벤담을 언급한 것도 이런 이유에서입니다. "노동력의 판매와 구매가 이루어지는 유통의 영역은 사실 천부인권의 진정한 낙원이다. 이곳을 지배하는 것은 자유(freedom), 평등(equality), 소유(property) 그리고 벤담(Jeremy Bentham, 1748~1832)이다. 자유! 왜냐하면 상품(예를 들어 노동력) 교환의 구매자와 판매자는 오로지 그들의 자유로운 의지에 따라 구매자와 판매자가 되었기 때문이다. 그들은 법적으로 자유롭고 대등한 인간으로 계약을 맺는다. (…) 평등! 왜냐하면 이들은 오로지 상품 소유자로서만 서로 관계하며 등가물을 서로 교환하기 때문이다. 소유! 왜냐하면 이들 각자는 모두 자신의 것만을 처분하기 때문이다. 벤담! 왜냐하면 양쪽 모두에게 중요한 것은 오로지 자기 자신뿐이기 때문이다. 그들을 하나의 관계로 묶어주는 유일한 힘은 각자의 이기심, 이득, 그리고 사적인 이익이다."

노동력을 판매하지 않으면 살 수 없는 노동자와 노동력을 구매하지 않아도 사는 데 지장이 없는 자본가 사이의 교환은 자유, 평등, 소유의 이념이 얼마나 허구적인지를 그대로 보여줍니다. 특히 몸뚱이만 갖고 있는 것도 소유라고 이야기하니 말문이 막힐 일입니다. 마르크스가 억압체제가 억압적이지 않은 것처럼 보이도록 하는 자유, 평등 그리고 소유라는 이데올로기와 어울리지 않게 벤담이라는 고유명사를 병기한 것에 주목해야 합니다. 상벌을 휘두르는 지배자의 이기심과 상을 얻고 벌을 피하려는 피지배자의 이기심은 질적으로 다르다는 예리한 통찰이자, 피지배자의 이기심에 대한 서글픈 풍자입니다. 피지배자의 이기심, 즉 노동자의 이기심은 탐욕이 아니라 생계를 위한 것이기에 서글픕니다. 강자에게 굽신거리는 것은 불쾌하지만, 그것이 내게 이익이 되면 기꺼이 감당합니다. 마치 자신이 지배자라도 되는 양 나보다 약한 사람을 부리는 것은 무언가 찜찜하지만, 그것이 내게 이익이 되면 눈을 질끈 감고 자행합니다. 여기서 자유와 사랑의 감각은 숨도 쉴 수 없습니다. 사랑하는 것이 있으면 하고 사랑하지 않는 것이 있으면 하지 않는 것이 자유입니다. 뛰고 싶으면 뛰고 걷고 싶으면 걷는 야생마처럼 말입니다. 이익이 되니 뛰거나 이익이 되니 걷는 것이 아닙니다. 사랑의 경우도 생각해보세요. 나에게 기쁨을 주는 대상과 함께하고자 하는 마음이 사랑입니다. 그래서 우리는 사랑하는 대상도 나를 통해 기뻐하기를 원합니다. 나와 함께 있을 때 기뻐야 그 사람이 내 곁에 있으려 할 테니까요. 그 사람의 기쁨을 위해 나는 기꺼이 온갖 손해도 감당합니다. 돈도 써야 하고 시간도 들여야 하고, 심지어 목숨을 버리기도 합니다. 자기 이익을 지키면서 할 수 없는 것이 사랑이죠. 사랑이 중요한 이유는 바로 여기서 자유가 구체화되기 때문입니다. 사랑은 우리 자신이나 상대방의 자유를 긍정합니다. 사랑하는 대상 곁에 있을 수 없을 때 우리는 부자유를 느낍니다. 반대로 사랑하는 대상이 자신의 생계를 위해서나 혹은 내가 무서워서 내 곁에 있는 것을 우리는 원하지 않습니다. 사랑에서 우리가 원하는 것은 상대방이 자유로운 상태에서 내 곁에 있는 것이니까요.

이익과 손해를 모른다는 것, 그것은 상을 얻으려 하거나 벌을 피하려 하지 않는다는 것, 즉 복종에의 본능이 없다는 것을 말합니다. 자유와 사랑의 감각은 바로 이런 조건에서만 되살아날 수 있습니다. 사생 이야기는 상과 벌로는, 혹은 당근과 채찍으로는 행동을 유도할 수 없는 사람을 이야기합니다. 바로 그가 지인(至人)입니다. 당근과 채찍으로도 자기 뜻대로 움직일 수 없는 사람이 있다면, 지배자가 할 수 있는 마지막 행동은 하나밖에 없습니다. 그의 목을 조르며 협박하는 겁니다. "너 죽고 싶니! 내 말을 듣지 않으면 죽여버릴 거야!" 그렇습니다. 이익과 손해의 최종 심급에는 사는 것과 죽는 것이 있습니다. 그러니까 인간이 생각할 수 있는 최고의 불이익이나 손해는 바로 자기가 죽임을 당하는 것이라는 이야기입니다. 이익과 손해를 모르는 것만으로는 지극한 사람을 규정하기에 충분하지 않습니다. 생명이 위태롭지 않은 한 우리는 손해를 나름 감수할 수도 있으니까요. 그래서 스승 왕예는 지인은 사생, 즉 죽음이라는 불이익과 삶이라는 이익마저 넘어야 한다고 이야기합니다. "죽고 사는 일도 그에게 어떤 변화도 줄 수 없는데, 하물며 이익과 손해라는 작은 실마리에 대해 말해서 무엇하겠는가!" 바로 이 대목에서 장자는 야생마가 처음 포획되었을 때 느끼는 죽음의 공포, 혹은 인간이 다른 인간에게 처음 잡혔을 때 느끼는 죽음의 공포로 우리를 데리고 갑니다. 생계와 자유에 대한 가장 근본적인 박탈과 폭력, 혹은 포획된 상태에서 가해지는 최초의 채찍이나 최초의 벌! 바로 여기서 가축화에 맞서 야생마는 그리고 인간은 씨익하고 웃었어야 했다는 겁니다. "그래, 차라리 죽여라! 나는 자유로 살았고 자유로 죽을 테니." 너무 개인적이고 낭만적인 상황이라고 생각하지 마세요. 자신의 삶을 향유하고 사랑하는 것 옆에 있으려면 우리는 자유로워야 한다는 것! 이것이 장자가 사생 이야기를 통해 말하고 싶었던 것이니까요.

16

인과율을 가로지르며

그림자 이야기

반그림자가 그림자에게 말했다. "조금 전에 그대는 걷다가 지금은 그대는 멈추었소. 조금 전 그대는 앉았다가 지금은 일어났소. 어찌 그대는 이렇게 무언가를 잡지 못하고 있는 거요?"

그림자가 말했다. "내가 무언가에 의존해서 그런 것일까? 또 내가 의존하는 것 또한 다른 무언가에 의존해서 그런 것일까? 나는 뱀의 비늘과 매미의 날개에 의존하는 것일까? 왜 그런지 내가 어찌 알겠는가! 왜 그렇지 않은지 내가 어찌 알겠는가!"

「제물론」

罔兩問景曰, "曩子行, 今子止. 曩子坐, 今子起. 何其無特操與?"

景曰, "吾有待而然者邪? 吾所待又有待而然者邪? 吾待蛇蚹蜩翼邪?

惡識所以然! 惡識所以不然!"

「齊物論」

반그림자의 불평불만

———

　대학에서는 경제학, 경영학, 법학, 사학, 사회학, 전자공학, 건축학, 영문학, 음악학 등 다양한 전공 학문을 가르치고 있습니다. 이 모든 전공에 '학'이라는 용어가 붙은 이유는 무엇일까요? 다루는 것이 무엇이든 그것을 원인과 결과에 입각해 사유하려 한다는 공통점이 있습니다. 경제학만 보더라도, 물가 상승의 원인을 찾고 그 원인을 조작해 물가 안정을 도모하려 하죠. 사회학도 마찬가지입니다. 자살의 사회적 원인을 찾아 자살률을 낮추려고 시도합니다. 자연과학이나 공학도 마찬가지입니다. 발광현상의 원인을 찾아 그 현상을 통제하려 하죠. 영문학도 인과 관념에서 자유롭지 않습니다. 어떤 작품이 의미와 가치를 갖는 원인을 해명하지 않으면 영문학 논문은 쓰일 수 없을 겁니다. 마찬가지로 근사한 현악기를 연주하는 원리를 해명하려 해야 음악학도 가능합니다. 이처럼 인과율(causality)은 인간의 학문이나 지적 활동의 중추에 해당합니다. 한마디로 지성인은 '왜(why)?'라는 질문에 머뭇거리지 않고 가능한 한 많은 이유를 이야기할 수 있는 사람인 셈입니다. 지성인이 아닌 일반 사람들도 인과 관념으로부터 자유롭지 않습니다. 좋은 일을 하면 복이 온다는 생각, 신에게 기도하면 원하는 것을 얻을 수 있다는 생각, 아이를 A학원에 보내면 성적이 오를 것이라는 생각, 집 안 분위기를 바꾸면 부부 관계가 새로워질 것이라는 생각 등등에도 인과율이 깊게 스며들어 있죠. 인간 사유의 자기반성이라고 할 수 있는 철학적 사유가 인과율을 심각하게 고민하는 이유도 바로 여기에 있습니다. 인과에 대한 잘못된 이해는 자신의 삶, 사회의 운명, 나아가 자연의 흐름에도 결정적인 영향을 미칠 수 있으니까요.

장자가 탁월한 이유들 중 하나도 그가 인과 관념의 보편적 한계를 폭로했을 뿐만 아니라, 거기에 만족하지 않고 가급적 삶과 세계의 흐름에 부합하는 새로운 인과율을 제안했기 때문이죠. 이것이 장자가 단순한 해체론자나 회의주의자가 아닌 일급 철학자인 이유입니다. 바람 이야기에서 바람 소리로 비유되는 마주침의 존재론에 인과에 대한 장자의 사유가 응축되어 있죠. 바람 소리가 들립니다. 그것은 바람이 내는 소리일까요? 장자는 나무나 땅에 만들어진 구멍이 없다면 아무리 바람이 불어도 소리가 나지 않을 거라 이야기합니다. 그러니까 바람 소리는 구멍의 소리이기도 하다는 겁니다. 아니 정확히 말해, 바람과 구멍이 마주쳐서 내는 소리가 바람 소리라는 이야기죠. 바람 소리라는 결과가 하나라면 그 원인은 둘입니다. 원인의 복수성(plurality)! 장자의 인과 관념의 핵심은 바로 이겁니다. 특정 결과보다 원인은 더 많다는 발상입니다. 장자의 영민함은 그가 자신이 제안한 인과율도 기존의 모든 인과 관념이 가지는 위험성을 공유하고 있다고 자각했다는 데 있습니다. 「제물론」편 거의 마지막 부분에 등장하는 '그림자 이야기'는 바로 이런 문맥에서 읽어야 합니다. 그림자 이야기는 표면적으로는 쉬워 보입니다. 반그림자와 그림자 사이에 이루어진 대화입니다. 그림자 이야기에서 '반그림자'로 번역된 '망양(罔兩)'은 '그림자의 그림자'를 의미합니다. 뜨거운 직사광선이 내리쬐는 날, 나무는 짙은 그림자를 드리웁니다. 그 짙은 그림자를 자세히 들여다보세요. 그러면 그림자의 윤곽을 따라 그 테두리에 살짝 옅은 그림자를 발견할 수 있습니다. 이것이 바로 그림자의 그림자, 망양이자 반그림자입니다. 전기 스탠드나 촛불의 그림자에서도 쉽게 발견할 수 있습니다.

어느 날 반그림자가 그림자에게 불평을 늘어놓으면서 그림자 이야기가 시작됩니다. "조금 전에 그대는 걷다가 지금은 멈추었소. 조금 전 그대는 앉았다가 지금은 일어났소. 어찌 그대는 이렇게 무언가를 잡지 못하고 있는 거요?" 반그림자는 고요하고 평화롭게 있고 싶었나 봅니다. 당연히 그는 자신이 정신없이 분주한 원인을 찾아봅니다. 우리는 원하지 않은 상황에 처하면 그 원인을 외부에서 찾는 경향이 있지요. 그림자의 그림자인 망양은 그림자 때문에 자신이 너무 바쁘게 움직인다고 단정한 겁니다. 그림자는 반그림자의 불평불만에 대응해 말합니다. "내가 무언가에 의존해서 그런 것일까? 또 내가 의존하는 것도 또한 다른 무언가에 의존해서 그런 것일까? 나는 뱀의 비늘과 매미의 날개에 의존하는 것일까? 왜 그런지 내가 어찌 알겠는가! 왜 그렇지 않은지 내가 어찌 알겠는가!" 하고 말합니다. 그림자도 형체의 그림자입니다. 그러니까 그림자는 반그림자가 자신을 탓하듯 형체를 탓하면 되죠. "반그림자야. 네가 싫어하는 분주함에 대해 나를 탓하면 안 돼. 내가 분주한 것도 형체 때문이니 형체한테 따져!" 형체에게 책임을 미루면 끝날 이야기입니다. 뱀의 비늘이든 매미의 날개이든 형체가 그림자의 원인이고, 그림자가 반그림자의 원인이라고 끝날 이야기는 묘하게 비틀어집니다. 반그림자에서 그림자로, 이어서 그림자에서 형체로, 이어서 형체에서 다른 무엇으로 최종 원인을 찾아가는 사유를 그림자는 주저합니다. 뱀의 비늘이나 매미의 날개가 분주히 움직여 자신이 분주한 것인지 혹은 그렇지 않은 것인지 알지 못하겠다고 그림자는 말하니까요. 그림자 이야기는 우리의 사유를 자극합니다. 왜 그림자는 원인을 추적하는 사유에 주저했을까요?

인과 관념의 세 가지 한계와 특성

───

최종 원인을 찾으려는 반그림자의 사유와 그에 대해 회의적인 그림자의 사유! 두 가지 사유 사이의 미묘한 엇갈림을 포착하기 위해 우리는 인과 관념 일반이 가지는 한계나 특성을 생각해볼 필요가 있습니다. 보석도 그에 어울리는 깔판에 올려놔야 그 아름다운 자태를 드러내는 법이니까요. 먼저 주목해야 할 것은 결론에서 타당한 원인을 추론할 수는 있지만, 원인에서 타당한 결론을 추론할 수는 없다는 점입니다. '결과로부터의 원인 추론의 타당성'이라 부를 수 있는 인과율에서 첫 번째로 주목할 수 있는 특징입니다. 예를 하나 생각해보죠. 우리는 산에 연기가 나는 것을 봅니다. 이 경험으로부터 우리는 비록 보이지는 않지만 산에 불이 났음을 추론할 수 있습니다. 연기라는 결과로부터 불이라는 원인을 추론한 셈입니다. 그러나 불이라는 원인에서 우리는 연기라는 결과를 추론해서는 안 됩니다. 물론 불에서 연기라는 결과를 떠올리는 추론을 전적으로 부정하는 것은 아닙니다. 단지 이것은 논리적으로 타당한 추론이 아니라는 이야기입니다. 불이 완전히 연소되면 연기가 나지 않을 수도 있습니다. 물론 대부분 완전한 연소가 힘들기에 불이 있다면 연기가 나는 경우가 많은 것도 사실이죠. 또 다른 예도 있습니다. 아이가 결과이고 남녀가 원인이라는 것을 전제한다면 아이를 보면서 아이를 낳은 두 남녀가 있다는 것을 추론할 수 있습니다. 그렇지만 동거 중인 남녀를 보고 아이가 있다고 추론해서는 안 됩니다. 남녀는 아이를 낳을 수도 있고 그러지 않을 수도 있으니까요. 아이와 관련된 다른 경우도 결과로부터의 원인 추론의 타당성을 이해하는 데 도움이 될 것 같네요. 태어난 아이의 특징을 보고 남녀의 모습을 보면, 우리는 이 아이가 두 사람의 아이구나 하고 쉽게 납득하게 됩니다. 그러나 두 남녀의 모습을 살펴 그 특징들을 안다고 해도 우리는 태어날 아이의 특징을 정확히 예측할 수는 없는 법입니다.

인과율과 관련해 두 번째로 주목해야 할 것은 '인과율의 마음의존성'입니다. 인과율은 인간과 무관한 세계의 법칙이 아니라는 이야기입니다. 인과율은 반은 마음 밖의 세계와 관련되고 나머지 반은 우리 마음과 관련되기 때문이죠. 먼저 결과로부터 원인을 타당하게 추론하는 경우를 생각해보세요. 산에서 연기가 오르는 것을 봅니다. 이 연기를 결과로 해서 우리는 지금 보이지 않는 불이라는 원인을 추론합니다. 어떤 모양의 불을 떠올린다고 해서 그 마음속의 불이 저 산의 보이지 않는 불과 같을 수는 없을 겁니다. 직접 산에 들어가 불을 보면 아마 실제 불의 모양이나 색감은 생각했던 것과는 사뭇 다를 겁니다. 다음은 원인으로부터 결과를 부당하게 추론하는 경우입니다. 우리 앞에는 나무더미에 붙이려는 불이 보입니다. 그러고는 특정한 연기를 기대할 수 있을 겁니다. 연기가 나지 않을 수도 있지만, 기대대로 연기가 난다 해도 분명 그 기대한 연기는 모닥불이 실제로 피워내는 연기의 모습과는 다를 겁니다. 결국 원인이 경험되는 것이면 결과는 우리 마음의 기대(anticipation) 속에 있고, 결과가 경험되는 것이라면 원인은 우리 마음의 기억(memory) 속에 있는 것입니다. 원인이 실제적이면 결과는 관념적이고, 결과가 실제적이면 원인은 관념적이다! 이렇게 정리하면 인과율의 마음 의존성이 무엇인지 대략 이해가 될 겁니다. 사실 인과율의 이런 특징 때문에 인과율이 인간과 무관한 객관적 법칙이라는 극단적 주장이나, 아니면 인과율은 세계와 무관한 관념적 법칙이라는 또 다른 극단적 주장도 등장할 수 있었던 것입니다.

　마지막으로 주목할 것은 전통적인 인과론이 기본적으로 원인과 결과를 선형적으로 사유한다는 점입니다. '원인과 결과의 선형성'이나 '결과에 대한 원인의 단수성'이라고 할 만합니다. 연기의 원인은 오직 불 하나에 있다는 발상, 혹은 불 하나에 연기 하나가 대응한다는 발상입니다. 일반 사람들만 그런 것이 아니라 지적인 사람들도 빠지기 쉬운 오류일 겁니다. 그런데 곰곰이 생각해보세요. 인과의 선형성 혹은 원인의 단수성은 사태를 지나치게 단순화한 것에 지나지 않습니다. 특정한 연기는 불뿐 아니라 바람과 습도, 온도, 나아가 가연성 물질 등이 마주쳐야 나올 수 있습니다. 이 중 어느 하나라도 달라진다면, 내가 보고 있는 연기는 전혀 다른 모습을 띠었을 겁니다. 결국 바람 소리를 비유로 들자면 전통적 인과론은 바람 소리의 원인을 바람에서만 혹은 구멍에서만 찾는다고 할 수 있습니다. 그러나 장자는 특정한 구멍도 특정한 바람 소리를 내는 데 결정적이라고 지적합니다. 사실 특정한 바람 자체도 대기 상태, 습도 혹은 지형 등의 마주침으로, 그리고 특정한 구멍도 나무나 땅의 상태나 구멍을 만든 외부 충격 등 다양한 조건들의 마주침으로 사유될 수 있다는 것도 잊어서는 안 됩니다. 자, 이제 그림자 이야기의 찬란한 색채를 보여줄 근사한 깔개가 마련된 것 같습니다. '결과로부터의 원인 추론의 타당성'을 가로줄로 하고 '인과율의 마음 의존성'을 세로줄로 해서 직조한 깔개입니다. 여기에 '원인의 복수성'이 멋진 조명등이 될 겁니다.

하나의 반그림자가 태어나기까지

———

 그림자 이야기에 등장하는 반그림자의 입장을 먼저 살펴보죠. 반그림자는 인과의 선형성 혹은 원인의 단수성에 입각해 생각하고 있습니다. 그는 '반그림자 → 그림자 → 형체……'라는 식으로 직선을 따라가듯 원인을 찾아나가니까요. 반그림자의 생각에 따르면 반그림자의 원인은 그림자 하나이고, 그림자의 원인은 형체 하나일 뿐입니다. 그렇지만 반그림자가 만들어지기 위해서는 그림자뿐만 아니라 햇빛도 필요합니다. 그림자도 마찬가지입니다. 형체만 있으면 그림자가 생길 리가 없죠. 햇빛이 없다면 어떻게 그림자가 생길 수 있겠습니까? 이제야 장자의 페르소나인 그림자가 왜 자기 이야기에 주저했는지 이해가됩니다. 그림자는 원인들의 마주침 혹은 원인의 복수성 입장에서 사유했던 것입니다. 그림자는 자신이 특정 형체, 즉 뱀의 비늘이나 매미의 날개의 그림자라는 것을 인정합니다. 분명 그런형체가 없다면 자신이 지금과 같은 모양으로 만들어지지 않았을 테니까요. 그렇지만 그림자는 태양 등 다른 조건도 형체만큼이나 중요하다는 것을 압니다. "나는 뱀의 비늘과 매미의 날개에 의존하는 것일까? 왜 그런지 내가 어찌 알겠는가! 왜 그렇지않은지 내가 어찌 알겠는가!" 그림자는 자신이 형체에 의존하기도 하지만, 그것만으로 만들어지지 않는다는 걸 알았던 것입니다. 불행히도 그림자의 주저함은 이런 식으로는 완전히 해소되지 않습니다. 만약 마주침의 존재론으로 모든 것이 해명된다면그림자는 "왜 그런지 내가 어찌 알겠는가! 왜 그렇지 않은지 내가 어찌 알겠는가!"라는 애매한 표현으로 말을 끝내지는 않았을겁니다. 그냥 직접적으로 그림자는 "내가 이렇게 존재하려면 형체뿐만 아니라 햇빛 등 다른 원인들도 필요하다네"라고 말하면되니까요.

　그림자의 주저함을 완전히 이해하는 데 마주침의 존재론을 숙고했던 철학자들이 도움이 될 수 있습니다. 루크레티우스(Titus Lucretius Carus, ?~?)도 들뢰즈(Gilles Deleuze, 1925~1995)도 혹은 알튀세르(Louise Pierre Althusser, 1918~1990)도 있지만, 화이트헤드(Alfred North Whitehead, 1861~1947)의 『과정과 실재(Process and Reality)』를 읽

어보는 것이 가장 좋을 듯합니다. "'다자(many)'라는 술어는 '이접적 다양성(disjunctive diversity)'의 관념을 전달한다. 이 관념은 존재라는 개념에 있어 본질적인 요소다. 다수의 존재자들이 이접적인 다양성 속에 존재한다. (…) 창조성(creativity)은 이접적 방식인 다자를 연접적인(conjunctive) 방식의 우주인 하나의 현실적 계기(actual occasion)로 만드는 궁극적인 원리다. 다자가 복잡한 통일속으로 들어간다는 것은 사물의 본성에 속한다. '창조성'은 '새로움(novelty)'의 원리다." 바람 소리는 바람과 구멍이라는 두 원인들이 마주친 결과입니다. 이 마주친 상태를 화이트헤드는 '-와(and)-'로 표시되는 연접적인 결합이라고 설명합니다. 그러니까 바람 소리는 '바람과 구멍(wind and hole)'이라는 이야기입니다. 이로부터 우리는 마주치기 전 서로 무관한 바람이나 구멍의 상태를 생각해볼 수 있습니다. 화이트헤드가 이접적 다양성이라고 말하고 '바람 혹은 구멍(wind or hole)'으로도 표현될 수 있는 상태인 것입니다. 바람은 구멍과 마주치지 않은 채 불고 있고, 구멍은 바람과 마주치지 않은 채 텅 빈 구멍으로 있는 상태인 것입니다. 결국 화이트헤드의 설명은 단순합니다. '바람 혹은 구멍'의 상태에서 바람과 구멍이 마주쳐 하나의 바람 소리, 즉 '바람과 구멍'이 탄생했다는 것입니다. 다양한 존재들, 즉 다자가 마주쳐 연접적 관계가 만들어진 새로운 하나의 존재, 이것이 바로 화이트헤드가 말한 '현실적 계기'입니다. 바람 소리는 바로 이 현실적 계기의 하나의 사례였던 것입니다. 다자가 마주쳐 현실적 계기가 만들어지는 것이 바로 창조성이자 새로움의 의미라고 그는 덧붙입니다.

바로 이것입니다. 바람 소리에서 우리는 그 창조성이나 새로움을 유지해야 합니다. 이제야 우리는 알게 됩니다. 그림자가 자신은 형체와 햇빛 등의 마주침에서 탄생했다고 노골적으로 말하지 않은 이유를 말입니다. 결론에서 원인을 추론하다 보면 우리는 원인을 중시하기 쉽습니다. 그것은 복수적 원인들의 경우에도 마찬가지입니다. 우리는 그림자로부터 '형체와 햇빛'을, 이어서 '형체 혹은 햇빛'을 추론할 수 있습니다. 이 순간 그림자가 가진 창조성과 새로움을 간과하기 쉽습니다. 심하면 해체된다고 말할 수 있습니다. 더군다나 이렇게 추론된, 서로 마주치지 않은 형체 혹은 햇빛이라는 원인은 아무리 잘해야 우리 관념에 속하는 것입니다. 당연히 생생한 그림자의 창조성과 새로움은 더 희미해지게 되죠. 그림자는 반그림자에게 말했습니다. "왜 그런지 내가 어찌 알겠는가! 왜 그렇지 않은지 내가 어찌 알겠는가!" 이 말은 다음과 같은 선언으로 바뀔 수 있습니다. "나는 나야. 나는 형체도 아니고 햇빛도 아니야. 나는 형체나 햇빛과는 완전히 다른 새로운 존재야! 설령 형체가 사라지면 나도 사라지고 햇빛이 비추지 않으면 나도 없어질 테지만 말이지. 그러나 반그림자 친구여! 내가 할 수 있는 것을 형체도 못 하고 햇빛도 못 한다네. 나는 바로 완전히 새로운 그림자라네." 그렇습니다. 그림자는 인과율의 대상이 되기 이전에 하나의 기적이었던 겁니다. 궁금해집니다. 반그림자도 자신의 존재 자체가 결과이기 전에 하나의 축복이었다는 것을 깨달았을까요?

나는 나야. 나는 형체도 아니고 햇빛도 아니야
나는 형체나 햇빛과는 완전히 다른 새로운 존재야!

17

자유를 품고 사는 삶

지리소 이야기

지리소라는 사람은 턱이 배꼽 아래로 내려와 있고 어깨가 정수리보다 높으며 목덜미의 뼈가 하늘을 가리키고 오장의 경혈이 위로 향했으며 두 넓적다리의 뼈가 갈비뼈에 이어져 있었다. 하지만 그는 바느질과 빨래를 해서 자기 밥벌이를 충분히 했고, 산가지를 흔들고 쌀을 뿌리며 점을 쳐서 열 사람을 충분히 부양할 수 있었다. 국가가 징병하려 할 때도 이 불구자는 소맷자락을 휘날리며 징집관들 사이에서 노닐 수 있었다. 국가가 부역을 강제할 때에도 그는 만성질환으로 부역을 면했다. 심지어 국가가 병든 사람들에게 곡식을 나누어 줄 때도 그는 세 포대의 쌀과 열 묶음의 땔나무를 받았다. 무릇 '자신의 몸을 불구로 만든 사람'조차 충분히 자신의 몸을 기르고 천수를 다하는데, 하물며 '자신의 덕을 불구로 만든 사람'은 말해서 무엇하겠는가!

「인간세」

支離疏者, 頤隱於臍, 肩高於頂, 會撮指天, 五管在上, 兩髀爲脇. 挫鍼治繲
足以餬口. 鼓筴播精, 足以食十人. 上徵武士, 則支離攘臂而遊於其間. 上有
大役, 則支離以有常疾不受功. 上與病者粟, 則受三鍾與十束薪. 夫支離其
形者, 猶足以養其身, 終其天年, 又況支離其德者乎!

「人間世」

어떻게 하면 가축화의 그늘을 피할 수 있을까

인재가 되지 않겠다는 격렬한 의지! 무용에 대한 절절한 예찬! 장자 사유의 매력은 바로 여기에 있습니다. 쓸모 있는 사람이 되어야 행복한 삶이 가능하리라는 주문이 아직도 통용되는 지금, 우리의 뒤통수를 제대로 가격하는 장자입니다. 쓸모의 논리는 기원전 13000년 이후 시작된 동물 가축화에서 탄생합니다. 소, 양, 닭, 말 등 인간에게 쓸모가 있는 동물만이 가축이 됩니다. 물론 가축이 되었다고 해서 안심할 수만도 없습니다. 일을 할 수 없거나 번식을 할 수 없거나 털이 잘 자라지 않거나 달릴 수 없다면 가축들은 버려지거나 죽임을 당하기 십상이니까요. 그러니까 이미 축사에서 가축으로 태어난 동물들도 쓸모가 있음을 증명해야만 살아남을 수 있다는 이야기입니다. 쓸모가 있어야 길들여지고, 쓸모가 있어야 그나마 알량한 생명이라도 부지하는 것이 바로 가축입니다. 기원전 3000년 인간은 가축화의 논리를 동료 인간에게 적용하기 시작했습니다. 가축화된 인간이 피지배계급이 되고 가축화의 체제를 유지하려는 인간이 지배계급이 된 것입니다. 이것이 인간이 자랑하는 문명과 국가의 기원이죠. 장자는 인간 가축화의 논리가 확대되고 심화하는 과정을 안타깝고 씁쓸하게 목도했던 철학자였습니다. 전국시대의 부국강병은 인간 가축을 누가 더 많이 확보하고 효율적으로 기르느냐 혹은 다른 국가의 인간 가축을 얼마나 빼앗느냐로 결정되는 게임이었습니다. 『관자(管子)』에 '목민(牧民)'이 편명을 넘어서 지배자의 능력으로 표방된 것도 이런 이유에서입니다. 당시 장자만이 목민의 논리에서 지상 최대의 야만성을 직감합니다. 무용에 대한 장자의 예찬은 바로 이 대목에서 등장하게 됩니다.

동물 가축화에 적용되는 쓸모의 논리는 인간 가축화에서도 그대로 적용됩니다. 가축화되기 이전에 무용은 축복이지만, 가축화 이후 무용은 비극의 씨앗이기 때문이죠. 결국 쓸모가 있으려는 의지와 경쟁은 완전히 가축화된 인간의 서글픈 생존 본능이라는 것을 잊어서는 안 됩니다. 다행스럽게도 장자가 살았던 시대에는 인간 가축화로부터 벗어난 삶의 공간들이 여전히 존재했습니다. 국가 바깥에서도 심지어 국가 내부에서도 동료를 가축으로 부리지 않는 자유로운 작은 사회가 있었다는 것, 그러니까 자유인들이 있었다는 겁니다. 실례로 전국시대 패권을 다투던 일곱 국가들의 영역은 고작해야 한반도의 두세 배 정도였습니다. 그만큼 국가주의는 강렬했지만, 그 영역은 생각보다 작았습니다. 하지만 인간 가축화를 꿈꾸던 국가로부터 자유인들의 삶은 위태롭기만 하죠. 국가는 조금이라도 쓸모가 있다고 판단하면 자유인들을 가축화하려고 시도할 테니까요. 그러니 국가의 입장에서 쓸모가 없어야 합니다. 아니, 최소한 쓸모가 없는 듯 보여야 합니다. 인간 가축화를 괴멸시킬 수 없더라도, 최소한 가축화라는 당면한 소나기라도 피하려면 말입니다. 이것이 『장자』 도처에 무용을 강조하는 수많은 이야기들이 만들어진 이유입니다. 너무나 쓸모가 없어서 인간에 의해 베이지 않고 거대하게 자란 나무를 다룬 거목 이야기가 그 대표일 겁니다. 그렇지만 사실 무용을 예찬하는 수많은 이야기들 중 압권은 '지리소 이야기'입니다. 중요한 것은 인간이 어떻게 하면 가축화의 그물을 바람처럼 피할 수 있느냐의 문제일 테니까요. 나무에게는 어떻게 살 것인지를 선택할 여지가 없지만, 인간은 가축화의 다양한 쓸모 논리에 맞서 무용의 다양한 전략을 고민할 수 있습니다. 그래서 지리소 이야기가 중요합니다. 거목에게서 배울 수 없는 무용의 디테일을 지리소라는 인간에게서 배울 수 있으니까요.

지리소 이야기는 반전이 있어 매력적인 이야기입니다. 이야기의 충격적인 반전을 맛보기 전에 먼저 지리소라는 사람이 누린 무용의 삶을 묘사하는 전반부를 살펴보죠. '지리소(支離疏)'는 글자 그대로 '지리한 소'라는 뜻입니다. 지리라는 말은 뒤에 지리멸렬(支離滅裂)이라는 성어로 더 구체화되죠. '가지'나 '지엽적인 것'을 뜻하는 '지(支)', '분리'나 '분열'을 뜻하는 '리(離)', '파괴'나 '소멸'을 뜻하는 '멸(滅)', 그리고 '찢어짐'이나 '해짐'을 뜻하는 '렬(裂)'로 구성된 지리멸렬은 그야말로 인간이 원하지 않는 모든 상태의 집결판입니다. 인간이라면, 특히 권력욕이 있는 인간이라면 누구나 가지가 아니라 몸통을, 분열이 아니라 통일을, 파멸이 아니라 번성을, 해짐이 아니라 신선함을 원할 테니까요. 그렇습니다. 지리한 소는 지리멸렬해서 누구도 거들떠보지 않는 사람, 아니 정확히 말해 혐오의 대상이었습니다. 지리소는 우리가 상상할 수 있는 최악의 불구자였습니다. "턱이 배꼽 아래로 내려와 있고 어깨가 정수리보다 높으며 목덜미의 뼈가 하늘을 가리키고 오장의 경혈이 위로 향했으며 두 넓적다리의 뼈가 갈비뼈에 이어져 있었다." 지리소는 위고(Victor Marie Hugo, 1802~1885)의 소설 『파리의 노트르담(Notre-Dame de Paris)』에 등장하는 콰지모도, 그 괴물 취급을 받던 꼽추와 흡사한 불구자였습니다. 지리소는 거의 존재하지 않는 사람이었습니다. 그를 보면 너무나 불쾌하고 기분이 나빴기 때문에 누구든 그를 만난 것마저 서둘러 잊으려 했기 때문입니다. 당연히 누구도 그가 어떻게 살아가는지 관심을 갖지 않습니다. 지리소는 쓸모가 없는 정도를 넘어 그 존재 자체가 쉽게 망각되었던 겁니다. 지리소는 포정이나 윤편과는 격을 달리합니다. 포정이나 윤편이 육체노동을 하는 소인이었다면, 지리소는 소인이라는 신분보다 더 열등한, 정확히 말해 천-천자-대인-소인이라는 국가질서에도 속하지 않는 존재였습니다.

꼽추 지리소의 삶의 지혜

일단 지리소가 혐오감을 줄 정도로 심각한 불구자였다는 것이 중요합니다. 그의 몸은 그의 이름처럼 그냥 지리멸렬했기 때문입니다. 거목 이야기의 나무처럼 그는 쓸모라고는 전혀 없었습니다. 국가는 당연히 지리소를 군인으로 징집할 수도 없고 강제 노역에 동원할 수도 없었습니다. "국가가 징병하려 할 때도 이 불구자는 소맷자락을 휘날리며 징집관들 사이에서 노닐 수 있었다. 국가가 부역을 강제할 때에도 그는 만성질환으로 부역을 면했다." 전국시대에는 국가가 지금처럼 완전한 영토국가가 아니었고, 당연히 오늘날처럼 호적도 정리하지 못했죠. 지금처럼 징집 명령 문서나 노역 명령 문서를 집으로 보내 징집이나 부역 명령을 집행할 수 없었습니다. 그래서 관료들이 군인들을 대동하고 사람들이 자주 다니는 길목에 서 있다가 젊은이들을 강제로 끌고 가는 식으로 인력을 충원했던 겁니다. 그러나 노트르담의 꼽추 같은 지리소를 거들떠보는 관료나 군인은 없었습니다. 지리소는 전쟁이나 노역에 도움이 되기는커녕 방해가 될 것이 뻔했으니까요. 더군다나 지리소는 국가에서 시행하는 복지정책의 수혜자가 되기까지 했습니다. "국가가 병든 사람들에게 곡식을 나누어 줄 때도 그는 세 포대의 쌀과 열 묶음의 땔나무를 받았다." 다수 피지배자들을 지배할 때 소수 지배자는 채찍만으로 그 뜻을 관철할 수 없습니다. 잘못했다가는 다수 피지배자들이 연대해 폭동이나 혁명을 일으킬 수 있으니까요. 그래서 어떤 형식의 국가든 당근 정책을 필요로 하는 법이죠. 지리소의 몸은 병든 사람보다 더 병들어 보였기에, 그는 정부가 건넨 당근을 깔끔하게 수령했던 겁니다. 결과론적 이야기지만, 지리소가 지배자를 수탈하는 모습이 이채롭기까지 합니다. 물론 지배자가 건넨 당근은 다수 피지배자로부터 수탈한 것이지만요.

이 정도로 마무리되었다면 지리소 이야기는 거목 이야기와 차이가 없습니다. 나무는 잘리지 않으면 생명을 유지할 수 있을 뿐 아니라 크게 자랄 수도 있습니다. 극심한 기후 변동이 아니라면 나무는 대지로부터 물과 양분을 얻을 수 있으니까요. 하지만 인간은 식물이 아니라 동물입니다. 돌아다니면서 식량을 구해아 합니다. 그러나 국가의 당구에 의존하지 않고 생존할 수 없다면, 지리소는 사실 가축에 지나지 않습니다. 지리소 이야기에서 중요한 대목은, 그가 생계를 유지할 힘이 있다는 사실입니다. 단지 가축화를 시도하는 국가의 시선에서 지리소는 무용해 보일 뿐입니다. 지리소 그 자신은 무능하지도 게으르지도 않고, 그렇다고 해서 자포자기한 채 살아가지도 않습니다. "그는 바느질과 빨래를 해서 자기 밥벌이를 충분히 했고, 산가지를 흔들고 쌀을 뿌리며 점을 쳐서 열 사람을 충분히 부양할 수 있었기" 때문입니다. 포정이나 윤편은 사실 일정 정도 가축화되었다고 할 수 있습니다. 한마디로 그들은 지배자 입장에서는 쓸모 있는 사람들이었죠. 그래서 나이가 들어 소를 잡지 못하거나 수레바퀴를 깎지 못하면 버려질 가능성이 있습니다. 물론 포정이나 윤편은 버려져도 자신의 기술로 호구지책을 마련할 수 있을 겁니다. 소인이 가진 힘입니다. 하지만 지리소는 누군가로부터 버려질 일도 없고 버려지는 것을 두려워할 필요도 없습니다. 그는 이미 버려져 있는 상태였고, 그럼에도 불구하고 생계를 충분히 유지하고 있으니까요. 바로 이것이 지리소라는 캐릭터가 가진 특이성입니다.

누군가의 쓸모에 연연하지 않고 자신을 위해 자신의 쓸모를 사용하는 삶! 바로 이것이 지리소의 삶입니다. 체제에 쓰이지 않으면 못 사는 삶이 아니라, 체제가 없어도 자신의 삶뿐 아니라 타인의 삶도 돌볼 수 있는 힘! 지리소의 힘입니다. 여기서 중요한 것은 지리소가 가진 긍정의 정신입니다. 아마 다른 사람들은 그가 불구라고, 다른 사람에 비해 무언가 부족한 사람이라고 생각했을 겁니다. 전국시대 때는 노역이나 전쟁으로 팔이나 다리가 잘린 사람이 많았습니다. 아마 그들은 팔이나 다리가 있던 때와 현재 상태를 비교하며 돌이킬 수 없는 비극에 절망하며 살아갔을 겁니다. 배우자와 포옹하기도 힘들고 아이와 산책을 가기도 힘듭니다. 심지어 불구라는 쑥덕거림과 동정이 싫어 대인 기피증에 빠지거나 술로 나날을 지새울지도 모릅니다. 그렇지만 지리소는 자기 몸에서 부족함을 느끼지 않습니다. 꼽추처럼 허리가 굽었으니 그는 허리 굽혀 하는 일이 편합니다. 바느질과 빨래의 고수가 된 것도 이런 이유에서입니다. 허리가 곧은 정상인들은 지리소만큼 오랜 시간 허리를 굽혀 일하기 힘들 겁니다. 혐오감을 줄 만큼 기이한 외모는 지리소에게 종교적 아우라를 주기에 충분했습니다. 일반 사람들과 다른 외모는 종교적 아우라만 얻으면 일상적 삶을 넘어가는 영역, 즉 성스러운 영역에 맞닿아 있는 느낌을 줍니다. 지리소가 주역(周易) 점을 쳐서 복채를 받을 수 있었던 이유입니다. 지리소는 진정한 삶의 요리사였습니다. 진짜 요리사는 주어진 재료를 가지고 최대한 근사한 요리를 만듭니다. 반면 미숙한 요리사는 말합니다. 당근이 없어서, 소고기가 없어서 요리를 제대로 할 수 없다고 절망합니다.

자신의 덕을 불구로 만들다

────

지리소는 '나는 불구자야' '나는 누가 부축해줘야 움직일 수 있어'라고 생각하지 않습니다. 자신에게 주어진 것들로 자신의 최고 역량을 발휘하죠. 그렇기에 징집관에게 징집당하지 않았을 때도 '나는 나라에서도 버려졌어'라고 생각하기보다는 그 조건 안에서 할 수 있는 일, 다시 말해 바느질을 하고, 빨래를 하고, 점을 칩니다. 지리소는 챙길 것은 다 챙긴다는 겁니다. 국가에서 병든 이들에게 곡식을 나눠 줄 때 세 포대의 쌀과 열 묶음의 땔나무를 냉큼 챙기죠. "저번에는 줬으면서 이번에는 왜 안 줘?"하며 따지지도 않습니다. 받을 게 있다면 다 받습니다. 주어진 조건이 그러니까요. 주어져 있는 것들이 지리소에게는 최고인 것이죠. 주어진 상황에서 어떻게든 헤엄쳐 나아갑니다. 더군다나 자기 밥벌이는 물론 열 사람을 부양하기까지 하죠. 강력한 생활력입니다. 열 사람은 아마도 제2의 지리소, 제3의 지리소 등일 겁니다. 중요한 것은 지리소가 전혀 이기적이지 않다는 사실, 누군가를 먹여 살린다는 사실입니다. 지리소는 열 사람을 지배하거나 수탈하지 않습니다. 오히려 그들을 업고 있죠. 소수의 지배자가 다수의 피지배자에 기생하는 억압구조와 분명한 대조를 이루는 대목입니다. 상명하복에서 벗어난 작은 사회, 자유로운 개인들의 공동체가 눈에 보이는 듯합니다. 지리소에게는 무언가 부족하다고 느끼는 의식, 혹은 조금 더 추상적으로 말해 현재 상태를 다른 상태와 비교하는 의식, 자신의 삶을 타인의 삶과 비교하는 의식이 없습니다. 바느질과 빨래를 못 하게 되어도 혹은 종교 상행위를 못 하게 되어도, 지리소가 자신의 삶을 근사하게 영위하리라 믿게 되는 것도 이런 이유에서죠. 심지어 우리는 그가 국가질서가 소멸해도 자신의 삶을 당당히, 아니 더 멋지게 살아내리라 확신하게 됩니다. 그는 주어져 있는 조건에서 삶을 최대한 긍정적으로 끌고 가는 사람이니까요.

　지리소 이야기를 마무리하면서 장자는 말합니다. "무릇 '자신의 몸을 불구로 만든 사람'조차 충분히 자신의 몸을 기르고 천수를 다하는데, 하물며 '자신의 덕을 불구로 만든 사람'은 말해서 무엇하겠는가!" '덕(德)'이라는 한자를 나누어보세요. '얻다'를 뜻하는 '득(得)'이라는 한자와 '마음'을 뜻하는 '심(心)'이라는 한자로 구성되어 있습니다. 그래서 '덕'이란 '마음을 얻는다'는 뜻입니다. '덕'을 매력이라고 번역할 수 있는 이유입니다. 중요한 것은, 지리소 이야기에서 마음은 가축화의 의지를 가진 국가나 지배자의 마음을 의미한다는 점입니다. 그래서 국가가 가축으로 만들고 싶은 개체의 측면이 바로 '덕'입니다. 전쟁이나 노역에 동원해야지 하고 판단하는 측면이 바로 건강한 몸, 아니 최소한 겉보기에 정상적인 몸입니다. 지리소는 바로 이 매력, 즉 말이나 소에서 국가가 기대하는 측면을 무력화시킨 겁니다. 그러나 우리의 정상적인 몸만이 국가가 사용하려고 군침을 흘리는 것은 아니지요. 아름다움[美]도, 지혜[知]도, 부유함[富]도, 젊음[靑春]도, 성실[誠]도 모두 국가가 이용하고 싶어 하는 매력일 수 있을 테니까요. 이 모든 매력, 다시 말해 매력 일반 자체도 철저하게 불구로 만들어야 한다는 것, 이것이 바로 '자신의 덕을 불구로 만든다'는 말의 의미입니다. 물론 그 대가는 치명적인 데가 있습니다. 자신의 몸을 불구로 만드는 순간, 우리는 병역이나 노역에서 자유를 얻지만 몸의 가능성을 스스로 위축시키게 되니까요. 우리는 지리소처럼 앉아서 하는 일만 하면서 여생을 보낼 수도 있습니다. 그럼에도 장자는 말합니다. 그 몸을 불구로 만들더라도 가축화를 꿈꾸는 지배자의 야망을 무력화시켜야 한다고 말입니다. 폭풍우와 같은 질주 능력 때문에 포획되는 야생마보다는 다리를 저는 야생마가 낫다는 장자의 서글픈 권고인 셈입니다.

그렇다면 이제 궁금해집니다. 지리소 이야기의 반전은 어디에 있을까요? 분명 지리소는 노트르담의 꼽추 콰지모도와 같이 묘사됩니다. 지리소는 선천적인 불구라는 인상이 강하죠. 그럼에도 불구하고 지리소는 자신의 불구를 결여나 부족이라고 여기지 않습니다. 주어진 재료로 최선의 요리를 만드는 요리사와 같습니다. 늙음을 젊음의 부족으로 비관하거나 가을을 봄의 번성함의 부족이라고 우울해하는 어리석은 일반 사람과는 다릅니다. 지리소는 젊음이든 늙음이든, 혹은 봄이든 가을이든 충만한 것으로 향유하는 강건함의 상징이니까요. 그런데 장자는 지리소 이야기 결론부에 지리소를 '자신의 몸을 불구로 만든 사람'이라고 언급합니다. 다시 말해 지리소는 자기 의지와 무관하게 몸이 불구가 된 사람이 아니라는 암시입니다. 여기서 '불구로 만든다'로 번역한 동사 '지리(支離)'는 목적어를 가진 타동사입니다. 불구로 만들 수도 있고, 만들지 않을 수도 있다는 사실이 중요합니다. 여기서 놀라운 반전이 일어납니다. 지리소는 가축화의 의지에 맞서기 위해, 자유를 위해 자신의 몸을 불구로 만든 겁니다. 이제 궁금해지지 않나요? 자신의 몸을 불구로 만들었을 때 지리소는 자신의 몸을 회복 불가능하게 훼손했을까요? 국가가 사용하지 못하도록 망가뜨리면서 자신의 삶마저 위축시키고 불편하게 만든 것일까요? 이 대목에서 말을 사로잡으려는 인간들이 떠나자 다리 절기를 멈추고 질주하기 시작하는 야생마의 모습을 연상해보세요. 가축화의 논리가 괴멸될 때까지 와신상담하는 사람, 가축화에 맞서 온갖 불편함을 감당하는 사람, 바로 그가 지리소였는지도 모릅니다. 마치 6월의 태풍을 기다리며 물에 처박혀 있던 곤, 대붕을 꿈꾸며 그 불편했던 곳을 견뎌냈던 곤처럼 말이지요. 아무도 없는 곳에서 꼽추를 연기했던 지리소가 몸을 쭉 펴며 기지개를 켜는 모습이 떠오릅니다. 비록 내일 다시 쾌지모도를 연기할 테지만 말입니다.

18

신과 영혼에 대한
애달픈 갈망

진재 이야기

'타자가 아니라면 나도 없고, 내가 아니라면 취할 것도 없다.'
　이것도 근사한 말이지만 그렇게 시키는 것이 무엇인지 알지 못한다. 만일 참된 주재자가 있다 해도 그 징후를 알 수 없다. 작용한다는 것은 이미 믿을 수 있지만 그 형체를 볼 수 없고, 실정은 있지만 그 형체가 없다. 백 개의 관절, 아홉 개의 구멍, 여섯 개의 장기가 모두 갖추어져 있지만, 나는 어느 것과 더 가까울까? 당신은 그것들 모두를 좋아하는가? 특별히 좋아하는 것이 있는가? 만일 그렇다면 모든 것들은 신하나 첩이 되는 것일까? 혹은 신하나 첩들은 서로 다스리기에 충분하지 않은 것일까? 혹은 그것들은 차례로 서로 군주와 신하가 되는 것일까? 혹은 거기에 참된 군주가 있는 것일까? 실정을 파악하든 파악할 수 없든, 그 참됨에 대해 보태거나 덜어내는 일은 없을 것이다.

「제물론」

'非彼無我, 非我無所取.'

是亦近矣, 而不知其所爲使. 若有眞宰, 而特不得其眹. 可行已信而不見其形, 有情而無形. 百骸, 九竅, 六藏, 賅而存焉, 吾誰與爲親? 汝皆說之乎? 其有私焉? 如是皆有爲臣妾乎? 其臣妾不足以相治乎? 其遞相爲君臣乎? 其有眞君存焉? 如求得其情與不得, 無益損乎其眞.

「齊物論」

운명적인 마주침이란 없다

「제물론」 편은『장자』 33편 중 가장 난해한 편입니다. 여기에 속한 이야기들은 섬세한 문학적 감수성뿐만 아니라 냉철한 철학적 지성도 요구하기 때문이죠. 아니나 다를까, 역대 주요 주석가들이나 현대 연구자들이 「제물론」 편을 어떻게 이해하느냐는 편차가 상당히 심합니다. 그 대표적인 사례가 '진재(眞宰)'나 '진군(眞君)'을 다루고 있는 '진재 이야기'일 겁니다. 인간을 포함한 만물과 그들 사이의 사건들을 주재하는 초월적 존재가 '진재'이고, 장기 등 수많은 부분들로 구성된 우리 몸을 통제하는 초월적 마음이 '진군'입니다. 문제는 진재 혹은 진군이 존재하느냐의 여부입니다. 서양 사유 전통에 따르면 세계와 무관하게 영원히 존재한다는 신, 혹은 신체와 무관하게 사후에도 존재한다는 영혼의 문제인 것입니다. 장자는 진재나 진군 같은 초월적 존재를 인정했을까요, 아니면 부정했을까요? 진재 이야기에 등장하는 한 구절, 즉 "만일 참된 주재자가 있다 해도 그 징후를 알 수 없다[若有眞宰, 而特不得其眹]"는 문장이 관건입니다. 참된 주재자, 즉 진재가 있다는 것일까요, 아니면 없다는 것일까요?『장자』를 읽을 때 우리는 보통 곽경번(郭慶藩)의『장자집석(莊子集釋)』이나 왕선겸(王先謙)의『장자집해(莊子集解)』를 손에 잡습니다. 그런데 두 권의 이『장자』 주석서에 실린 원문을 보면 주목해야 할 차이가 보입니다.『장자집석』에는 '약유진재(若有眞宰)'라고 기록되어 있고,『장자집해』에는 '필유진재(必有眞宰)'라고 되어 있으니까요. '만약 진재가 있다면'이라는 의미와 '반드시 진재가 있다'는 의미는 쉽게 간과할 수 없는 차이를 보입니다. '만약'이나 '설령'을 뜻하는 '약(若)'과 '반드시'나 '필연적으로'를 뜻하는 '필(必)'이라는 글자의 차이입니다.

'약'이라는 한자와 '필'이라는 한자는 여러모로 비슷합니다. 붓으로 빠르게 쓰면 두 글자의 형태적 차이는 그만큼 더 줄어들 겁니다. 결국 『장자』의 필사본이 계속 전달되면서 '약'과 '필'이라는 한자가 혼용되었던 겁니다. 진재가 존재한다고 이해한 사람은 '필'이라는 한자가 눈에 들어왔을 것이고, 진재가 존재하지 않는다고 이해한 사람이나 혹은 진재의 존재 여부에 판단을 유보한 사람은 '약'이라는 한자가 보였을 겁니다. 물론 '필'이라는 한자를 썼다고 해도 진재가 존재하지 않는다는 해석을 견지할 수 있다는 점도 잊어서는 안 됩니다. 그러니 '약'이나 '필'이라는 글자와 관련된 해석학적 상황에 너무 빠져들 필요는 없습니다. 중요한 것은 장자가 진재나 진군 등 초월적 존재를 긍정했느냐의 여부이니까요. 물론 우리는 장자가 초월적 존재에 대해 회의적이었으리라 짐작할 수는 있습니다. 바람 소리로 비유되는 그의 마주침의 존재론을 떠올려보세요. 바람 소리는 바람과 구멍의 마주침으로 생깁니다. 이런 사유에서 바람, 구멍 그리고 마주침이라는 사건! 이 세 가지 계기 외에 진재와 같은 초월적 계기는 개입할 여지가 없습니다. 그럼에도 불구하고 장자는 왜 진재나 진군 등을 언급했을까요? 분명 마주침의 존재론은 일체의 초월성(transcendence)을 부정하고 철저하게 내재성(immanence)을 따르는 사유입니다. 그럼에도 불구하고 인간은 마주침의 이야기를 들어도 초월성을 향한 갈망을 포기하기 힘듭니다. 장자가 진재 이야기를 만든 이유는 바로 여기에 있습니다. 마주침의 존재론이 지향하는 내재성이 초월성에 포획되는 것을 방지하고 싶었던 겁니다.

신이나 영혼을 믿지 않는 사람이라도 인간은 삶에서 일종의 초월성을 모색하는 경향이 있습니다. 반대로 이런 자연적인 경향이 어쩌면 신과 영혼과 같은 초월적인 실재를 만든 것이라고 해도 좋을 것 같습니다. 예를 하나 들어볼까요. 남녀가 마주칩니다. 그리고 남녀는 다행히도 사랑에 빠집니다. 두 사람은 이야기를 나누다 깜짝 놀랍니다. 남녀는 비슷한 시기에 같은 대학을 다녔을 뿐만 아니라 집도 가까웠으며, 심지어 각기 다니던 회사도 같은 빌딩에 있었으니까요. 수차례 아니 수백 차례 마주칠 수 있었지만, 남녀는 두 평행선처럼 만나지 않았던 겁니다. 그러다 사랑으로 이어진 마주침이 발생한 겁니다. 만나지 않았으면 어땠을까 생각하면 소름이 끼칠 정도로 남녀는 행복합니다. 아마도 두 사람이 거부하고 싶은 말은 '회자정리(會者定離)'일 겁니다. 만난 것은 반드시 헤어지기 마련이라는 근사한 고사성어입니다. 바람과 구멍의 마주침으로 근사한 바람 소리가 만들어졌지만, 바람이 멈추거나 구멍이 막히면 그 바람 소리는 바로 사라집니다. 그러나 남녀는 자신들의 만남이 언젠가 끝나리라는 것을 받아들일 수 없습니다. 그만큼 두 사람은 행복하기 때문입니다. 바로 여기서 '운명'이니 '전생'이니 아니면 '영원'과 같은 발상이 생깁니다. 지금도 들리는 대중가요 〈만남〉에는 마주침의 진실을 부정하고 싶은 남녀의 마음이 고스란히 담겨 있습니다. "우리 만남은 우연이 아니야/ 그것은 우리의 바램이었어/ 잊기엔 너무한 나의 운명이었기에 바랄 수는 없지만 영원을 태우리." "우리 만남은 우연이 아닐" 거라는 말 속에는 자신들의 만남이 우연이라는, 다시 말해 마주치지 않을 수도 있었을 뿐만 아니라 마주침이 언제가 끝나리라는 인식이 깔려 있다는 점이 중요합니다.

국가가 종교를 비호하는 이유

행복한 마주침을 일회적이라고 치부하기보다 영원한 것으로 박제하고 싶은 의지는 충분히 이해할 수 있습니다. 물론 이것이 지나쳐 정말로 운명적이고 영원한 것으로 믿으면 문제가 생길 수도 있습니다. 숙명을 믿느라 마주침을 유지하려는 주체적 노력에 게을러질 수 있으니까요. 흥미로운 것은, 슬픔과 불행을 가져다주는 만남에 대해서 인간은 숙명, 운명, 전생 혹은 영원을 떠올리지는 않는다는 사실입니다. 불화로 이혼하려는 남녀가 자신들의 만남을 "우연이 아니야"라고 말하는 경우는 없습니다. 자동차와의 마주침, 즉 교통사고도 마찬가지입니다. 이 경우 우리는 교통사고를 사고, 즉 우연적인 사건이라고 생각합니다. 전생에서부터 교통사고의 운명이 정해져 있었다고 생각하는 것은 여간 무서운 일이 아니니까요. 하지만 정신적으로 건강하지 못한 사람은 행복한 마주침이나 불행한 마주침 모두 숙명이나 운명으로 믿으려고 합니다. 숙명이나 운명을 믿는 순간, 우리는 운명을 이미 예정한 신이나 혹은 그 운명이 새겨진 불변하는 영혼으로 가는 데 한 걸음이면 족합니다. 모든 숙명을 주재하는 신이나 숙명의 코드가 새겨진 영혼 중 어느 것을 강조하느냐의 차이에도 불구하고, 기독교의 섭리나 불교의 윤회 관념은 바로 이런 숙명론에 기생하지요. 불행을 불행한 마주침의 결과가 아니라 신적인 운명으로 받아들이는 태도는 국가체제 입장에서는 그보다 더 좋을 수 없을 겁니다. 수탈과 억압도 숙명으로 받아들이는 순간, 인간은 그것을 바로잡거나 사회를 개조할 생각을 하지 않을 테니까요. 유사 이래 국가가 항상 종교를 비호하거나 묵인해온 것도 이런 이유에서죠.

마주침이라는 내재적 사건, 그리고 그것이 초래하는 행복과 불행을 초월적인 것으로 탈바꿈시킨 일급의 철학자가 바로 라이프니츠(Gottfried Wilhelm Leibniz, 1646~1716)입니다. 그는 1716년 클라크(Samuel Clarke, 1675~1729)에게 보낸 서신에 이렇게 씁니다. "모든 진리들이 자신들이 진리인 이유, 혹은 선험적인(a priori) 증거를 갖고 있다는 것은 분명하다. 그리고 이것이 바로 어떤 것도 원인(cause)이 없이는 발생할 수 없다고 말하거나 이유(reason)가 없이는 어떤 것도 존재하지 않는다고 흔히 말할 때의 의미다." 바로 충분이유율(principle of sufficient reason)입니다. 존재하는 모든 것은 이유나 원인 혹은 근거를 가지고 있다는 겁니다. 만남만큼 이별도, 행복만큼 불행도 이제 이유가 있는 것이 되는 셈이죠. 비유를 하자면, 구멍도 이유가 있어 존재하고, 바람도 이유가 있어 존재하고, 심지어 바람 소리마저 이유가 있어 존재한다는 이야기입니다. 남자도 이유가 있어 존재하고 여자도 이유가 있어 존재하듯 두 사람 사이의 사랑도 이유가 있다는 이야기이기도 하지요. 여기서 중요한 것은 바람 소리가 바람이나 구멍과 무관한 자기만의 이유가 있고, 사랑도 두 사람과는 무관한 자기만의 이유가 있다는 발상이죠. 이런 식으로 마주침이라는 사건은 마주침의 두 항과는 다른 것이 되고 맙니다. 이에 따라 바람이 불지 않으면 바람 소리도 사라지고, 한 사람의 마음이 식으면 사랑도 식는다는 역동적이고 내재적인 지평은 증발하게 됩니다. 바람이나 구멍 입장이나 두 남녀의 입장에서 마주침은 우연적인 것처럼 보이지만, 사실 바람 소리나 사랑과 같은 마주침도 필연적이라는 겁니다. 그 나름의 존재 이유가 있기 때문이죠. 이를 통해 라이프니츠는 모든 원인의 주재자로 신을 정당화하게 됩니다. 사랑도, 결별도, 교통사고도, 로또 당첨도 우리 입장에서는 우연으로 보이지만 신의 입장에서는 모두 필연이라는 겁니다. 이렇게 마주침이 주는 새로움과 창조성은 우리 인간의 착각으로 치부되고 맙니다. 이제 새로운 사람과의 만남에 흥분할 필요도 없고, 근사한 바람 소리에 행복할 필요도 없습니다.

드디어 진재 이야기를 읽을 준비가 다 된 것 같습니다. "타자가 아니라면 나도 없고, 내가 아니라면 취할 것도 없다"는 근사한 표현으로 이야기는 시작됩니다. 바람 소리가 들렸다고 해보죠. 바람이 아니라면 구멍은 자기가 구멍인지도 몰랐을 겁니다. 그리고 구멍이 없었다면 구멍 안에서 바람 소리가 만들어지지도 않았을 겁니다. 바로 마주침의 존재론입니다. 잊지 말아야 할 것은, 바람 소리의 원인을 전적으로 바람에서만 찾아서도 안 되고, 전적으로 구멍에서만 찾아서도 안 된다는 점입니다. 그렇다고 바람과 구멍 이외의 것에서 혹은 바람과 구멍을 초월한 것에서 바람 소리의 원인을 찾아서도 안 됩니다. 그래서 장자는 "그렇게 시키는 것이 무엇인지 알지 못한다"고 말했던 것입니다. 바람이나 구멍 혼자서는 혹은 바람과 구멍을 초월한 무엇도 바람 소리를 만들지 못합니다. 바람 소리가 생겼다는 것, 마주침이 발생했다는 것은 거부할 수 없는 출발점이자 긍정해야만 할 사태입니다. 마주침이라는 사건 자체가 "작용한다는 것은 이미 믿을 수 있지만 그 형체를 볼 수 없습니다." 혹은 마주침이라는 사건의 "실정은 있지만 그 형체가 없다"고 말해도 좋을 겁니다. 상황은 반대입니다. 구멍과 무관한 바람을 생각하거나 바람과 무관한 구멍을 생각하는 것도 심지어 바람 소리를 내는 초월적인 존재를 생각하게 되는 것도 모두 마주침이라는 사건이 발생했기 때문이죠. 바람과 무관한 구멍 혹은 구멍과 무관한 바람에 대한 사변도 위험하다고 보는 장자입니다. 구멍과 바람의 마주침마저 초월한 존재에 대해 말해 무엇하겠습니까? 그렇지만 장자는 조심스럽게 말합니다. "만일 참된 주재자가 있다고 해도 그 징후를 알 수 없다"고. 진재를 맹신하는 사람을 거부반응 없이 깨우치겠다는 장자의 마음입니다. 당신 생각처럼 진재가 있다고 해도 마주침이라는 사건에는 그가 개입했다는 징후를 전혀 찾을 수 없으니, 바람과 구멍의 마주침만으로 바람 소리를 이해하는 것이 어떠냐고 장자는 제안합니다.

대등한 위상의 마주침들

———

장자는 친절합니다. 바람과 구멍의 마주침에서 어떻게 우리가 이 마주침을 초월한 진재를 상상하는지 보여주려 합니다. 몸과 무관하지만 몸을 통제한다는 초월적 마음, 즉 진군을 비유로 들면서 말입니다. 진군이 존재한다고 상상하는 메커니즘은 진재를 상상하는 메커니즘과 같다는 장자의 통찰입니다. 진재 이야기는 이렇게 새로운 국면으로 진입합니다. 먼저 장자는 우리의 살아 있는 몸에서부터 출발합니다. "백 개의 관절, 아홉 개의 구멍, 여섯 개의 장기가 모두 갖추어져 있다." 여기서 아홉 개의 구멍이란 눈 둘, 콧구멍 둘, 귓구멍 둘, 입 하나, 소변 보는 구멍, 그리고 항문을 말합니다. 아홉 개의 구멍은 우리 몸과 세계를 연결하는 통로입니다. 전통적으로 동양의학에서는 오장육부(五臟六腑)라고 해서 장기를 심장[心], 허파[肺], 지라[脾], 간(肝), 콩팥[腎] 다섯 가지로 들고 있지만, 장자는 심장을 둘러싼 바깥막인 심포(心包)를 더해 육장(六臟)이라 표현합니다. 아마도 위장[胃], 쓸개[膽], 방광, 소장, 대장, 삼초(三焦) 등 육부와 짝을 맞춘 것 같습니다. 오장육부 혹은 육장육부는 음식물에서 영양분을 흡수해 혈액[血]이나 기운[氣]의 형식으로 몸 구석구석 나르고, 동시에 배설마저 관장하는 역할을 합니다. 아울러 동양의학에서는 현대의학에서 뇌와 관련되어 있다고 보는 정신 작용을 오장육부에 배속합니다. 예를 들어 간이 판단력을, 심장이 지각이나 기억 그리고 사유를, 허파나 콩팥이 의지 작용, 지라나 위가 감정을, 간이나 담이 용기를 주관한다는 식입니다. 아직도 우리가 '비위가 약하다'라든가 '간이 크다' 등의 표현을 사용하는 것도 이런 전통이 이어져왔기 때문이죠. 여기서 현대의학과 동양의학 사이의 공통점을 잊어서는 안 됩니다. 그것은 바로 마음과 정신이, 그것이 오장육부든 뇌든 몸과 관련된다는 것, 다시 말해 몸과 무관한 마음, 몸을 초월한 정신은 부정된다는 이야기입니다.

바로 이 대목에서 장자는 질문을 던집니다. "나는 어느 것과 더 가까울까? 당신은 그것들 모두를 좋아하는가? 특별히 좋아하는 것이 있는가?" 여기서 '나'나 '당신'은 무언가 몸을 관조하는 초월적 자세를 취하고 있다는 것이 중요합니다. 장기들 중 무언가를 좋아한다는 것은, 동양의학에 따르면 비위(脾胃), 즉 지라와 위장과 관련되고 서양의학에서는 뇌 중층 부위와 관련됩니다. 판단하고 사유하는 일은 동양의학에서는 간이나 심장과 관련되고 서양의학에서는 뇌 표면 부위와 관련됩니다. 결국 몸을 관조하면서 무엇을 선호하는지 느끼고 판단하는 것은 초월적 주체가 아니라 몸이었다는 사실이 중요합니다. 그렇지만 특정 장기나 모든 장기를 선호할 때 우리는 자신이 몸과 무관한 초월적 자리에 있다는 환상에 빠지기 쉽습니다. 예를 들어 멋진 이성을 만나 가슴이 뛴다고 해보죠. 이 경우 내 가슴은 뛰지만, 그걸 느끼는 나 자신은 뛰는 가슴과 무관하다는 생각이 들수 있습니다. 그러나 잊지 마세요. 내 가슴은 뛰고, 바로 그 상태가 나입니다. 몸의 구성 요소들과 그것을 관조하는 초월적 주체! 이런 허구적 분열에 빠져드는 순간, 다양한 장기들은 주인의 자리가 아니라 신하나 첩의 자리에 있는 것으로 보이게 됩니다. 이로부터 이어지는 우리의 사유는 뻔하게 진행됩니다. "만일 그렇다면 모든 것들은 신하나 첩이 되는 것일까? 혹은 신하나 첩들은 서로 다스리기에 충분하지 않은 것일까? 혹은 그것들은 차례로 서로 군주와 신하가 되는 것일까? 혹은 거기에 참된 군주가 있는 것일까?" 여기서 장기 등 몸의 구성 성분들의 작용을 비하하거나 불신하는 태도에 주목해야 합니다. 피지배자들은 스스로 통치할 수 없다는 지배자의 의식과 같습니다. 최종적으로 우리는 몸 안에서 몸과 무관한 참된 군주, 즉 진군을 찾게 됩니다. 물론 이 진군은 몸을 관조하는 우리 자신의 초월적 자세가 투사된 것에 지나지 않죠.

중요한 것은, 우리가 몸을 대상화해서 관조할 때나 다른 정신 활동을 할 때, 심지어 잠을 잘 때도 우리 몸은 진실로 제대로 작용하고 있다는 사실입니다. 몸의 구성 성분들이 신하나 첩으로 작동한다는 생각이 옳은지, 혹은 교대로 군주나 신하의 역할을 맡는다는 생각이 옳은지, 아니면 몸을 초월한 진군이 몸을 지배한다는 생각이 옳은지의 여부와 상관없이 말입니다. 그래서 장자는 말합니다. "실정을 파악하든 파악할 수 없든, 그 참됨에 대해 보태거나 덜어내는 일은 없을 것이다." 여기서 참됨은 바로 몸의 구성 성분들이 참되게 작용한다는 의미입니다. 몸에 대한 우리의 관조나 우리의 초월적 자세, 혹은 몸에 대한 우리의 사변과 무관하게 생생하게 작용하는 몸에 대한 장자의 긍정입니다. 바람과 구멍은 신하나 첩도 아니고, 혹은 교대로 신하나 군주가 되는 것도 아닙니다. 바람 소리는 대등한 위상의 바람과 구멍의 마주침일 뿐입니다. 남녀도 열등한 존재가 아니고 두 사람 중 어느 누가 마주침을 일방적으로 끌고 갈 수도 없습니다. 마주침의 행복을 지속하는 것도 마주침의 불행을 종결하는 것도 두 사람이 해야 할 일입니다. 여기에는 진재나 신 혹은 숙명이나 운명이 끼어들 여지가 없습니다. 어쩌면 지뢰나 천뢰가 아니라 인뢰에 사로잡힐 때 진재나 신이 추론되는지 모를 일입니다. 인뢰, 즉 피리의 경우 사람이 피리를 만들고 사람이 피리를 붑니다. 피리를 만드는 인간과 피리에 바람을 불어넣는 인간, 한마디로 피리와 바람을 초월하고 지배하는 인간, 자신이 원하는 대로 피리를 부는 인간이 있는 것 같습니다. 이런 인간을 지뢰나 천뢰에 투사할 때 진재나 신이 상상될 수 있죠. 너무나도 인간 중심적인 환상입니다. 이런 환상에도 불구하고 마주침의 기적은 여전히 진재나 신을 조롱하듯 발생합니다. 마주침은 무언가 보태거나 덜어낼 수 없이 일어납니다. 구멍과 바람의 바람소리처럼, 두 사람의 사랑처럼.

19

광막지야에서
장자가 본 것

성심 이야기

대저 '이루어진 마음[成心]'을 따라 그것을 스승으로 삼는다면, 그 누군들 스승이 없겠는가? 어찌 반드시 변화를 알아 마음을 스스로 선택한 자만이 스승이 있겠는가? 우매한 자도 이런 사람과 마찬가지로 스승을 가지고 있다. 아직 마음에서 이루어진 것이 없는데도 시비가 있다는 것은 마치 "오늘 월나라에 갔는데, 어제 도착했다"는 궤변과 같이 터무니없는 이야기다. 이것은 있지도 않은 것을 있다고 생각하는 것이어서, 있지도 않은 것을 있다고 여기면 설령 신비한 우임금이라도 알 수 없는 일일 텐데, 나 또한 어찌하겠는가!

「제물론」

夫隨其成心而師之, 誰獨且無師乎? 奚必知代而心自取者有之? 愚者與有
焉. 未成乎心而有是非, 是今日適越而昔至也. 是以無有爲有, 無有爲有,
雖有神禹且不能知, 吾獨且奈何哉!

「齊物論」

장자가 바라본 유목민의 삶

———

야크, 바람, 거목, 초원, 정글, 원숭이, 악어 등등. 『장자』를 읽으면 우리는 장자가 여행의 귀재임을 알게 됩니다. 남쪽으로는 아열대 지역부터 북쪽으로는 유라시아 초원까지 장자의 여행 스케일은 남다른 데가 있습니다. 그런데 남쪽 아열대보다는 북쪽 유라시아 초원과 고원지대가 장자가 선호했던 여행지임이 분명합니다. 「소요유」 편에 들어 있는 네 선생 이야기에서 요임금이 간 곳이 '분수의 북쪽(汾水之陽)'이라는 방향성도 그렇지만, 같은 편에 등장하는 '광막지야(廣莫之野)'라는 표현도 중요합니다. 초원지대에서 국가가 있는지도 모른 채 가축과 함께 사는 사람들, 물과 풀을 따라 이동하는 유목민들이 떠오르는 대목입니다. 더군다나 「소요유」 편에는 "오곡을 먹지 않고 바람을 마시며 이슬을 마시고 구름의 기운을 타며 비룡을 부리며 네 바다의 바깥에서 노닌다[不食五穀, 吸風飮露, 乘雲氣, 御飛龍, 而遊乎四海之外]"는 근사한 표현도 등장합니다. 여기서 비룡은 하늘로 치솟아 초원을 가로지르는 소용돌이 바람을 연상시키고, 네 바다 바깥은 밀이나 콩 혹은 쌀을 키우던 농경 정착생활과 천-천자-대인-소인이라는 국가주의적 정치질서 그 바깥을 의미합니다. 장자가 중국 대륙 남쪽으로 여정을 잡기보다 북쪽 초원지대나 고산지대를 선호했던 이유는 무엇일까요? 중앙유라시아의 길은 횡으로 전개됩니다. 천산산맥 북쪽의 초원길이든 천산산맥 남쪽의 사막길이든 간에 길들은 웬만하면 남북이 아니라 동서로 길게 이어져 있습니다. 춥거나 건조한 것은 견딜 만합니다. 그러나 위도가 낮아져 남쪽 아열대로 접어드는 순간 모기 등 해충의 공격은 치명적입니다. 하루하루 사는 것도 불편하지만 풍토병 등도 위험하죠. 아프리카 대륙에서 지중해부터 남아프리카까지 문명 교류가 거의 일어나지 않은 이유는 이런 급격한 위도 차이를 인간이 건너가기가 힘들기 때문입니다.

　장자는 유라시아 유목민들에게서 무엇을 보았던 걸까요? 비록 동물 가축화를 완성했지만, 그들은 동료 인간에게는 가축화의 논리를 적용하지 않았습니다. 수렵생활보다 가축화가 다른 동물을 다루는 간교한 방법이라는 것은 맞습니다. 어쨌든 동물을 사냥하는 것보다 가축을 가르는 것이 동물 단백질을 안정적으로 확보하는 방법이니까요. 필요에 따라 거세를 하거나 도살을 하니, 다른 동물을 존중하는 모습은 분명 아닙니다. 유목민의 삶! 다른 동물에 대한 사냥과 인간 가축화 사이, 그 어딘가에 있습니다. 실제로 중앙유라시아에서는 스키타이(Scythia, BC 8세기~BC 3세기, 유라시아 최초의 기마 유목 민족)나 흉노(匈奴, Xingnu, BC 3세기~AD 1세기) 같은 유목국가들, 동료 인간을 공격하고 약탈하는 국가 형식들이 발생합니다. 여기서 인간 가축화로 가는 데에는 한 걸음이면 족합니다. 분명 유목국가나 유목제국의 탄생은 가축을 돌보고 이동하는 데 사용했던 말의 기수를 인간에게 돌린 비극입니다. 그러나 이런 유목국가들은 인간을 가축화하는 야만은 행하지 않았습니다. 그들 국가가 대부분 무문자 사회였다는 것이 그 증거일 겁니다. 대부분의 유목민들은 낙타나 양, 염소, 소를 키우며 자연의 질서에 따라 이동하며 살았습니다. 그들은 가축으로부터 젖과 털 그리고 고기를 얻었습니다. 어차피 유목민도 자연을 수탈하는 것 아니냐는, 노골적으로 말해, 기르던 가축을 잡아먹는 것은 유목민이나 정착민이나 차이가 없지 않느냐는 반문도 가능합니다. 그렇지만 기르던 가축 한 마리를 도살하는 날, 유목민들은 가축에게 미안함과 고마움을 표하는 예식을 행하고 가족 모두가 가축이 피 흘리는 모습을 보도록 합니다. 가축에 대한 연민을 유지하려는 감각이고, 지금까지 동고동락하던 가축에 대한 미안함의 표현이지요. 이는 푸주한 등 전문가가 부위별로 해체한 고기를 사 와서 별다른 안타까움 없이 먹는 우리와는 다릅니다. 유목민들은 가축에게 최소한의 폭력만을 행사하고 고마운 마음으로 그 고기를 먹습니다. 심지어 독수리를 길들여 사냥을 하는 유목민들은 7년이 지나면 그 독수리를 풀어주기까지 합니다. 고마움을 표시하면서 말입니다.

유목민의 삶에서 흥미로운 것은 이웃과 시비가 붙지 않는다는 점입니다. 이웃이 마음에 안 들면 천막을 걷은 다음 가축을 몰고 다른 곳으로 떠나면 그만이니까요. 이웃을 쫓아내는 것이 아니라 자신이 미련 없이 떠난다는 사실이 중요합니다. 마치 계절이 변해 가축들이 먹을 풀이 사라지면 신선한 풀을 찾아 떠나고, 하천이 마르거나 지하수 물길이 바뀌면 천막을 거두고 떠나는 것처럼 말입니다. 사실 유목민들은 너무 횅한 곳에서 살고 있기에 찾아오는 사람을 환대하는 문화가 있습니다. 사람이 귀한 줄 알기 때문입니다. 이와 대조적으로 중국 대륙의 정착민들, 나아가 현대 우리들은 항상 이웃과 시비가 붙습니다. 우리가 살고 있는 곳에서 떠나기 힘들기 때문이죠. 예를 들어 주거 공간만 생각해보세요. 정착생활이기에 가재도구가 너무 많습니다. 가볍게 그리고 자주 거처를 옮기는 유목민들에게 가재도구가 많지 않은 것과는 차이가 있습니다. 더군다나 경작지나 일터 등도 특정 공간에 고정되어 있으니 떠나기가 더 힘듭니다. 이웃 때문에 짜증 난다고 회사를 그만두는 사람은 아마 없을 겁니다. 결국 모든 시비는 가볍게 떠나지 못해서 생긴다고 할 수 있습니다. 국가를 떠나지 못하니 같은 국적의 사람들과 시비가 벌어집니다. 학교를 떠나지 못하니 급우들과 시비가 벌어집니다. 회사를 떠나지 못하니 동료들과 시비가 생깁니다. 간단히 비유하자면, 결혼을 했기에 남녀가 갈등에 빠진다는 겁니다. 연애할 때 상대방이 마음에 안 들면 그냥 상대를 떠나버리면 그만일 겁니다. 떠나면 살 수 없거나 사는 것이 힘들어질 때, 그리고 내가 머무는 곳에 나를 포함한 많은 사람들이 집단적으로 함께 있을 때 시비는 불가피합니다. 자신은 옳고 상대방이 그르다는 것을 스스로나 타자 혹은 제삼자에게 입증해 상대방을 쫓아내려는 정착민의 무의식적 의지입니다.

정착민의 삶과 '성심'의 탄생

장자가 살았던 전국시대는 영토국가로 상징되는 정착생활이 확장되고 심화되던 시기였습니다. 아니나 다를까, 이 시기에 중국 대륙은 극렬한 시비 문제에 빠져들고 맙니다. 부국강병의 패권 다툼이 정착생활의 안정성을 위기 상태로 내몰았기 때문입니다. '성심 이야기'에 등장하는 '성심(成心)' 개념은 이런 문맥에서 읽어야 합니다. 사실 성심은 『장자』에서도 제일 유명한 말중 하나입니다. "성심을 버려라"라는 말을 아마 들어본 적이 있을 겁니다. "선입견을 버려라" 혹은 "편견을 버려라"와 같은 뜻으로 쓰이죠. 불행히도 성심 이야기는 그렇게 단순하지만은 않습니다. 성심은 '이루어진 마음'으로 풀이할 수 있습니다. 그것이 무엇이든 우리는 어떤 마음을 가질 수 있습니다. 그런데 그마음이 어떤 삶의 조건에서 이루어졌는지가 중요합니다. 인간가축화, 영토국가 그리고 신분 질서의 확립으로 완성되는 정착생활이 문제입니다. 기원전 2000년 전후 무력으로 농경지를 점령하면서 비극은 시작됩니다. 이미 기원전 6000년 전후 농경생활을 하던 농경인들은 이제 점령자들에게 토지 사용료를 내게됩니다. 토지를 떠나서는 생계를 유지할 수 없던 농경인들로서는 불가피한 선택이었죠. 이렇게 노동을 안 해도 먹고사는, 아니더 많이 먹고사는 지배자가 탄생하면서 중국 대륙에 국가가 탄생한 겁니다. 『시경(詩經)』 「북산(北山)」 편은 당시 상황을 노래합니다. "넓은 하늘 아래 왕의 땅 아닌 것 없고, 모든 땅 바닷가까지 왕의 신하 아닌 사람이 없네[溥天之下莫非王土, 率土之濱莫非王臣]." 바로 이것이 중국 대륙에서 발생한 가축화의 전말입니다. 농경인들은 왕의 신하, 즉 왕신(王臣)이라는 이름으로 토지 사용료는 물론 병역과 부역의 의무도 감당하게 된 겁니다. 자기 마음에 안 들면 떠나는 유목민과 달리 농경인들은 토지를 떠나서는 살 수 없기에 벌어진 비극이죠.

아이러니하게도 지배자들도 농경인과 마찬가지로 정착민이
됩니다. 토지와 농경인을 떠나서는 그들은 아무것도 아니기 때
문이죠. 지배자든 피지배자든 정착민은 최소한 자신이 점유한
공간에 머물려고 하거나 기회가 되면 영역을 넓히려고 합니다.
정착한 공간이 국가든 지역이든 회사든 가정이든 상관이 없습
니다. 정착 공간에서 이웃과 갈등이 벌어질 때 정착민의 사유는
자신의 정착을 정당화하는 방향으로 움직입니다. 성심! 그것은
기본적으로 정착생활에서 만들어진 마음입니다. 자신의 집, 자
신의 땅, 자신의 가족, 자신의 가축, 자신의 지위, 자신의 신분,
자신의 국가 등 정착지와 그와 관련된 모든 것에 편안해하는 마
음입니다. 성심을 정착민이 갖게 되는 마음 혹은 정착민적 마
음이라고 구체화하는 것이 좋습니다. 그래서 농민의 성심, 장인
의 성심, 귀족의 성심, 군주의 성심 등의 표현이 모두 가능합니
다. 나아가 송나라 사람의 성심이나 조(趙)나라(BC 403~BC 228) 사
람의 성심, 혹은 월나라 사람의 성심도 충분히 이야기할 수 있
습니다. 이렇게 정착민의 아이덴티티, 즉 정체성은 국가나 문화,
지역, 회사, 지위, 신분 등등 그의 다층적인 정착성에 있습니다.
문제는 어떤 차원에서든 정착성에 위기가 닥칠 때 벌어집니다.
정착민은 자신의 정착성을 의식하고 그것을 지키려고 노력하게
됩니다. 장자는 말합니다. "대저 '이루어진 마음'을 따라 그것을
스승으로 삼는다면, 그 누군들 스승이 없겠는가?" "스승으로 삼
는다"라고 번역한 '사(師)'라는 글자가 중요합니다. 자신의 정착
성을 보편적 진리로 삼겠다는 결연한 의지입니다. 자기 정착지
를 위험에 빠뜨리는 불편한 이웃 혹은 타자적 사건에 대한 적대

감의 표출이기도 하고, 자기 정착지를 지키겠다는, 결코 떠나지 않겠다는 각오인 셈이죠.

특히나 자기 정착지가 넓거나 그곳에서 자신이 가진 것이 많을수록 성심을 스승으로 삼으려는 의지는 통제할 수 없이 강해질 겁니다. 유목민에게는 찾기 힘든 특성입니다. 유목민에게는 정착민적 마음이 미미하니, 성심을 스승으로 삼는 경향도 그만큼 약할 수밖에 없습니다. 유목민에게도 마음은 있습니다. 그러나 그 마음은 성심, 즉 정착민적 마음과 무관합니다. 오히려 변화하는 자연이나 도래하는 동료 유목민을 긍정합니다. 계절이 변하거나 동료가 마음에 들지 않으면 말이나 낙타에 가재도구를 싣고 떠나면 그뿐입니다. 유목민의 자유가 본질적으로 떠날 수 있는 자유에서 구체화되는 것도 이런 이유에서일 겁니다. 성심 개념은 이제 분명해진 것 같습니다. 떠날 수 없기에 정착지를 놓을 수 없었던 사람들의 마음, 혹은 정착성을 유지하거나 강화하려는 정착민의 경향성입니다. 여기서 중요한 것은, 정착성의 강화가 역사성을 이해하는 데 관건이 된다는 사실입니다. 집이 커지고 견고해지는 것, 토지 외곽의 돌담이 두꺼워지고 높아지는 것을 상상해보세요. 그것이 궁궐이 되고 성곽이 됩니다. 중국 고대사는 춘추시대에서 전국시대로 이행합니다. 철기가 청동기를 대신하면서 정착민들의 생산력은 그야말로 폭발합니다. 그에 따라 지배자들은 과거에는 상상할 수 없었던 부와 권력을 손에 넣게 됩니다. 당연히 춘추시대의 정착성 양상은 심각하게 요동치게 됩니다. 춘추시대 때의 전쟁만 해도 지배층 중심으로 전거(戰車)를 이용해 이루어졌지만, 전국시대 때의 전쟁은 피지배층도 참여하는 총력전으로 기병(騎兵)이 주도적 역할을 하게 됩니다. 바로 이 대목에서 춘추시대적 정착성을 유지하려는 측과 전국시대에 맞는 정착성을 모색하는 측 사이의 갈등이 불가피합니다. 새로운 정착성은 철기, 기병, 총력전이라는 키워드와 관련되고, 바로 변법(變法)으로 구체화됩니다. 아마 그 상징적인 인물은 조나라의 무령왕(武靈王, BC 340~BC 295)일 겁니다. 기원전 306년에 유목국가 전사들의 궁술과 기병 전략을 수용하고 그에 맞는 유목민의 복장을 몸소 입은 군주죠. 춘추시대 의복은 활을 쏘거나 말을 타기에 불편했기 때문입니다. '호복기사(胡服騎射)', 즉 "유목민 옷을 입고 말을 타고 활을 쏜다"는 말은 여기서 나온 것입니다. 무령왕에 대한 불만이 녹아 있는 고사성어라고 할 수 있습니다.

떠날 수 있는 자유와 힘

성심 이야기에는 변법과 관련된 전국시대의 갈등이 반영되어 있습니다. "어찌 반드시 변화를 알아 마음을 스스로 선택한 자만이 스승이 있겠는가? 우매한 자도 이런 사람과 마찬가지로 스승을 가지고 있다." '변화를 알아 마음을 스스로 선택한 자'는 철기 사용으로 시작된 변화의 불가피성을 인식하고, 그에 맞는 사회를 꿈꾸는 사람입니다. 한마디로 새로운 정착 질서로서 변법을 옹호하는 사람이죠. 분명 실현하려는 이상이 있으니 자기만의 스승을 가진 사람입니다. 바로 이 대목에서 장자는 정착사회에 몰아치는 변화의 바람에 무감각한 사람도 자기만의 스승을 갖는다고 이야기합니다. 물론 그의 스승은 전통적으로 내려온 정착 질서입니다. 장자의 날카로운 통찰입니다. 부국강병의 열풍에 휘말린 피지배자들을 편드는 것이 아니라 피지배자들마저 정착성에서 자유롭지 않다는 것을 폭로하니까요. 오래된 도시에 신도시가 들어서는 경우, 수도가 다른 곳으로 이전하는 경우, 마을에 기찻길이나 고속도로가 새로 뚫리는 경우, 도시에 공업단지가 새로 만들어지는 경우를 생각해보세요. 이 모든 정착성의 변동은 예나 지금이나 지배계급으로부터 시작됩니다. 자신의 정착성을 유지하거나 확장하려는 지배자의 의지인 셈이죠. 부국강병에 실패하면 국가가 쇠퇴하고 나아가 국가를 빼앗길 수도 있다는 위기감의 발로이기도 합니다. 한마디로 일단은 자신의 궁궐, 자신의 창고, 자신의 영토만은 지키겠다는 겁니다. 여기서 피지배자들의 정착성은 고려 대상이 아닙니다. 하긴 농경국가가 농경민들을 가축화하는 폭력으로부터 시작되었으니, 피지배자를 배려하지 않은 것은 어쩌면 너무 당연한 일일 겁니다. 피지배자들은 자신의 삶을 뒤흔드는 변화에 맞서 저항할 수 있습니다. 그렇지만 이는 억압에 맞서는 자유의 투쟁이 아니라 익숙한 정착성을 지키려는 정착민적 의지일 뿐입니다. 내 집, 내 땅을 지키기 위해서라면 이웃을 추방하려는 의지가 다시 드러난 셈이죠.

정착사회, 구체적으로 영토국가는 지배자든 피지배자든 정착성의 양식을 놓고 격렬히 대립하게 됩니다. 양자 모두 정착사

그들에게는 내가 살고 있는 곳이 중심이고
그 바깥은 주변이라는 의식이 없습니다
모든 곳이 중심이자 동시에 모든 곳이 주변입니다

회를 떠나서는 살 수 없게 되었으니까요. 바로 이것이 정착사회가 역사를 갖는 이유입니다. 대부분 지배계급은 자신의 정착성을 유지하거나 강화하기 위해 새로운 정착성 양식을 고안하고 변신을 도모합니다. 물론 그 사이에 변화의 기차를 갈아타지 못한 소수 지배계급도 존재합니다. 반면 피지배계급의 경우 소수만이 새로운 정착성 양식에 적응하고 다수의 삶은 피폐해지기 쉽습니다. 지금까지 익숙했던 공간이 축소되거나 무가치해지기 때문이죠. 그래서 정착성 양식의 변화는 지배계급 내부에서나 피지배계급 내부에서나 격렬한 갈등을 유발하게 됩니다. 시비는 이렇게 발생합니다. 성심 이야기의 결론 부분에서 장자는 말합니다. "아직 마음에서 이루어진 것이 없는데도 시비가 있다는 것은 마치 '오늘 월나라에 갔는데, 어제 도착했다'는 궤변과 같이 터무니없는 이야기이다." 시비가 벌어질 일 없는 유목민의 삶을 고려하면, 마음에 들지 않으면 잠시 머물러 있는 곳을 떠날 수 있었던 유목민들의 자유를 생각하면, 장자의 이야기는 어렵지 않게 이해됩니다. 그들은 궁궐을 지을 필요도, 수로를 인위적으로 만들 필요도, 대지에 거대한 울타리를 세울 필요도 없습니다. 알타이산맥과 천산산맥의 만년설이 잘 녹지 않으면 물길이 변하고 오아시스도 장소를 옮기기 때문이죠. 그에 따라 초지도 자리를 옮깁니다. 결국 정착은 중앙유라시아에서는 어리석은 고집에 지나지 않습니다. 지금도 사막의 모래 속에 잠자고 있는 성곽들의 잔해가 침묵 속에서 웅변하는 것은 바로 이 점입니다. 스키타이나 흉노처럼 국가나 제국을 꿈꾸었던 불행한 유목민들이 어떻게 모래 폭풍 속에서 소멸되어갔는지, 21세기 현재 아직도 유목생활을 하는 중앙유라시아 사람들은 너무나 잘 알고 있습니다. 떠날 수 있는 자유와 힘, 그들이 정착생활의 유혹과 압력에 굴복하지 않는 이유일 겁니다.

정착민적 마음, 즉 성심은 내 집, 내 땅, 나아가 내 것이라는 강력한 소유욕과 함께합니다. 반면 유목민은 마음에 들지 않으면 지금 머물고 있는 곳을 미련 없이 떠납니다. 그들에게는 내가 살고 있는 곳이 중심이고 그 바깥은 주변이라는 의식이 없습니다. 모든 곳이 중심이자 동시에 모든 곳이 주변입니다. 그래서 유목민은 정착민보다 부유합니다. 수십, 수백 킬로미터 반경이 자기 삶의 영역이니까요. 동시에 유목민은 정착민보다 가난합니다. 어떤 곳도 자기 소유가 아니기 때문이죠. 내외, 빈부, 생사 등의 구분이 희미해지는 마음, 바로 이것이 유목민의 마음입니다. 시비가 유목민에게 낯선 것도 이런 이유에서죠. 그래서 장자는 "아직 마음에서 이루어진 것이 없는데도 시비가 있을 수 있다"는 주장을 "있지도 않은 것을 있다고 생각하는 것"이라고 비판했던 겁니다. 성심이 없다면 시비도 없다는 통찰, 혹은 정착생활이 시비를 낳는다는 통찰입니다. 바로 이 대목에서 우리는 장자가 우(禹)임금을 언급한 것에 주목할 필요가 있습니다. "있지도 않은 것을 있다고 여기면 설령 신비한 우임금이라도 알 수 없는 일일 텐데, 나 또한 어찌하겠는가!" 중국 대륙을 거대한 인간농장으로 만든 하(夏)왕조의 창시자가 바로 치수(治水)로 유명한 우(禹)입니다. 동시에 그는 세습 왕조의 전통을 중국 대륙에서 최초로 시작한 사람이기도 합니다. 내 국가라는 의식, 혹은 내 자식이라는 의식이 있어야 세습 왕조가 가능하다는 것을 잊지 마세요. 모두 기원전 2000년 전후에 중국 대륙에서 문명이라는 이름으로 벌어진 비극입니다. 농업경제, 정착생활, 지배와 피지배자, 소유 관계 등을 만든 우는 성심, 즉 정착민적 마음을 만든 장본인입니다. 그러니 장자는 "아직 마음에서 이루어진 것이 없는데도 시비가 있을 수 있다"는 주장을 들으면 우임금도 당혹했으리라고 조크를 던진 겁니다. 광막지야에 서서 장자는 미소로 말합니다. 삶의 문제는 답을 찾아 푸는 것이 아니라 다른 형식의 삶을 살아내야 해소되는 것이라고요.

20

몸과 마음이
교차하는 신명

취객 이야기

대개 술에 취한 사람이 수레에서 떨어질 때, 설령 부상을 입을지라도 죽는 경우는 없다. 뼈와 관절이 다른 사람들과 같지만 해로운 일을 당한 결과가 다른 사람들과 다른 이유는 그의 신(神)이 온전하기 때문이다. 수레를 탈 때도 탄다는 것을 알지 못하고, 수레에서 떨어져도 떨어진다는 것을 알지 못한다. 죽음과 삶 그리고 놀라움과 두려움이 그의 마음속에 들어오지 않기에, 외부 사물과 마주쳐도 위축되지 않는다.

　　술에서 온전함을 얻은 저 사람도 이와 같은데, 자연에서 온전함을 얻는 경우는 말해 무엇하겠는가! 성인(聖人)은 자연에 품어져 있기에, 그를 해칠 수 있는 것은 없다.

「달생」

夫醉者之墜車, 雖疾不死. 骨節與人同而犯害與人異, 其神全也. 乘亦不知也, 墜亦不知也. 死生驚懼不入乎其胸中, 是故遻物而不慴.

彼得全於酒而猶若是, 而況得全於天乎! 聖人藏於天, 故莫之能傷也.

「達生」

육체노동 vs 정신노동

    『맹자(孟子)』의 「고자(告子)·상(上)」편을 보면, "대체(大體)를 따르면 대인(大人)이 되고 소체(小體)를 따르면 소인(小人)이 된다"는 맹자의 말이 나옵니다. 마음을 커다란 몸이라고 보고 몸을 작은 몸이라고 보는 발상이 이채롭습니다. 육체노동에 대한 정신노동의 우월성을 토대로 맹자는 지배계급을 커다란 사람, 즉 대인으로 그리고 피지배계급을 작은 사람, 즉 소인이라고 주장합니다. 그러나 사실 소인은 대인보다 육체적으로 월등한 경우가 많습니다. 육체노동은 소인을 강건하게 만드니까요. 제자백가 중 장자만이 거의 유일하게 대인이 작고 오히려 소인이 크다고 생각합니다. 그가 추상적이거나 사변적인 사유나 인식에 대해 부정적인 것도 이 때문입니다. 이것은 문자와 숫자를 다루면서 직접적 생산 활동을 하지 않았던 지배계급에 대한 그의 반감과 함께합니다. 목축이든 농경이든 아니면 수공예든 피지배계급, 즉 소인(小人)의 노동이 없다면, 대인(大人)이라 불리던 통치자나 지배계급은 존재할 수도 없습니다. 반대로 대인이 없다면 소인의 삶은 상대적으로 부유하고 건강하리라는 것은 확실합니다. 대인은 소인에 기생하지만 소인은 그럴 필요가 없다는 것, 바로 여기에 소인이 결코 작지 않고 오히려 크다는 증거가 있습니다. 윤편 이야기나 포정 이야기에서 장자가 바퀴를 만드는 장인이나 소를 잡는 푸주한을 거의 성인(聖人)처럼 묘사하는 것도 이런 이유에서입니다. 바로 이 대목에서 장자가 강조하는 개념이 바로 신(神)이었습니다. 분명 신은 마음과 관련된 개념입니다. 그러나 신은 일방적으로 몸을 지배하고 통제하는 마음이 아닙니다. 몸과 함께 가는 마음이라고 생각하면 쉽습니다. 육체적 이성(bodily reason)이라고 신을 규정할 수 있는 것도 이런 이유에서죠. 거꾸로 이성적 육체(reasonly body)라는 표현도 가능할 겁니다.

스피노자처럼 장자에게 있어 몸과 마음은 두 가지 별개의 실체가 아니라 하나의 삶이 가진 두 가지 표현일 뿐입니다. 바로 이것이 스피노자의 표현주의(expressionism)입니다. 몸이 가면 마음도 가고 마음이 가면 몸도 가는 건강한 상태라고 이해하면 좋습니다. 사랑하는 사람이 있습니다. 마음도 그 사람에게 가지만 동시에 몸도 그 사람에게 가려고 할 겁니다. 마음도 그 사람이 그립고, 몸도 그 사람이 그리운 상태입니다. 마음은 그 사람에게 가지만 몸은 가고 싶지 않은 불행한 경우도 있을 수 있습니다. 떨어져서는 보고 싶지만 막상 함께 있으면 불편하고 어색합니다. 심지어 상대방이 키스라도 하려고 하면 소스라치게 놀라기까지 합니다. 극단적인 관념적 사랑, 플라토닉 사랑이죠. 반대의 경우도 있습니다. 평상시 마음은 그다지 상대방에게 가지는 않지만, 그 사람과 함께하면 격렬한 스킨십을 시도하며 상대방의 몸을 탐닉하는 겁니다. 어떤 여자도 좋고 어떤 남자도 좋다는 식의 유물론적 사랑, 에로스적 사랑입니다. 건강한 사랑은 에로스적이면서 동시에 플라톤적입니다. 상대방의 몸을 쓰다듬을 때 그의 마음도 보듬고, 그의 마음을 보듬으며 포옹을 합니다. 이성적 육체나 육체적 이성은 바로 여기서 의미를 갖습니다. 몸적 마음이자 마음적 몸이지요. 바로 이것이 신입니다. 포정 이야기에서 포정의 마음이 그의 손, 그의 칼, 그리고 소의 결에 있었다는 걸 기억하면 쉽습니다.

소를 잡을 때 포정의 마음과 몸은 앞서거니 뒤서거니 소에게 가 있었습니다. 마음만 가서는 혹은 손만 가서는 결코 소의 결에 그리 근사하게 칼날을 밀어 넣을 수는 없습니다. 마음만 가는 사랑도 그 사람에게 이를 수 없고, 몸만 가는 사랑도 그 사람에게 이를 수는 없는 법입니다. 소마다 결이 다르듯 사람마다 그 결이 다르니까요. 몸과 마음이 함께 가는 신의 경험이 많을수록 우리는 익숙한 타자에서부터 생면부지의 낯선 타자까지 소통할 가능성을 높일 수 있습니다. 장자가 소인을 높이 평가한 이유도 다른 데 있는 것이 아닙니다. 육체노동을 제대로 하려면, 마음과 몸이 동등하게 그리고 교차하면서 작용해야 하기 때문입니다. 반면 정신노동 종사자들은 본질적으로 건강하지 않습니다. 소인의 노동을 착취하는 것도 문제지만, 몸의 역량을 위축시키니 삶을 제대로 영위하기도 힘들죠. 어쩌면 이것은 몸을 가급적 움직이지 않으려는 삶, 즉 지배계급으로서의 삶을 추구한 업보라고도 할 수 있을 겁니다. 포정이라는 삶의 달인이 표현하고 느끼는 신, 타자와의 황홀경을 맛보기는커녕 삶을 제대로 영위하기도 어려울 테니까요.

「달생」 편의 '취객 이야기'가 취객을 비유로 끌어들여 말하고자 했던 것은 바로 이 점입니다. 마음의 과도한 작용이 느슨해진 취객은 놀랍게도 억압된 몸의 역량이 상대적으로 회복되는 경험을 하게 됩니다. 술에 취한 짧은 시간이나마 취객이 신을 경험하게 되는 것도 이런 이유에서입니다. 그러나 마음에만 매몰된 사람들에게 몸의 역량은 이미 심각하게 위축되어 있다는 것을 잊어서는 안 됩니다. 취객의 신은 술에 취해 마음의 역량이 순간적으로 약화되어 이미 위축된 몸의 역량에 맞추어져 느껴지는 겁니다. 취객의 신이 윤편이나 포정이 느끼는 신과 다른 이유는 바로 여기에 있습니다.

달리는 수레에서 떨어졌어도 취객이 다치지 않은 까닭

————

취객 이야기는 취객에 대한 흥미로운 묘사로 시작됩니다. "대개 술에 취한 사람이 수레에서 떨어질 때, 설령 부상을 입을지라도 죽는 경우는 없다. 뼈와 관절이 다른 사람들과 같지만 해로운 일을 당한 결과가 다른 사람들과 다른 이유는 그의 신이 온전하기 때문이다." 수레에 탄 사람이니 소인이 아니라 대인입니다. 전국시대 중기에 수레는 더 이상 전쟁에 직접적으로 사용되지는 않았지만 의전용으로는 여전히 사용되었습니다. 수레를 모는 소인은 수레를 조심스럽게 몰았을 겁니다. 길이 어둡고 주인도 인사불성이었으니까요. 불행히도 주인은 수레에서 떨어집니다. 소인은 말고삐를 잡고 있느라 그것을 막지 못했습니다. 그런데 놀랍게도 주인은 크게 다치지 않았습니다. 술이 그의 마음의 역량을 약화시켰기 때문입니다. 장자식으로 표현하자면 술이 그의 마음을 '비워버린[虛]' 것입니다. 화물을 가득 채운 배가 다른 배와 부딪혔을 때 받는 충격과 빈 배가 다른 배에 부딪혔을 때 받는 충격을 비교해볼 수도 있습니다. 하긴 지금도 우리는 갓난아이가 고층 건물에서 떨어졌을 때 기적적으로 무사한 경우를 목도하기도 합니다. 어른이 떨어지면 크게 다치거나 죽기 쉽습니다. 떨어지지 않으려는 마음이 크면 몸이 경직되어 지표면에 닿을 때 충격이 더 크기 때문일 겁니다. 수레에서 떨어진 술 취한 사람은 갓난아이와 같은 마음 상태, 아니 몸 상태와 비슷합니다. 몸이 지표면에 닿는 순간 그의 마음은 그의 몸에, 나아가 떨어지는 땅에 있다는 것이 중요합니다. 바로 신, 육체적 이성이 작동한 겁니다. 고양이가 땅에 떨어질 때 자신의 몸을 부드럽게 만드는 상태에 비유할 수 있죠.

마음으로만 삶이 영위되면, 마음은 눈사람을 만들려고 눈덩이를 굴릴 때처럼 거대해지고 무거워져 삶을 짓누를 겁니다. 빈 배가 아니라 엄청난 짐을 실은 배가 됩니다. 취객 이야기가 매력적인 것은 이렇게 거대해지고 무거워진 마음의 상태를 취객의 상태를 반례로 삼아 숙고하기 때문입니다. 먼저 살펴볼 것은, 취객이 "수레를 탈 때도 탄다는 것을 알지 못하고, 수레에서 떨어져도 떨어진다는 것을 알지 못한다"는 구절입니다. 여기서 수레 아래와 수레 위라는 구별, 아니 정확히 말해 비교가 중요합니다. 수레 아래는 수레 위보다는 안전하고, 수레 위는 수레 아래보다 조심해야만 합니다. 취하지 않았을 때 대인은 분명 수레 위로 오르면서 불안할 겁니다. 여기에 더해, 수레가 움직이면 그는 더 긴장할 겁니다. 그의 마음은 걱정과 불안감에 싸이면서 자신의 몸에, 그리고 수레의 움직임에 몰입하지 못하게 됩니다.

수레가 지표면의 돌이나 턱에 부딪혀 털컥거리는 순간, 그 리듬을 타지 못한 그는 떨어지기 쉽습니다. 긴장으로 굳어진 그의 몸은 땅바닥에 떨어지고 긴장하지 않았을 때보다 당연히 심한 충격을 받을 겁니다. 반대로 취객은 수레의 위와 아래라는 구분이 없습니다. 그러니 수레 위라고 해서 혹은 수레가 달린다고 해서 그의 마음이 더 긴장하는 법도 없지요. 여기서 취객이 수레를 탔는지 안 탔는지 모를 정도로 실신한 상태라고 오해해서는 안 됩니다. 수레 아래가 수레 위보다 안전하다는 의식이나, 수레 위가 수레 아래보다 불안하다는 의식이 없을 뿐입니다. 취객은 수레 위와 비교하지 않은 채 수레 아래에 있고, 수레 아래와 비교하지 않은 채 수레 위에 있는 셈입니다. 당연히 그는 수레 아래가 안전하다거나 수레 위가 불안하다고 생각하지 않습니다.

30센티미터만 나아가면 추락하는 낭떠러지에 서 있다고 상상해보세요. 평지에 선을 긋고 그 뒤로 30센티미터 물러나 서 있는 것과는 다릅니다. 30센티미터 바깥과 지금 서 있는 곳을 비교하기 때문입니다. 낭떠러지를 겨우 30센티미터 앞두고 있으면 우리는 불안과 걱정이 커져만 갑니다. 우리 몸은 그만큼 작아지고 불신의 대상이 됩니다. 그 순간 몸은 굳어버리고, 심지어 30센티미터 앞 낭떠러지로 쏠리는 느낌마저 듭니다. 하지만 만약 두 곳을 비교하지 않는다면 낭떠러지에 서 있는 것은 평지에 서 있는 것과 별 차이가 없을 겁니다. 그 순간 우리 마음은 우리 발에, 나아가 낭떠러지를 30센티미터 앞둔 안전한 땅에 있게 됩니다. 어디에 있든 그곳을 다른 곳과 비교해서는 안 됩니다. 암벽 바닥에서 암벽을 오랫동안 올려다보면 불안감에 몸이 굳어 암벽을 오르기 힘들 겁니다. 암벽 위에서도 아래를 오래 내려다보면 불안감이 몸을 감싸게 됩니다. 몸이 암벽 바닥에 있으면 마음도 거기에 있어야 하고, 몸이 암벽 중간이나 암벽 위에 있으면 마음도 중간이나 위에 있어야 합니다. 물론 마음이 몸이 밟고 있는 곳을 잠시 떠날 때도 있습니다. 비교를 하기 위해서가 아니라 다음에 밟을 곳을 보는 경우입니다. 하지만 이 상태에서 불안과 걱정은 우리를 감싸지 않습니다. 불안과 걱정은 우리가 발을 떼지 못하도록 몸이 굳어버리게 만들 테니까요. 마음, 몸, 마음, 몸……으로 움직일 뿐입니다. 물론 몸이 굳지 않은 채 암벽을 올라도 떨어지는 경우도 있을 겁니다. 그렇지만 몸이 굳지 않았기에 장비를 이용하거나 혹은 바위 돌출부나 풀 등을 잡아 위기에서 벗어날 희망이 그렇지 않은 경우보다 클 겁니다. 그래서 장자도 말하지 않았던가요. "대개 술에 취한 사람이 수레에서 떨어질 때, 설령 부상을 입을지라도 죽는 경우는 없다"고 말입니다.

자연에서 온전함을 얻다

———

취객 이야기의 핵심은, 자신의 몸이 있는 곳을 다른 곳과 비교해서는 안 된다는 것, 마음은 몸이 있는 곳을 비교 불가능한 것으로 긍정해야 한다는 데 있습니다. 달리는 수레 위도, 낭떠러지를 30센티미터 앞둔 곳도, 암벽 중간 매달려 있는 돌출부도, 혹은 어떤 곳이라도 몸이 있다면 마음도 그곳을 편하게 여겨야 합니다. 바로 거기에 몸과 교차하는 마음, 즉 신이 가능합니다. 취객 비유를 마치면서 장자는 말합니다. "죽음과 삶 그리고 놀라움과 두려움이 그의 마음속에 들어오지 않기에, 외부 사물과 마주쳐도 위축되지 않는다." 죽을 것 같다는 두려움이나 살아야만 한다는 갈망이 마음에 가득 차면 우리 몸은 굳어버립니다. 당연히 자신이 직면하는 상황과 제대로 소통할 수 없습니다. 수레가 조금만 흔들려도, 바람이 조금만 불어도, 발이 조금만 미끄러져도 우리는 수레에서, 낭떠러지에서 그리고 암벽에서 위험에 빠지게 됩니다. 그것은 우리가 이미 수레 위를 수레 아래와, 낭떠러지를 평지와, 암벽을 땅바닥과 비교하기 때문입니다. 수레에 탄 취객은 저절로 자기 몸과 수레의 운동에 마음을 모읍니다. 당연히 그는 수레의 운동, 나아가 지표면의 요철을 리드미컬하게 탑니다. 그럼에도 불구하고 수레는 뒤집힐 만한 턱을 만나 휘청거릴 수도 있고, 취객이 땅바닥으로 떨어질 수도 있습니다. 하지만 그의 몸이 공중에 던져질 때도 그는 두려움이 없고, 땅에 닿는 순간에도 두려움이 없습니다. 그는 부드럽게 날아서 편안하게 땅에 닿을 겁니다. 술로 인해 "그의 신이 온전하기 때문이죠."

술은 분명 비교 의식을 없애주는 마술을 부립니다. 자신의 몸이나 몸이 있는 곳만을 긍정하도록 만드는 묘약인 셈입니다. 여기서 몸은 이미 평상시 비교 의식에 위축되어 있었다는 것을 잊어서는 안 됩니다. 불안과 걱정을 덜어내 마음을 가볍게 해도,

그 마음이 만나는 몸은 이미 위축된 몸입니다. 그래서 술은 서글픈 데가 있습니다. 여기서 우리는 취객 이야기에 명시적으로 등장하지는 않는 사람, 수레를 몰던 소인을 생각해볼 필요가 있습니다. 수레가 거친 노면을 요동치며 움직일 때 맨 정신의 대인은 불안감에 수레를 움켜잡을 겁니다. 반면 소인의 마음은 자신의 몸, 고삐, 수레 그리고 노면에 가 있을 겁니다. 소인은 술을 마시지 않아도 이미 "수레를 탈 때도 탄다는 것을 알지 못하고, 수레에서 떨어져도 떨어진다는 것을 알지 못하는" 경지에 있죠. 수레가 넘어질 정도로 휘청거려 대인과 소인이 모두 땅바닥에 떨어졌다면, 경직되어 있던 대인이 크게 다쳐도 소인은 그보다 가벼운 부상만 입을 겁니다. 술에 취한 대인을 태우고 소인이 수레를 모는 경우도 마찬가지입니다. 대인이나 소인이 수레에서 떨어져도 분명 소인의 부상이 경미할 테니까요. 수레 몰기의 장인인 소인은 술을 마실 필요가 없습니다. 수레를 몰 때 그의 마음은 이미 그의 몸, 타고 있는 수레 그리고 노면과 함께하고 있으니까요. 술을 마시지 않아도 그의 마음은 육체적 이성, 즉 신의 상태에 있었던 겁니다. 마치 수레바퀴를 깎을 때의 윤편처럼, 마치 소를 잡을 때의 포정처럼 말입니다. 더군다나 수레를 몰 때 소인의 거동은 마음적 몸, 혹은 몸적 마음으로 신을 연속적으로 표현하고 느낀다는 것도 잊어서는 안 됩니다. 이는 두려움이 사라졌지만 몸의 흔들림에 마음을 맡기는 취객의 수동성과는 구별되는 상태입니다.

취객 이야기를 마무리하면서 장자는 말합니다. "술에서 온전함을 얻은 저 사람도 이와 같은데, 자연에서 온전함을 얻는 경우는 말해서 무엇하겠는가!" '술에서 온전함을 얻은 사람'이 술에 취한 채 수레에서 떨어진 대인을 가리킨다면, '자연에서 온전함을 얻는 사람'은 자기 주인과 함께 맨 정신으로 떨어진 소인을 가리킵니다. 자연으로 번역한 천(天) 개념은 인위로 번역되는 인(人) 개념과는 대조됩니다. 그러니까 이 경우 자연이나 천은 우리 인간에게 주어진 삶의 역량과 아울러 주어진 타자적 상황을 가리킵니다. 결국 '자연에서 온전함을 얻었다'는 말은 마음의 역량이 몸의 역량과 함께하고, 나아가 몸이 마주치는 타자들과 함께한다는 것, 간단히 말해 마음이 신의 상태에 있게 되었다는 의미입니다. 그래서 장자는 말합니다. "성인(聖人)은 자연에 품어져 있기에, 그를 해칠 수 있는 것은 없다"고 말입니다. 노면의 요철을 따르는 수레, 수레를 끄는 말, 수레에 타고 있는 몸, 말의 고삐를 잡고 있는 손 등이 모두 푹신한 침구처럼 소인을 편하게 만드는 장면을 떠올려보세요. "자연에 품어져 있다"는 장자의 말이 쉽게 이해가 될 겁니다. 여기서 자신이 일방적으로 수레를 몬다는 의식은 없습니다. 자신이 수레를 모는 것만큼 노면도 말도 고삐도 수레를 몰고 있는 셈이니까요. 물론 그럼에도 소인은 드문 일이겠지만 수레에서 떨어질 수도 있을 겁니다. 그럼에도 다른 사람이라면 죽었을 상황에서도 소인은 부상만 입을 것이고, 다른 사람이라면 부상을 입었을 상황에서도 소인은 먼지를 툭툭 털며 일어났을 겁니다. 그러니 소인은 얼마나 근사합니까. 이제 대인이 아닌 소인에게서 성인을 발견하려는 장자의 속내가 보입니다. 소인은 마음으로도 몸으로도 앞으로 끈덕지게 나아가는 진정한 강자니까요.

술에서 온전함을 얻은 저 사람도 이와 같은데,
자연에서 온전함을 얻는 경우는 말해서 무엇하겠는가!

21

바로 여기다,
더 나아가지 말라!

하나 이야기

'세계의 어떤 것도 가을 털끝보다 더 큰 것은 없으니, 태산은 작다고 여길 수 있다. 세계의 그 누구도 일찍 죽은 아이보다 더 오래 사는 사람은 없으니, 팽조는 요절했다고 여길 수 있다. 세계는 나와 더불어 태어났으니, 만물과 나는 하나라고 여길 수 있다.'

이미 하나라고 여긴다면 말이 있을 수 있을까? 이미 하나라고 말했다면, 말이 없을 수 있을까? 하나와 (하나라는) 말은 둘이라 여겨야 하고, 또 그 둘과 하나는 셋이라 여겨야 한다. 여기서 더 나아가면 아무리 숙련되게 계산 잘하는 사람도 그 끝을 잡을 수 없는데, 평범한 사람은 어떻겠는가! 그러므로 우리가 '없음'으로부터 '있음'으로 나아가는 경우에도 셋에 이르게 되는데, 만일 우리가 '있음'에서부터 '있음'으로 나아간다면 상황은 얼마나 나쁘겠는가! 그 이상 나아가지 말고 이것에 따를 뿐이다.

「제물론」

'天下莫大於秋豪之末, 而大山爲小. 莫壽於殤子, 而彭祖爲夭. 天地與我並生, 而萬物與我爲一.'

既已爲一矣, 且得有言乎? 既已謂之一矣, 且得無言乎? 一與言爲二, 二與一爲三. 自此以往, 巧曆不能得, 而況其凡乎! 故自無適有以至於三, 而況自有適有乎! 無適焉, 因是已.

「齊物論」

오늘 월나라에 갔는데, 어제 도착했다

────

『장자』에는 매력적인 이야기들이 많습니다. 그 매력의 이유
는 장자가 묘한 지적인 해방감을 준다는 데 있습니다. 쓸모 있
는 사람이 되어야 행복해질 수 있다는 통념에 대해 장자는 쓸모
가 없어 베이지 않고 크게 자란 나무를 이야기합니다. 거목 이
야기입니다. 혹은 사랑에 진심이면 그 사랑은 이루어진다는 통
념에 대해 장자는 최선을 다하는 사랑이 상대방을 파괴할 수 있
다고 말합니다. 바닷새 이야기입니다. 그렇습니다. 장자가 우리
에게 해방감이나 상쾌함을 주는 이유는 그가 우리의 생각과 삶
을 무겁게 만드는 '모든주의'나 '본질주의'에 대해 코웃음을 치
기 때문입니다. "잘도 그러겠다!" 이것이 장자 사유의 표어입니
다. 이 대목에서 주목해야 할 것은 '모든주의'나 '본질주의'를 무
력화시키는 사례, 즉 반례를 찾는 장자의 감각입니다. 이 정도
면 장자는 삐딱선을 타는 장난꾸러기에 머물 수도 있습니다. 그
런데 장자가 찾아낸 반례는 반박을 위한 수단일 뿐만 아니라 그
자체로 깊이와 울림이 있습니다. 물론 그것은 장자가 통념에 사
로잡혀 자기 삶뿐만 아니라 타인의 삶까지 파괴하는 인간들에
게 한없는 연민과 애정을 품고 있기 때문입니다. 『장자』를 읽다
보면 매혹적인 반례를 찾아 근사한 이야기를 만드는 장자의 능
력은 단순히 타고난 것일 뿐만 아니라 어떤 철학자로부터 강하
게 영향을 받았다는 인상을 받게 됩니다. 바로 제자백가의 숨겨
진 보석, 혜시입니다.

성심 이야기에는 "마치 '오늘 월나라에 갔는데, 어제 도착했다'는 궤변과 같이 터무니없는 이야기다"라는 말이 등장합니다. "오늘 월나라에 갔는데, 어제 도착했다[今日適越而昔至]"라는 주장도 『장자』「천하(天下)」편을 보면 혜시의 것입니다. 이만큼 장자의 뇌리에 혜시는 지울 수 없는 흔적을 남겼습니다. 사실 장자 사유의 백미 「제물론」편을 보면 장자가 혜시를 비판하는 데 많은 지면을 할애하고 있다는 것을 알 수 있습니다. 장자의 혜시 비판은 단순하지 않습니다. 장자는 혜시를 따르다 어느 결정적인 지점에서 그와의 동행을 포기하는 것 같기 때문입니다. 방금 읽어본 「제물론」편의 '하나 이야기'가 중요한 것도 이런 이유에서입니다. 이 이야기에는 혜시와 동행하다 갈림길에서 자기 길을 가는 장자의 모습이 언뜻 보입니다. 그래서 장자를 철학사적으로 이해하려는 지적인 독자들에게 「제물론」편의 하나 이야기만큼 의미심장한 것도 없을 겁니다. 장자와 같은 최고 지성도 나름 인정했던 혜시의 사유는 어떤 모습이었을까요? 문제는 혜시의 사유가 담긴 그의 저서가 전해지지 않는다는 데 있습니다. 『장자』「천하」편과 「제물론」편에 간접 인용되는 단편들이 전부입니다. 다행히도 『순자』「정명(正名)」편에서 혜시의 사유를 이해하는 결정적인 실마리를 얻을 수 있습니다. 순자는 혜시를 비판하면서 "용실이난명(用實以亂名)"이라는 말을 사용합니다. 혜시가 "사실을 이용해 이름을 어지럽혔다"는 의미입니다.

순자의 비판에 따라 "오늘 월나라에 갔는데, 어제 도착했다"는 혜시의 생각을 이해해보죠. 오늘 월나라에 갔다면 사실 어제 월나라에 도착했다는 것은 말이 안 됩니다. 그렇지만 이렇게 생각해보세요. 어제 어떤 사람이 월나라에 가기로 마음을 먹습니다. 월나라의 풍경과 그곳 사람들을 그려봅니다. 그의 마음은 이미 월나라에 도착해 있는 겁니다. 오늘 드디어 그는 월나라로 들어가는 국경을 지납니다. 어제 몸이 아니라 마음이 월나라에 도착한 것도 사실이고, 오늘 마음만이 아니라 몸도 월나라에 간 것 또한 사실입니다. 이런 상황을 시적으로 압축하면 "오늘 월나라에 갔는데, 어제 도착했다"는 말이 가능합니다. 그러나 이 말은 전후 사정과 문맥을 모르는 사람에게는 궤변처럼 들립니다. '오늘 월나라에 간' 주어나 '어제 도착한' 주어가 가리키는 것이 동일하게 마음이라 보거나 아니면 동일하게 몸이라고 보면, 혜시의 이야기는 분명 궤변입니다. 반면 '오늘 월나라에 간' 것이 몸이고 '어제 도착한' 것이 마음이면 그의 말은 아무런 문제가 없습니다. 어쨌든 "오늘 월나라에 갔는데, 어제 도착했다"는 말은 어제와 오늘에 대한 통념을 해체하는 무언가 심오한 철학적 명제로 보입니다. 하지만 "오늘 몸은 월나라에 갔는데, 어제 마음은 도착했다"로 이해하면 사실 혜시의 말은 특별히 새로울 게 없습니다. 무언가 심오한 듯하지만 전후 문맥을 헤아리면 새로울 게 없다는 것! 혜시 사유의 한계입니다. 그렇지만 '나'의 구체적 경험을 환기시키는 매력은 혜시에게 분명 존재합니다. 오늘 그(그녀)를 만나고 있지만, 사실 우리의 마음은 사흘 전에도, 이틀 전에도, 그리고 어제도 그(그녀)를 만난 셈이니까요. 혜시의 일인칭주의 혹은 '나'주의입니다.

혜시의 '나'주의

『장자』「천하」편에는 혜시의 유명한 명제 10개를 역물(歷物)이라는 테마로 소개하고 있습니다. "오늘 월나라에 갔는데, 어제 도착했다"는 명제도 그중 하나입니다. 역물이라는 말은 '겪는다'는 뜻의 역(歷)과 '사물'이라는 뜻의 '물(物)'로 구성되어 있습니다. 여기서 '역(歷)'이라는 특이한 한자는 역사라는 단어의 '역(歷)'과 같은 뜻입니다. 결국 역물은 '통념과는 달리 사물을 직접 겪어보자'는 의미입니다. "하늘도 땅만큼 낮고[天與地卑], 산도 연못의 높이와 같다[山與澤平]"는 혜시의 다른 명제를 보죠. 통념에 따르는 사람은 '하늘은 높고 땅은 낮다'고, '산은 높은 데 있고 연못은 낮은 데 있다'고 말할 겁니다. 바로 이 순간 혜시는 지평선과 산정의 호수를 가리킵니다. 지평선에서 하늘은 땅만큼 낮아지고, 산정의 호수에서 산의 높이는 연못의 높이와 거의 같아지니까요. 하늘은 땅보다 높다는, 혹은 산이 무조건 연못보다 높다는 통념은 여기서 해체됩니다. 여기서도 혜시의 '나'주의가 빛납니다. 지평선으로 둘러싸인 중앙유라시아 고원지대에 서 있는 혜시, 혹은 티베트로 가는 고지대에 있는 청해(靑海) 호수, 높은 산맥과 나란한 그 바다처럼 넓은 호숫가에 서 있는 혜시가 떠오르니까요. 장자만큼 혜시도 여행의 귀재였던 겁니다. 순자는 "사실을 이용해 이름을 어지럽혔다"고 혜시를 비판합니다. 여기서 혜시가 이용했다는 사실은 자연과학적 사실이나 객관적 사실이 아닙니다. 혜시가 체험한 경험, '나'라는 일인칭의 생생한 경험이 모든 통념을 해체하는 그의 사유의 힘입니다. 어쨌든 통념을 반박하는 반례를 찾는 혜시의 감각은 장자의 그것과 묘하게 공명한다는 것을 잊어서는 안 됩니다.

하나 이야기가 중요한 이유는 이 이야기에서 장자가 혜시와 어떻게 결별하는지 보여줄 뿐만 아니라, 역물의 10개 명제 이외에 혜시의 것으로 보이는 3개 명제를 더 확인할 수 있기 때문입니다. "세계의 어떤 것도 가을 털끝보다 더 큰 것은 없으니, 태산은 작다고 여길 수 있다. 세계의 그 누구도 일찍 죽은 아이보다 더 오래 사는 사람은 없으니, 팽조는 요절했다고 여길 수 있다. 세계는 나와 더불어 태어났으니, 만물과 나는 하나라고 여길 수 있다." 먼저 "세계의 어떤 것도 가을 털끝보다 더 큰 것은 없으니, 태산은 작다고 여길 수 있다"는 첫째 명제를 보겠습니다. 짐승들은 가을이 되면 털갈이를 하지요. 털갈이 후 새로 돋는 가느다란 털이 추호(秋毫), 즉 가을 털입니다. 그런 추호의 끄트머리이니 얼마나 작고 가늘겠습니까. 그런데 지금 혜시는 가을 털끝보다 더 큰 것이 없다고 합니다. 무슨 말일까요? 부드럽고 섬세한 가을 털 한 올이 내 손에 있다고 해보세요. 다른 것은 눈에 들어오지도 않을 정도로 나는 그 한 올의 털에 마음을 빼앗깁니다. 당연히 내게 그 털은 가장 큰 것, 그 소중하게 여기는 털이 훅 날아가면 아마도 모든 게 다 없어진 것같이 느낄 정도로 큰 것입니다. 당연히 이 상태에서는 세계마저 눈에 들어오지 않는데, 태산은 말해 무엇하겠습니까. 이제 둘째 명제를 살펴볼까요. "세계의 그 누구도 일찍 죽은 아이보다 더 오래 사는 사람은 없으니, 팽조는 요절했다고 여길 수 있다." 일찍 죽은 아이는 상자(殤子)를 번역한 말입니다. 포대기로 업을 시간도 주지 않고 어린 나이에 죽은 아이를 이릅니다. 그런데 3개월 안에 죽으리라는 의사의 진단에도 불구하고 그 아이가 한 달여를 더 살게 되었다고 해보세요. 그 한 달은 아이 어머니에게는 팽조(彭祖)가 살았다는 800년보다 더 길게 여겨질 정도로 축복과 기적의 시간이었을 겁니다.

마지막 셋째는 "세계는 나와 더불어 태어났으니, 만물과 나는 하나라고 여길 수 있다"는 명제입니다. 마지막 남은 박쥐 한 마리가 죽어가고 있다고 해보죠. 박쥐는 초음파로 느끼던 세계에서 자신만 쏙 빠져나온다고 믿을 겁니다. 초음파로 느끼던 세계는 자신이 없어져도 그대로 객관적으로 있으리라 믿지요. 그러나 마지막 박쥐가 사라지는 순간, 초음파로 느끼던 그 세계도 사라지는 겁니다. 박쥐와 그의 세계는 함께 갑니다. 최후의 박쥐 사례는 우리의 호기심을 자극합니다. 박쥐의 세계와 두루미의 세계, 나아가 소나무의 세계 중 어느 것이 진짜 세계일까요? 인간의 경우에도 유사한 질문을 던질 수 있습니다. 안경을 쓰고 보는 세계와 맨눈으로 보는 세계 중 어느 것이 진짜 세계일까요? 다섯 살 어린이가 사는 세계와 서른 살 직장인이 사는 세계 중 어느 것이 진짜 세계일까요? 치매에 걸린 어머니가 경험하는 세계와 그 어머니를 돌보는 아버지가 경험하는 세계 중 어느 것이 진짜 세계일까요? 바로 이 대목에서 혜시의 '나'주의, 혹은 일인칭주의가 다시 빛을 발합니다. 이인칭이든 삼인칭이든 그것은 모두 일인칭과 함께 간다는 발상입니다. 모든 인식, 모든 판단 그리고 심지어 모든 말에는 단독적인 나, 특정한 일인칭이

전제되어 있다는 이야기죠. 세계는 나의 세계일 뿐, 모든 존재가 동의하는 객관적 세계는 존재하지 않는다는 것이 혜시의 근본 입장입니다. 당연히 세계에 속하는 만물도 나의 만물일 수밖에 없죠. 그래서 혜시는 "만물과 나는 하나라고 여길 수 있다"고 말합니다. 내가 없다면 내가 경험하는 만물도 사라질 테니까요.

그 이상 나아가지 말고

장자는 혜시의 세 명제를 소개한 다음 혜시와는 다른 길로 방향을 미묘하게 틉니다. 먼저 장자는 혜시의 세 번째 명제를 검토합니다. "만물과 나는 하나라고 여길 수 있다." 고전 한문에서는 "이(以)A위(爲)B"라는 어법이 있습니다. "A를 B라고 여긴다"는 뜻입니다. "만물과 나는 하나라고 여길 수 있다"로 번역한 원문은 '만물여아위일(萬物與我爲一)'입니다. 장자의 메스는 "하나라고 여긴다"는 표현에 가해집니다. 만물과 내가 하나라고, 혹은 같은 것이라고 여겼다면, 우리는 만물에 대해 아니면 나에 대해 어떤 말도 할 수가 없습니다. 언어는 기본적으로 구별과 차이를 전제하기 때문입니다. 그래서 장자는 말합니다. "이미 하나라고 여긴다면 말이 있을 수 있을까?" 만물과 내가 하나라면 말, 즉 언어가 작동할 수 없다는 이야기입니다. 그럼에도 혜시는 만물과 자신이 하나라고 말하고 맙니다. 바로 이 대목에서 혜시는 잘못을 범하게 됩니다. 언어는 기표와 기의라는 원초적 구별, 혹은 지시와 지시 대상이라는 구분을 전제합니다. 결국 '하나'라는 말을 쓰는 순간 혜시는 '하나'라는 말과 그 말이 가리키는 '하나'라는 상태를 구분하게 됩니다. 그는 "하나와 (하나라는) 말은 둘이라 여겨야[一與言爲二]" 하기 때문이죠. 이는 만물과 내가 하나라는 입장과는 모순됩니다. 당연히 혜시는 자기의 원래 입장을 유지하려고 할 겁니다. 그래서 그는 첫째로 하나라는 말, 둘째로 하나라는 말로 지시된 상태, 그리고 셋째로 만물과 내가 실제로 하나인 상태를 구분할 수밖에 없게 됩니다. 혜시는 만물과 자신이 하나라고 주장하느라 하나를 유지하기는커녕 둘을 넘어 셋이라는 구분을 사유하게 되는 지적인 파국을 초래한 겁니다. 여기서 한 가지 의문이 불가피합니다. 장자는 혜시의 세 번째 명제를 폐기해버리는 것일까요? 그렇지 않습니다. 장자는 "만물과 나는 하나라고 여길 수 있다"는 주장만 비판할 뿐 "세계는 나와 더불어 태어났다"는 혜시의 생각을 부정하지는 않습니다.

바람 소리를 떠올려보세요. 바람 소리는 바람과 구멍이 마주쳐서 생깁니다. 여기서 중요한 것은 바람 소리가 나야만 우리는 바람과 구멍을 생각할 수 있다는 사실입니다. 바람 소리가 절대적 출발점입니다. 구멍이 의식되거나 바람이 의식되는 것은 그다음 일입니다. 세계가 바람이고 구멍이 나라면 "바람은 구멍과 더불어 태어났다"는 말도 충분히 가능합니다. 그렇다고 해서 우리는 "바람과 구멍은 하나다"라고 말해서는 안 됩니다. 바람과 구멍이 하나라면 혹은 같은 것이라면, 마주침도 불가능하고 당연히 바람 소리도 생기지 않을 테니까요. 그래서 장자는 "만물과 나는 하나로 여길 수 있다"는 혜시의 말을 해체한 겁니다. 사

실 만물과 내가 하나라면, 혜시의 강력한 '나'주의나 일인칭주의
도 무력화되고 맙니다. "세계는 나와 더불어 태어났다"는 주장
에는 '나'주의가 관철되지만, "만물과 나는 하나라고 여길 수 있
다"는 주장에서는 '나'주의가 해체되고 맙니다. 장자의 섬세함이
빛나는 대목입니다. 장자는 혜시가 잘못된 형이상학적 사변에
빠지는 지점을 예리하게 간파합니다. '하나로 여긴다'라고 번역
되는 '위일(爲一)'도 문제지만, 더 중요한 것은 나의 생생한 경험
을 무력화시키기 쉬운 '~로 여긴다'는 사변, 즉 '위(爲)'의 위험
성일 겁니다. 자신의 첫 번째 명제와 두 번째 명제에서도 혜시
는 '위'의 위험성에 그대로 노출되어 있습니다. 나에게 가을 터
럭이 너무나 소중해 가장 큰 것일 수 있습니다. 하지만 이로부
터 "태산은 작다고 여길 수 있다"고 주장해서는 안 됩니다. 마찬
가지로 일찍 죽을 줄 알았던 아이가 한 달을 더 살아내면 그 한
달은 내게 영원의 시간처럼 다가올 수 있습니다. 그렇다고 해서
"팽조는 요절했다고 여길 수 있다"고 주장해서는 안 됩니다. 어
느 경우든 나의 절절한 경험은 생기를 잃으니까요. 가을 터럭만
마음에 품은 사람은 태산이나 궁궐의 크기를 생각할 겨를이 없
을 것이고, 다행히 조금 더 살게 된 아이를 사랑하는 부모에게
팽조의 나이든 고목의 수명은 신경 쓸 대상이 아닙니다.

　결국 첫 번째 명제에서 "작다고 여기는" 추론과 두 번째 명제
에서 "요절했다고 여기는" 추론이 문제입니다. 이는 세 번째 명
제에서 문제가 "하나라고 여기는" 추론이 문제였던 것과 마찬가
지 구조입니다. "하나로 여기는" 추론이 "세계는 나와 더불어 태
어났다"는 생생한 경험을 잿빛으로 만드니까요. 가을 터럭에서

태산으로, 혹은 일찍 죽은 아이로부터 팽조로 추론하는 것은 더 큰 문제를 낳게 됩니다. 가을 터럭보다 크다는 모든 것들로 추론이 진행될 것이고, 일찍 죽은 아이보다 오래 산 모든 것들로 추론이 진행될 테니까요. 그만큼 가을 터럭의 소중함은 희석될 것이고, 일찍 죽은 아이의 하루하루 살아 있음이 주는 감동도 희미해질 겁니다. 그래서 장자는 말했던 겁니다. "우리가 '없음'으로부터 '있음'으로 나아가는 경우에도 셋에 이르게 되는데, 만일 우리가 '있음'에서부터 '있음'으로 나아간다면 상황은 얼마나 나쁘겠는가!" 여기서 "나아간다"고 번역한 '적(適)'이라는 글자가 중요합니다. 나와 세계 사이의 기적과도 같은 관계, 나와 가을 터럭 사이의 절절한 관계 혹은 나와 일찍 죽은 아이 사이의 안타까운 관계를 넘어서, 잿빛 사변의 세계 혹은 형이상학적 세계로 나아간다는 의미니까요. 이제야 장자의 마지막 충고가 우리 눈에 들어옵니다. "그 이상 나아가지 말고 이것에 따를 뿐이다[無適焉, 因是已]" "세계의 어떤 것도 가을 털끝보다 더 큰 것은 없다"고 느껴지는 그 충만한 상황, "세계의 그 누구도 일찍 죽은 아이보다 더 오래 사는 사람은 없다"고 느껴지는 그 애절한 상황, 그리고 "세계는 나와 더불어 태어났다"고 느껴지는 그 경이로운 상황에서 벗어나지 말고, 이런 상황에 따르라는 이야기입니다. 혜시가 "태산은 작다고 여기고, 팽조는 요절했다고 여기고, 혹은 만물과 나는 하나라고 여기는" 사변의 세계로 나아갈 때, 장자가 그와의 동행을 멈추는 지점은 바로 여기입니다. 바로 여기서 장자는 안타까운 마음으로 멀어져가는 혜시에게 손을 흔듭니다. "굿바이! 내 친구, 혜시여!"

"세계는 나와 더불어 태어났다"고 느껴지는
그 경이로운 상황에서 벗어나지 말고,
이런 상황에 따르라

22

타자에 주파수를
맞춰라

심재 이야기

안회가 말했다. "저로서는 이제 더 생각해낼 도리가 없습니다. 부디 방법을 가르쳐주십시오."

공자가 말했다. "재계(齋)하라!"(…)

안회가 말했다. "저는 가난하여 여러 달 동안 술을 못 마시고 양념한 음식도 못 먹었습니다. 이 경우 재계라 할 수 있지 않겠습니까?"

공자가 말했다. "그런 것은 '제사 지낼 때의 재계'이지, '심재(心齋)'가 아니다."

안회가 말했다. "부디 심재가 무엇인지 말씀해주십시오."

공자가 대답했다. "너의 '마음 방향(志)'을 하나로 만들어야 한다! 귀로 듣지 말고 마음으로 듣고, 마음으로 듣지 말고 기(氣)로 들어라! 귀는 고작 소리를 들을 뿐이고, 마음은 부합되는 것을 알 뿐이다. 기는 비어서 타자와 조우하는 것이다. 길(道)은 오로지 비움(虛)에서만 깃들 수 있다. 이렇게 비움이 바로 심재이니라."

안회가 말했다. "제가 심재를 실천하기 전에는 안회라는 자의식이 실재처럼 존재했습니다. 그런데 심재를 실천하자 자의식은 더 이상 존재하지 않게 되었습니다. 이것을 비움이라 하는 것입니까?"

공자가 대답했다. "이제 되었다. 내가 너에게 말하고 싶은 것이 있구나! 위나라에 들어가 그 울타리 안에 노닐 때, 너는 명성 같은 것에 영향을 받아서는 안 된다. 들어오면 울고 들어오지 않으면 멈추어라. 문도 없애고 언덕도 없애라. 너의 집(宅)을 하나로 만들어 부득이(不得已)에 깃들 수 있다면, 괜찮을 것이다."

「인간세」

顔回曰, "吾无以進矣, 敢問其方."

仲尼曰, "齋!" (…)

顔回曰, "回之家貧, 唯不飲酒不茹葷者數月矣. 如此, 則可以爲齋乎?"

曰, "是祭祀之齋, 非心齋也."

回曰, "敢問心齋."

仲尼曰, "一若志! 无聽之以耳而聽之以心, 无聽之以心而聽之以氣! 耳止於聽, 心止於符. 氣也者, 虛而待物者也. 唯道集虛. 虛者, 心齋也."

顔回曰, "回之未始得使, 實有回也. 得使之也, 未始有回也. 可謂虛乎?"

夫子曰, "盡矣. 吾語若! 若能入遊其樊而无感其名. 入則鳴, 不入則止. 无門无毒. 一宅而寓於不得已, 則幾矣."

「人間世」

장자가 공자를 캐스팅한 이유

––––

전국시대 제자백가 중 투톱은 유가(儒家)와 묵가(墨家)입니다. 실제 정치에 영향을 깊이 미쳤던 상앙(商鞅, BC ?~BC 338), 신불해(申不害, BC ?~BC 337), 신도(愼到, ?~?) 그리고 한비(韓非, BC 280?~BC 233) 등은 자신들이 법가(法家)라는 학파에 속한다는 의식은 없었습니다. 그들은 부국강병의 기술과 논리를 고민했던 현실 정치가였을 뿐입니다. 반면 유가와 묵가들은 확고한 학파 의식을 가지고 있었습니다. 유가가 대인(大人)을 정당화하는 사유를 전개했다면, 묵가는 소인(小人)을 위한 사유를 표방했습니다. 아니나 다를까, 당시 지식인 사회에서는 묵가보다는 유가가 더 권위 있었나 봅니다. 아무래도 소인의 육체노동을 긍정하던 묵가의 입장은 고급 관료를 꿈꾸던 대부분 지식인들과 어울리지 않았으니까요. 총력전에서 승리하기 위해 부국강병을 도모하던 당시 시대 분위기도 묵가의 쇠퇴를 재촉하게 됩니다. 전국시대 중엽, 묵가들은 국가주의나 관료주의를 강하게 표방하면서 당시 시대에 적응하려고 했지만, 그들은 여전히 자기 학파의 창시자 묵적(墨翟)의 '비공(非攻)', 즉 전쟁 반대론을 포기할 수는 없었습니다. 소인의 목소리를 대변하는 묵가들은 전쟁에 반대할 수밖에 없었던 겁니다. 전쟁에서 가장 피해를 보는 것은 대인이 아니라 소인이었기 때문이죠. 전국시대 중엽 묵가가 점점 지적 헤게모니를 잃어감에 따라 유가는 상대적으로 목소리를 높이게 됩니다. 그에 따라 지식인 사회에서 유가의 창시자인 공자의 권위는 높아만 갔습니다. 물론 장자 당시 실제적 영향력을 지녔던 지식인들은 사후적으로 법가로 분류되는 사상가였다는 것을 잊어서는 안 됩니다. 국가주의와 패권주의로 요약될 수 있는 반인문주의가 이제 거부할 수 없는 대세였으니까요.

『장자』에는 공자를 주인공으로 캐스팅한 이야기들이 종종 등장합니다. 이런 이야기들은 장자 본인이 만들었을 가능성이 높습니다. 공자의 권위가 높아지던 전국시대 중엽, 장자가 살았던 당시 지식인 사회의 분위기를 반영하니 말입니다. 장자는 지혜로운 사람입니다. 일단 공자를 주인공으로 삼은 이야기가 동시대 사람들에게 먹히리라는 것을 알았고, 동시에 공자로 하여금 유학을 해체하는 입장을 피력하게 만들어, 유가의 지적 헤게모니를 그 뿌리부터 흔들려 했기 때문입니다. 장자가 공자를 주인공으로 해서 만든 이야기 중 가장 중요한 것은 '심재 이야기'일 겁니다. 바람을 맞아 근사한 바람 소리를 내려면 구멍이 막혀 있어서는 안 됩니다. 구멍은 비어 있어야 합니다. 어떤 배가 다른 배와 충돌해도 갈등이 벌어지지 않으려면 그 배는 비어 있어야 합니다. 빈 배에 화를 내는 사람은 없을 테니까요. 그렇지만 빈 구멍이나 빈 배는 비유일 뿐, 구체적으로 인간이 어떻게 타자와 소통할 수 있는지 그 상세한 방법을 가르쳐주지는 않습니다. 그래서 「인간세」 편에 등장하는 심재 이야기가 중요합니다. 이 이야기에는 구멍이나 배가 아니라 인간이 어떻게 하면 자신을 비울 수 있는지, 나아가 그 비우는 과정에 대한 분명한 설명이 담겨 있기 때문입니다. 「제물론」 편 바람 이야기에서 남곽자기라는 가상 인물이 말했던 "지금 나는 나 자신을 잃었다"는 상태, '오상아(吾喪我)'의 진실이 심재 이야기로 그 전모가 드러납니다. 심재 이야기에서 흥미로운 것은 '나 자신을 잃어버리는' 상태만으로 타자와의 소통이 이루어지지는 않는다는 장자의 통찰입니다. 자신을 비우는 것은 타자와 소통하기 위한 필요조건일 뿐 결코 충분조건이 아닙니다. 배나 구멍과 달리 우리는 인간이기 때문일 겁니다.

심재 이야기는 『논어』처럼 공자와 그의 수제자 안회(顔回)의 대화로 구성됩니다. 사실 전체 심재 이야기는 「인간세」 편의 거의 반을 차지할 정도로 방대합니다. 안연(顔淵)으로도 불리는 안회가 위(衛)나라(BC ?~BC 209)로 유세를 가려고 할 때 문제가 발생합니다. 위나라 군주는 포악하고 독단적이어서 잘못 유세했다가는 목숨을 잃을 수 있는 상황이었으니까요. 실패할 가능성이 너무나 큰 유세였던 겁니다. 공자의 수제자로 인정받던 안회로서는 두려웠습니다. 잘못 유세했다가는 개망신을 당하거나 죽임을 당할 수 있으니까요. 공자는 안회의 걱정을 알아채고 어떻게 유세할 생각인지 그에게 물어봅니다. 안회는 자신의 유세 전략을 스승에게 이야기합니다. 수제자의 이야기를 듣자 공자는 그 전략을 논박하고, 다른 전략을 이야기하라고 재촉합니다. 그런데 새로운 전략을 이야기하자 공자는 다시 또 안회의 생각에 퇴짜를 놓습니다. 이제 안회의 불안은 극에 달합니다. 자신이 생각한 유세 전략이 모두 무용지물이 되었으니까요. 아무런 준비도 없이 난폭하고 변덕스러운 군주를 만나는 것은 섶을 지고 불에 뛰어드는 일입니다. 마침내 안회는 스승의 바짓가랑이를 붙잡습니다. "저로서는 이제 더 생각해낼 도리가 없습니다. 부디 방법을 가르쳐주십시오." 공자는 드디어 자신이 생각한 유세의 방법을 제자에게 발설합니다. "재계[齋]하라!"는 말로 심재 이야기의 하이라이트 부분이 드디어 펼쳐집니다. 방금 읽어본 심재 이야기가 바로 그 부분입니다. 이 이야기를 읽을 때 위나라 군주를 타자의 상징으로 읽어야 합니다. 그러니까 위나라 군주 대신 우리가 접할 수 있는 각자의 타자들, 즉 부모, 아이, 아내, 남편, 애인, 동물, 식물, 사물 혹은 사회적 환경이나 자연적 환경 등을 대입해 읽을 수 있다는 것입니다.

귀로도 마음으로도 듣지 말고, 기(氣)로 들어라

'재계'나 '재계하다'로 풀이하는 '재(齋)'는 제사를 지내기 전에 심신을 정화하기 위해 기름기 있는 음식을 줄이거나 삼가는 것을 말합니다. 당연히 "재계하라!"는 스승의 충고를 듣자마자 안회는 육체의 속, 즉 배를 비우는 것으로 오해합니다. "저는 가난하여 여러 달 동안 술을 못 마시고 양념한 음식도 못 먹었습니다. 이 경우 재계라 할 수 있지 않겠습니까?" 그러자 공자는 자신이 말하는 재계는 몸의 재계가 아니라 마음의 재계라고 이야기합니다. 여기서 우리는 일차적으로 재계가 무언가를 비운다는 이미지라는 것을 알게 됩니다. 안회는 마음의 재계, 즉 심재의 방법에 대해 묻습니다. 드디어 우리는 마음을 비우는 수양의 구체적인 묘사를 만나게 됩니다. 공자는 "마음 방향'을 하나로 만드는"것이라고 심재를 설명하기 시작합니다. 마음 방향은 '지(志)'를 번역한 말인데, 이 '지'는 마음이 무언가를 지향하는 사태를 의미합니다. 그러니까 일단 우리는 마음 방향이나 지향을 하나가 되도록 해야 합니다. 여기서 마음 방향이 세상과 무관한 상념에 대한 것이 아니라 내가 마주치고 있는 타자에 대한 것이라는 사실이 중요합니다. 카페에서 그(그녀)를 만났다고 해보죠. 상대에게로 마음 방향을 집중하는 것이 "마음 방향'을 하나로 만드는" 것입니다. 상대를 무시하고 카페의 음악이나 인테리어에 집중하거나 혹은 다른 일이나 내일 업무에 집중하는 것이 아닙니다. 장자의 매력이 번쩍이는 대목입니다. 방 안에 앉아 많은 상념들 중 하나에 마음을 집중하는 것은 장자와는 아무런 상관이 없습니다. 내가 지금 마주치고 있는 타자에, 그 타자성에 온 신경을 집중해야 한다는 것이 그의 근본 입장이니까요.

불교에서는 부정관(不淨觀, Aśubhabhāvana)이라는 수행법이 있습니다. 삶에 대한 집착을 끊으려고 시체가 썩어가는 불쾌한 장면을 생생하게 떠올려보는 겁니다. 정말 내 눈앞에 썩어가는 시체가 있는 것처럼 불쾌한 장면을 생생하게 떠올려보는 것이 부정관의 핵심입니다. 장자는 이런 식의 마음 집중에 반대합니다. 그는 방에 있으면 푹 자거나 방에 집중해야 한다고 생각하니까요. 공자의 입을 통해 장자가 자기 입장을 바로 명료화하는 것도 이런 이유에서입니다. "귀로 듣지 말고 마음으로 듣고, 마음으로 듣지 말고 기(氣)로 들어라!" 타자와 소통하는 방법을 본다는 이미지가 아니라 듣는다는 이미지로 사유하는 대목이 먼저 눈에 들어옵니다. '본다'는 뜻의 '시(視)'가 아니라 '듣는다'는 뜻의 '청(聽)'이 중요합니다. 장자는 타자와 소통하는 방법을 보는 것이 아니라 듣는 것으로 시작하니까요. 애초에 타자를 본다는 것은 타자와 소통하는 방법이 아니라는 그의 결단입니다. 시선의 형이상학 혹은 시선의 정치경제학을 생각해보세요. 보는 자가 우월한 자이고 보이는 자는 열등한 자입니다. 우리는 우월한 사람에게 고개를 숙이는 전통이 있습니다. 고개를 숙이거나 절을 하면서 나는 보지 않겠으니 당신은 마음껏 나를 보라는 복종의 의미입니다. 나는 사냥감이고 당신은 사냥꾼이라는 것을 인정하는 겁니다. 반대로 어린 사람이나 지위가 낮은 사람이 고개를 숙이지 않고 나를 빤히 쳐다보는 경우, 우리는 상대방이 내게 도전한다는 위기감 혹은 상대방이 나를 깔본다는 불쾌감을 느끼게 됩니다. 이로부터 우리는 인간이 왜 신이나 귀신 등을 만들어냈는지 알게 됩니다. 우리가 볼 수는 없지만 우리를 항상 보고 있다고 상정되는 존재가 신이나 귀신이니까요.

사냥감이 아니라 사냥꾼이 되겠다는 의지, 보이는 것이 아니라 보는 자가 되겠다는 의지는 타자와 소통하려는 의지가 아니라 타자를 지배하겠다는 의지입니다. 반면 듣는다 혹은 듣겠다는 의지는 이와 다릅니다. 음악을 듣는 경험을 떠올려보세요. 라흐마니노프의 피아노협주곡을 들을 때 우리는 자기도 모르게 눈을 감습니다. 혹은 음악을 제대로 듣기 위해 거실의 불을 끄거나 빛을 약하게 조절합니다. 음악이 아니어도 좋습니다. 내 앞에 있는 사람의 이야기에 집중할 때 우리는 자신도 모르게 눈을 감게 됩니다. 그렇지만 이런 행동은 군주를 보지 않으려 고개를 숙이는 복종의 행위와는 다릅니다. 눈을 감고 상대방의 말에 집중하는 행동은 상대방을 지배하거나 상대방에 복종하겠다는 의지와 무관합니다. 음악이나 상대방의 말을 들을 때 우리는 고개를 숙이지 않고 눈을 감게 됩니다. 고개를 숙이지 않음이 상대방에게 복종하지 않으려는 의지라면, 눈을 감는 것은 상대방을 지배하지 않겠다는 의지의 표명입니다. 군주 앞에서 고개를 숙인 채 바닥을 응시하는 신하의 모습과는 상당히 다르지요. 타자의 말이나 혹은 타자를 듣는다는 것은 지배에의 의지나 복종에의 의지를 넘어서 있습니다. 그건 소통에의 의지니까요. 장자는 "귀로 듣지 말고 마음으로 듣고, 마음으로 듣지 말고 기로 들어라!"고 말합니다. '귀', '마음' 혹은 '기'보다 수천 배 중요한 것은 '듣겠다'는 그의 의지입니다. '듣겠다'는 소통에의 의지가 귀로 듣는 것보다 마음으로 듣는 것이 좋고, 마음으로 듣는 것보다 기로 듣는 것이 좋다는 판단을 가능하게 하니까요.

비우고 부득이에 깃들 때

———

　물리학에는 공명(resonance)이라는 흥미로운 현상이 있습니다. 어떤 소리굽쇠 A가 울리면 일정 정도 거리가 떨어져 있는 소리굽쇠, 즉 같은 진동수를 가진 다른 소리굽쇠 B를 울리는 현상입니다. 만약 B가 A와 진동수가 다르면 B는 A의 소리에 반응하지 않습니다. 진동수가 같아야 B는 A의 소리에 반응해 함께 울게 됩니다. 장자가 "귀로 듣지 말고 마음으로 듣는다"고 말하면서, "마음은 부합되는 것을 알 뿐이다"라고 말한 것도 이런 이유에서입니다. 실연의 경험이 없는 사람은 친구의 이야기를 들어줄 수는 있지만 함께 울어주기는 힘든 법입니다. 반대로 실연의 경험이 있다면 친구의 아픔에 함께 울 수 있을 겁니다. 그렇다면 "기로 듣는다"는 것은 무엇일까요? 특정 진동수를 갖고 있는 소리굽쇠가 아니라 무한에 가까운 다양한 진동수를 갖고 있는 소리굽쇠를 상상해보세요. A가 울려도 울고, B가 울려도 울고, C가 울려도 울고……. 라디오를 생각하면 쉽습니다. 채널을 돌려 주파수를 맞춰 다양한 진동수에 반응할 수 있습니다. 채널을 돌리면서 우리는 울기도 하고, 웃기도 하고, 냉담해지기도 하고, 밝아지기도 합니다. 타인의 소리를 듣자마자 그에 반응할 수 있는 실연의 경험, 사랑의 경험, 실패의 경험, 성공의 경험 등 자기만의 진동수가 꺼내지는 겁니다. 바로 이것이 공명이자, 장자가 "기로 듣는다"고 했을 때 염두에 두고 있었던 것입니다. 여기서 기는 수백 수천의 소리들, 진동수가 다른 그 소리들로 가득한 어떤 충만한 공간, 너무나 의미가 많아 무의미해 보이는 복잡한 공간을 떠올리면 좋습니다. 분위기(雰圍氣)라고 문학적으로 이해해도 좋습니다. 장자는 "기는 비어서 타자와 조우하는 것"이라고 말합니다. 특정 진동수에 사로잡혀서는 안 됩니다. 그러니 이것을 비워야지요. 잡음이 사라져 명료한 소리를 잡을 때까지 돌아가는 채널을 생각해보세요. 비움이란 결국 타자의 주파수를 잡을 때까지 자신이 가진 특정 진동수를 부단히 버리는, 혹은 떠나는 행위였던 겁니다.

이제야 "길[道]은 오로지 비움[虛]에서만 깃들 수 있다"는 장자의 난해한 말이 직감적으로 이해됩니다. 찌지직거리는 잡음이 사라지고 드디어 명료한 소리가 들리는 겁니다. 상대방의 진동수에 나의 진동수가 일치되자 타자의 소리가 내게 들리는 겁니다. 타자가 내게 오는 길, 아니 타자로 내가 뚫으려 했던 길이 완성된 겁니다. 이렇게 우리는 세 단계의 들음을 상정할 수 있습니다. 소리를 들었지만 진동수가 맞지 않아 반응하지 않는 단계, 진동수가 맞아 특정 소리에 반응하는 단계, 진동수가 저절로 조정되어 다양한 소리에 다양하게 반응하는 단계입니다. 귀의 들음, 마음의 들음 그리고 기의 들음입니다. 물리학의 공명현상으로 심재 이야기를 독해하는 것에 고개를 갸우뚱거리는 사람도 있을 겁니다. 그러나 『장자』를 읽어보면, 장자에게 공명현상은 하나의 상식이었다는 것을 확인할 수 있습니다. "하나의 비파를 대청에, 다른 비파는 거실에 놓고 궁음을 치면 궁음이 반응하고 각음을 치면 각음이 반응하는 것은 음률이 같기 때문이다[廢一於堂, 廢一於室, 鼓宮宮動, 鼓角角動, 音律同矣]." 「서무귀(徐无鬼)」 편에서 혜시와 논쟁하면서 장자가 인용한 공명현상입니다. 어쨌든 공자의 말로 장자가 권고한 심재는 마음의 특정 진동수를 비워내는 겁니다. 그래서 장자는 "비움이 바로 심재"라고 했던 겁니다. 그러나 이 비움이 진동수가 맞지 않아 어떤 반응도 하지 않는 첫 번째 단계로의 퇴행이 아니라는 것을 명심해야 합니다. 막혀 있지 않아 바람과 마주칠 때 그에 맞는 소리를 낼 수 있는 구멍과 같은 상태니까요. 타자의 소리를 잡기 위해 저절로 채널이 움직일 수 있는 근사한 라디오와 같은 상태입니다.

스승의 가르침에 따라 안회는 마음으로 듣지 않고 기로 들을 수 있는 상태, 즉 마음을 비운 상태에 이릅니다. "제가 심재를 실천하기 전에는 안회라는 자의식이 실재처럼 존재했습니다. 그런데 심재를 실천하자 자의식은 더 이상 존재하지 않게 되었습니다. 이것을 비움이라 하는 것입니까?" 안회라는 자의식, 그것은 안회만의 특정 진동수죠. 안회는 마침내 자기만의 고유 진동수를 비운 겁니다. 이제 다양한 주파수를 잡을 수 있는 성능 좋은 라디오가 된 셈이죠. 공자는 이제 위나라 군주를 만나러 가도 된다고 말합니다. 그렇지만 안회는 언제든 특정 주파수에 사로잡힐 위험성에 노출되어 있습니다. 그래서 공자는 다시 한 번 들음의 지혜를 반복합니다. "들어오면 울고 들어오지 않으면 멈추어라. 문도 없애고 언덕도 없애라." 타자의 소리가 명료하게 들어오면 그때서야 반응해야 합니다. 아니면 어떤 반응도 해서는 안 됩니다. 타자의 소리를 제대로 포착하지 않고 떠들면 소통은커녕 불통, 나아가 갈등이 생기니까요. 또한 이 주파수면 소리가 잡히리라 기대해서 채널을 고정해서는 안 됩니다. 타자에 이르는 문도 없애고 타자를 내려다보는 언덕도 없애야 한다고 장자가 말한 이유입니다. 마지막으로 공자는 "너의 '마음 방향[志]'을 하나로 만들어야 한다"는 가르침을 반복합니다. "너의 집[宅]을 하나로 만들어 부득이(不得已)에 깃들 수 있다면, 괜찮을 것이다." '부득이'는 '멈추려고 해도 멈출 수 없다'는 의미입니다. 타자의 타자성에 대한 장자의 매혹적인 표현이죠. 찌지직거리는 잡음의 공간에 비유할 수 있습니다. 바로 여기에 우리는 자기 진동수를 맞춰야 합니다. 잡음이 조금이라도 명료한 소리가 되도록 채널을 섬세하게 돌려야 합니다. 그나마 잡음의 웅성

거림이 가시면 다행입니다. "너의 집을 하나로 만들어 부득이에 깃들 수 있다면, 괜찮을 것이다"라고 말할 때, 장자가 "괜찮을 것이다"라고 말한 이유입니다. 그러나 우리는 압니다. 감도가 좋은 라디오라도 모든 주파수를 잡을 수 없다는 것을요. 잡음마저 들리지 않고 내 귀를 지나가는 주파수들도 많을 겁니다. 그러니 마음을 비웠다고 모든 타자와 소통하는 것은 아닙니다. 우리가 할 수 있는 것은 타자와 반응할 수 있도록 나 자신의 고유 진동수들을 늘리는 일뿐입니다. 그렇지만 그럼에도 불구하고 우리 귀에는 수많은 타자들의 소리가 잡히지 않은 채 흘러갈 겁니다. 구멍과 마주치지 않고 휘몰아치는 바람들처럼 말입니다.

23

형이상학이라는
깊은 늪

논변 이야기

그대와 내가 논변을 하고 있다고 해보자. 그대가 나를 이기고 내가 그대를 이기지 못했다면, 그대가 정말로 옳고 나는 정말 그른 것일까? 반대로 내가 그대를 이기고 그대가 나를 이기지 못했다면, 내가 정말로 옳고 그대는 정말 그른 것일까? 아니면 그대와 나 둘 중 하나는 옳고 나머지 하나는 그른 것일까? 아니면 그대와 나 모두 옳거나 혹은 그대와 나 모두 그른 것일까? 나나 그대가 살펴 알 수가 없다면 다른 제삼자도 깜깜하기만 할 것이다. 우리는 누구를 불러 옳고 그름을 판정하도록 해야 할까? 그대와 의견이 같은 사람에게 판정하라고 해야 할까? 이미 그대와 의견이 같은데, 어떻게 그가 판정할 수 있겠는가? 나와 의견이 같은 사람에게 판정하라고 해야 할까? 이미 나와 의견이 같은데, 어떻게 그가 판정할 수 있겠는가? 나나 그대와 의견이 다른 사람에게 판정하라고 해야 할까? 이미 나나 그대와 의견이 다른데, 그가 어떻게 판정할 수 있겠는가? 나나 그대와 의견이 같은 사람에게 판정하라고 해야 할까? 이미 나나 그대와 의견이 같은데, 그가 어떻게 판정할 수 있겠는가? 그렇다면 나나 그대나 제삼자가 모두 살펴 알 수가 없으니, 다른 누군가를 기다려야 하는 것일까?

「제물론」

既使我與若辯矣. 若勝我, 我不若勝, 若果是也, 我果非也邪? 我勝若, 若不吾勝, 我果是也, 而果非也邪? 其或是也, 其或非也邪?其俱是也, 其俱非也邪? 我與若不能相知也, 則人固受其黮闇. 吾誰使正之? 使同乎若者正之? 既與若同矣, 惡能正之? 使同乎我者正之? 既同乎我矣, 惡能正之? 使異乎我與若者正之? 既異乎我與若矣, 惡能正之? 使同乎我與若者正之? 既同乎我與若矣, 惡能正之? 然則我與若與人俱不能相知也, 而待彼也邪?

「齊物論」

현실을 부정하는 형이상학의 위험성

────

아는 것에서 알지 못하는 것을 혹은 경험한 것에서 경험하지 못하는 것을 추론하는 것! 바로 학자적 이성입니다. 어느 경우든 추론은 실제 알거나 경험하게 되는 진실과는 거리가 있을 수밖에 없습니다. 우리는 추론을 통해 상상한 것 속에 빠져 허우적댈 수 있을 뿐만 아니라, 이 상상한 것이 선입견이 되어 진실과 마주치는 것을 방해하기 쉬우니까요. 사실 평범한 사람들도 자신이 할 줄 아는 것이나 몸소 경험한 것에서 추론합니다. 이경우 추론은 나름 리얼리티를 가집니다. 지배 질서에 적응할 수밖에 없는 과정에서 생기는 불안과 절망, 혹은 기성세대에 대한 저항의식은 세대를 뛰어넘어 젊은이들의 상징입니다. 그렇지만 젊은 시절 자신이 겪은 경험을 통해 요즘 젊은이들의 내면을 추론하는 경우 오류는 불가피합니다. 정치경제학적 환경이 변했기에 기성세대가 젊은 세대의 내면을 바로 이해하는 것은 힘드니까요. 하지만 기성세대가 젊은이들을 이해할 희망은 있습니다. 자신들이 추론한 것이 젊은이들에게 맞는지 살펴 오류 가능성을 줄일 수 있기 때문입니다. 책이나 전언을 통한 간접적인 앎이나 남의 경험을 토대로 이루어진 추론은 직접적인 앎과 자기 경험으로부터 얻어진 추론보다 상황이 더 나쁩니다. 최소한의 리얼리티도 없는 이런 추론을 통해 우리는 실제와 더 멀어질 수 있고 그만큼 우리 삶은 더 난처해질 수 있을 겁니다. 그러나 이 경우에도 희망은 있습니다. 추론된 것은 실제 삶을 통해 수

정되거나 검증될 여지가 여전히 있으니까요.

문제는 검증되거나 반박될 가능성이 별로 없는 추론도 있다는 겁니다. 종교적 추론이나 형이상학적인 추론이 이에 해당합니다. 사후 세계가 존재한다고 주장해도 이를 살펴 확인할 가능성은 제로에 가깝습니다. 논리적으로 사후 세계는 살아서는 경험할 수 없기 때문입니다. 간혹 죽기 직전에 되살아난 임사 체험을 강조하며 사후 세계를 경험했다고 흥분하는 사람이 있습니다. 그러나 임사 체험이란 냉정히 말해 죽지 않았기에 가능한 경험일 뿐입니다. 마찬가지로 신이나 불멸하는 영혼도 검증하기란 거의 불가능하죠. 형이상학적 추론도 마찬가지입니다. 인간의 본성에 대한 극단적인 주장, 성선론(性善論)과 성악론(性惡論)을 보세요. 인간의 본성 자체가 경험으로 확인할 수 없기에 이런 대립적인 주장이 팽팽히 맞서는 겁니다. 그저 양측은 현실 인간의 모습들 중 선한 측면을 강조하거나 이기적인 측면을 강조하고 있을 뿐, 인간의 본성 자체 대해 막연하기만 하죠. 흥미로운 것은 성선론이 국가의 개입에 반대하며 개인의 자율성을 긍정한다면 성악론은 국가의 공권력이나 사회의 훈육을 긍정하며 개인의 자율성을 부정한다는 데 있습니다. 인간의 자유의지에 대한 이야기도 마찬가지입니다. 자유의지도 완전히 막연한 논의입니다. 사실 자유의지론은 어떤 범죄를 저지른 사람에게 그 책임을 전적으로 그에게 부가하기 위해 만든 논의입니다. 한마디로 사법적이거나 종교적 처벌을 정당화하기 위해 만든 논의가 자유의지론이라는 것입니다. 지금도 법정에서는 검사와 변호사가 다투고 있습니다. 검사는 피고가 자유롭게 범죄를 저

질렀다고 주장하고, 변호사는 피고가 다른 이유로, 즉 자유롭지 않은 상태에서 범죄를 저질렀다고 주장하지요. 그래도 인간이나 사물의 본질이나 근거에 대한 이런 추론은 나름 상태가 좋습니다. 우리는 경험을 통해 인간과 사물의 상태를 엿볼 수 있으니까요.

정말 위험한 것은 현실적 경험 세계를 하나의 착각으로 보는 형이상학적 입장입니다. 현실을 설명한다거나 그에 근거를 제공한다고 자임하는 형이상학은 현실로 그 유효성과 타당성이 검증될 수 있습니다. 마치 자연과학의 이론처럼 말입니다. 그러나 현실을 부정하는 형이상학은 현실에 기대어 검토할 수도 없습니다. 예를 들어, 달리기를 해서는 아킬레스가 거북이를 결코 추월할 수 없다는 제논(Xenon, BC 495?~BC 430?)의 역설을 보세요. 아킬레스가 거북이보다 열 배 빠르다고 하고, 거북이는 아킬레스보다 100미터 앞에서 출발하는 경주를 가정해봅시다. 가장 날랜 그리스 전쟁 영웅에게 불리한 조건을 건 달리기 경주입니다. 경주가 시작되고 아킬레스가 원래 거북이가 있던 100미터 앞까지 뛰었다면, 거북이는 출발점에서 10미터 앞으로 이동했을 겁니다. 그다음 아킬레스가 10미터 앞으로 이동하면 거북이는 1미터 앞으로 이동하게 될 겁니다. 이런 식으로 계속 진행되면 아킬레스와 거북이 사이의 간격은 좁혀들지만 결코 아킬레스가 거북이를 추월할 수 없다는 결론이 도출됩니다. 제논의 추론을 받아들이는 순간 우리는 눈앞의 운동들, 즉 현실 세계를 부정하게 되죠. 현실에서는 아킬레스가 거북이를 가볍게 추월할 테니까요. 논리적으로는 맞는 것처럼 보이기에 우리는 눈앞의 경험을 부정하게 됩니다. 운동은 신기루처럼 우리의 시각적 착각이라고 말입니다. 사실 속도 개념이 도입되면서, 제논의 역설은 잘못된 논증이라고 판명됩니다. 뉴턴(Issac Newton, 1642~1726)과 라이프니츠가 운동에 시간 개념을 도입했기에 가능했던 일이죠. 논리의 세계 혹은 생각의 세계가 현실의 세계나 경험의 세계와 분리될 수 있다는 사실을 보여주는 생생한 사례입니다. 사실 이런 일이 철학에서만 벌어지는 것은 아닙니다. 법정에서도 어어 하는 순간, 범죄자가 분명한데 무죄를 선고받거나 감형되는 경우가 있으니까요. 법조문들 사이의 모순을 파고든 비싼 변호사가 말재주를 부린 탓입니다. 그래서 실제로는 유죄인데 법적으로는 무죄가 되는 황당한 경우도 벌어지죠. 말재주나 논리가 부족한 일반인으로서는 답답한 노릇입니다.

모두 옳거나 모두 그른 것일까

「제물론」 편에 등장하는 '논변 이야기'는 "그대와 내가 논변을 하고 있다고 해보자"라는 말로 시작합니다. 여기서 논변으로 번역된 '변(辯)'이라는 글자가 매우 중요합니다. '칼로 쪼개 나누다'라는 뜻의 변(辨)이라는 글자에 들어 있는 도(刂)를 빼고 그 자리에 언(言)을 넣어 만든 글자가 바로 변(辯)입니다. 칼로 썩은 부분을 도려내 괜찮은 부분을 얻으려는 것처럼, 말로 그른 부분을 잘라내 옳은 부분을 건지겠다는 의지입니다. 논변은 일상적인 논쟁이나 말다툼을 의미하기도 하지만, 구체적으로는 경험으로 확인하거나 검증하기 어려운 형이상학적 논변을 의미합니다. 특히 「제물론」 편에서 장자가 문제 삼고 있는 논변은 형이상학적이고 사변적이라는 점을 잊어서는 안 됩니다. 다시 말해, 아는 것과 경험한 것으로부터 실제 삶에서 확인하기 어려운 것을 추론하고, 그 추론된 것을 옳다고 주장하는 것이 바로 장자가 말하는 논변이라는 것입니다. 실제로 『장자』 「천하」 편을 보면 장자가 논변하는 사람, 즉 변자(辯者)들의 논변이라고 열거하는 주장은 대개 형이상학적입니다. 예를 들어 "한 자 길이의 지팡이를 매일 반으로 잘라도 그 작업은 영원히 그칠 수가 없다(一尺之捶, 日取其半, 萬世不竭)"고 익명의 변자가 주장했던 논변을 생각해볼 수 있습니다. 흥미로운 것은 바로 이 주장이 혜시의 주장을 논박하기 위해 등장한다는 사실입니다. 『장자』 「천하」 편에 소개된 혜시의 유명한 명제들, '역물'이라는 테마로 소개된 열 개 명제들 중에는 "두께가 없는 것은 쌓을 수 없지만, 그 크기는 천 리나 된다(無厚不可積, 其大千里)"는 명제가 있습니다. 익명의 변자는 혜시의 이 주장에 대립되는 논변을 만든 것입니다.

이제 막연해 보이는 장자의 논변 이야기가 생생해집니다. 혜시는 크기나 길이에 대해 일종의 원자 개념을 도입합니다. 바로 "두께가 없는 것"이라는 생각입니다. 그러니까 천 리의 길이를 가진 끈이 있다고 해봅시다. 혜시는 이 끈을 계속 자르다 보면 더 이상 자를 수 없는 최소의 단위에 이른다고 생각합니다. 그 최소 단위는 두께가 없습니다. 그러니 더 이상 자를 수가 없죠. 반면 익명의 변자는 두께가 없는 최소 단위 혹은 원자와 같은 길이를 상정하지 않습니다. 칼이나 가위가 문제일 뿐, 한 자 길이의 지팡이는 이론적으로 계속 반으로 자를 수 있다는 겁니다. 두께가 있는 것을 구성하는 것은 두께가 있을 수밖에는 없다는 입장입니다. 익명의 변자는 두께가 없는 것이 모여서는 두께가 있는 것을 만들 수 없다고 생각하는 셈이죠. 이것은 두께가 없는 원자적 길이가 모이면 천 리 길이의 두께가 있는 끈을 만든다는 혜시의 입장과 대립됩니다. 혜시가 옳을까요, 아니면 익명의 변자가 옳을까요? 둘 다 옳을까요, 아니면 둘 다 그를까요? 바로 이것이 장자가 생각하고 있던 논변 혹은 논쟁의 상황입니다. "그대와 내가 논변을 하고 있다고 해보자. 그대가 나를 이기고 내가 그대를 이기지 못했다면, 그대가 정말로 옳고 나는 정말 그른 것일까? 반대로 내가 그대를 이기고 그대가 나를 이기지 못했다면, 내가 정말로 옳고 그대는 정말 그른 것일까? 아니면 그대와 나 둘 중 하나는 옳고 나머지 하나는 그른 것일까? 아니면 그대와 나 모두 옳거나, 혹은 그대와 나 모두 그른 것일까?"

중요한 것은 혜시나 그 반대자 모두 자신의 주장이 옳은지 확인할 수 없다는 사실입니다. 더 이상 자를 수 없는 최소 길이가 존재한다는 주장이나 그런 최소 길이는 존재하지 않는다는 주장은 논리적 추론 혹은 형이상학적 사변의 결과물이기 때문이죠. 혜시는 천 리 길이의 끈을 잘라 두께가 없는 최소 길이에 이른 적이 없고, 반대자 또한 한 자의 지팡이를 매일 반으로 쪼개는 작업을 영원히 수행할 수 없습니다. 그래서 혜시는 속으로 반대자가 옳을 수도 있다고 생각할 수 있고, 반대자 역시 혜시가 옳을 수도 있다고 생각할 수 있습니다. 하지만 혜시나 반대자는 마치 자신이 옳고 상대방이 그르다는 식으로 대립합니다. 자신의 주장이나 상대방의 주장이 모두 경험으로 검증하기 어렵기 때문입니다. 이 점에서 혜시와 익명의 변자 사이의 논쟁은 아킬레스와 거북이에 대한 제논의 역설보다 심각한 데가 있습니다. 최소한 거북이와 달리기 시합을 하면, 아킬레스는 어렵지 않게 거북이를 추월할 테니 말입니다. 어쨌든 대립이 심해지면 혜시나 반대자는 이제 스스로 긴가민가하는 생각일지라도 확실한 것으로 밀어붙일 수밖에 없습니다. 무엇이 옳은지 검증하기 어렵다는 것을 알아도, 아니 알기에 자신의 주장을 단호하게 밀어붙이는 겁니다. 논변에서 패하면 지식인으로서 자기 평판이 바닥에 추락할 테니까요. 이렇게 진리의 논쟁은 허영의 전쟁이 되고 마는 것입니다. 문제는 혜시나 상대방의 논쟁에 휘말려 어느 한쪽을 편드는 다른 사람들이 생길 수 있다는 데 있습니다. 논쟁이 흥미로워 자발적으로 참여한 사람들도 있을 겁니다. 그러나 많은 경우 자기 편을 확보해 논쟁에서 이기려는 논쟁 주도자들의 여론전이 중요한 역할을 합니다. 확증 불가능한 논쟁에서 이기려고 지식인들은 수적 우위라는 반지성적 행동도 서슴지 않습니다. 여기에 휘말리는 일반인들이 측은할 뿐입니다.

직접 경험하지 않은 것에 대해 침묵하기

———

형이상학적 논쟁은 감정싸움, 위신싸움, 나아가 지적 헤게모니 싸움으로 비화하고 맙니다. 논쟁 참여자들이 추론한 것이 경험적으로 검증되기 어렵기 때문에 벌어진 해프닝이자 비극입니다. 그래서 "나나 그대가 살펴 알 수가 없다면, 다른 제삼자도 깜깜하기만 할 것이다"라는 장자의 통찰이 중요합니다. 여기서 중요한 것은 "살펴서 안다"고 번역한 "상지(相知)"라는 말입니다. 흔히 주석가들이나 번역자들은 '상지'를 '서로 안다'고 풀이합니다. 상(相)이라는 한자를 '서로'라는 뜻으로 이해했기 때문이죠. 사실 장자 이후에도 동아시아에서 상지는 '친구 사이'나 혹은 '교제'의 뜻으로 사용되기도 합니다. 그러나 "나나 그대가 서로 알 수 없다면, 다른 제삼자도 깜깜하기만 할 것이다" 혹은 "나나 그대가 친구가 될 수 없다면, 다른 제삼자도 깜깜하기만 할 것이다"라는 풀이는 논변 이야기 전체를 막연하게 만듭니다. 그래서 우리는 '상'이라는 글자의 원래 뜻을 생각해봐야 합니다. 갑골문이나 금문을 보면 상은 '나무 옆에서 바라보는 눈'을 묘사하는 글자입니다. 그래서 상은 원래 '살피다' '감시하다' 혹은 '시찰하다'라는 뜻으로 쓰였습니다. 보는 자는 지배자이고 보이는 자는 피지배자라는 시선의 정치경제학을 떠올려보면, 뙤약볕에서 노동하는 노예를 시원한 나무 그늘 옆에서 감시하는 노예 감독관을 떠올리는 것이 좋습니다. 그래서 갑골문에 눈을 부라리며 감시하는 모습을 묘사한 '신(臣)'이라는 글자와 '상'이라는 글자는 같은 의미 계열에 속합니다. 지금도 사용하는 재상(宰相)이나 영상(領相)도 이 전통에 이어집니다. 피지배자를 '감시하는[相]' 자들의 우두머리라는 의미니까요. 이런 정치적 의미가 아니더라도 상이라는 글자가 '살피다'나 '보다'라는 뜻으로 사용되는 관상(觀

相)이나 수상(手相)이라는 말도 있다는 사실도 잊지 마세요.

　혜시나 익명의 변자는 끈이나 지팡이든 길이를 가진 어떤 것을 계속 반으로 나누면 자신에게 무엇이 남을지 눈으로 "살펴 알" 수가 없습니다. 두께가 없는 최소 길이라는 막다른 골목에 이를지, 아니면 영원히 나누는 작업을 계속할지는 그저 논리적 요청이나 사변적 결과물일 뿐이죠. 당연히 두 사람의 논쟁에 관심을 가진 제삼자들도 최소 길이가 있는지 없는지 결정할 수 없습니다. 그래서 장자는 "나나 그대가 살펴 알 수가 없다면, 다른 제삼자도 깜깜하기만 할 것이다"라고 말했던 겁니다. 논변 이야기의 후반부는 바로 이 제삼자들, 논쟁에 혜시나 그 반대자보다 더 심하게 몰입하는 제삼자들을 다룹니다. 이들은 혜시나 그 반대자의 추종자일 가능성이 많습니다. 이미 이들은 경험적으로 확인되지 않은 최소 길이를 추론했던 혜시나, 그 반대자가 가졌을 최소한의 주저함마저 가지고 있지 않습니다. 그저 이들은 이미 '혜시빠'거나 '변자빠'일 뿐입니다. 당연히 '혜시빠'와 '변자빠' 사이의 논쟁은 혜시나 익명의 변자가 보았으면 황당해할 정도로 더 치열해질 겁니다. 형이상학적 논변이 추종자들이 개입해 더 복잡해진 상황에 대해 장자는 말합니다. "우리는 누구를 불러 옳고 그름을 판정하도록 해야 할까? 그대와 의견이 같은 사람에게 판정하라고 해야 할까? 이미 그대와 의견이 같은데, 어떻게 그가 판정할 수 있겠는가? 나와 의견이 같은 사람에게 판정하라고 해야 할까? 이미 나와 의견이 같은데, 어떻게 그가 판정할 수 있겠는가? 나나 그대와 의견이 다른 사람에게 판정하라고 해야 할까? 이미 나나 그대와 의견이 다른데, 그가 어떻게 판정할 수 있겠는가? 나나 그대와 의견이 같은 사람에게 판정하라고 해야 할까? 이미 나나 그대와 의견이 같은데, 그가 어떻게 판정할 수 있겠는가? 그렇다면 나나 그대나 제삼자가 모두 살펴 알 수가 없으니, 다른 누군가를 기다려야 하는 것일까?"

논변 이야기 후반부의 핵심도 마지막 문장에 있습니다. "나나 그대나 제삼자가 모두 살펴 알 수가 없으니, 다른 누군가를 기다려야 하는 것일까?" 그러나 나나 그대나 제삼자 이외의 제사자, 제오자…… 등도 '살펴 알 수 없기'는 마찬가지입니다. 당연히 논변이나 논쟁은 가라앉기는커녕 더 격화될 겁니다. 이처럼 논변 이야기에서 장자의 입장은 '상지'라는 글자에 응결되어 있습니다. "살펴서 알 수 있는" 계기조차 없는 형이상학적 논변이나 종교적 논변에 대해 장자는 확고한 반대 입장을 표명합니다. 지금도 종교가, 지금도 궤변이, 지금도 이데올로기가 온갖 '빠'들을 양산해 갈등을 조장하고 그에 기승해 생명을 연장하고 있습니다. 그래서 논변 이야기는 살펴도 알 수 없는 논변 혹은 사변적인 논변이 가진 한계와 파국에 대한 현실적 보고서일 수도 있습니다. 그렇다고 장자가 "살펴서 알 수 있는" 생각, 추론 혹은 논변을 긍정하고 있다고 오해해서는 안 됩니다. 결코 그는 순진한 경험론자는 아니니까요. 장자는 옳다고 추론된 것이 살펴서 알아야 한다는 요구마저 압도할 가능성이 있다는 것을 잘 압니다. 인간은 현실 경험에서 자신의 추론에 맞지 않는 것은 보지 않고 자신의 생각과 맞는 것만 애써 보려 하니까요. 그러고는 자신의 생각과 맞지 않는 측면은 무시해도 좋을 예외적인 경우라고 치부하죠. 그래서 아직 모르는 영역이나 아직 경험하지 못한 영역에 대한 추론은 가급적 삼가는 것이 좋습니다. 직접 경험하지 않은 것에 대해 침묵하는 것! 추론하더라도 그것은 현실성이라고는 하나도 없는 꿈과 같은 것이라고 생각하라는 것! 장자가 우리에게 말하려고 했던 것은 바로 이것입니다. 한마디로, 자신의 것이든 남의 것이든 추론된 것을 접할 때마다 우리는 장자식의 주문을 외워야 합니다. "잘도 그러겠다!"

24

열자는 이렇게 살았다!

열자 이야기

그런 일이 있은 뒤 열자는 스스로 아직 배우지도 못했다 생각하고 집으로 돌아와 3년 동안 밖으로 나가지 않았다. 마침내 그는 자신의 아내를 위해 부엌일을 하고 사람을 먹이듯 돼지를 먹였으며, 모든 일에 특별히 편애하는 일도 없었다. 세련된 나무 조각품이 다시 온전한 나무로 돌아가듯, 그는 우뚝 홀로 자신의 몸으로 섰다. 그의 행동은 어지러워 보이지만 흐트러지지는 않았다. 열자는 한결같이 이렇게 살다가 자신의 일생을 마쳤다.

「응제왕」

然後列子自以爲未始學而歸, 三年不出. 爲其妻爨, 食豕如食人, 於事無與
親. 彫琢復朴, 塊然獨以其形立. 紛而封哉. 一以是終.

「應帝王」

열자는 왜 스승을 떠났을까?

_____

『장자』「응제왕」편의 반을 차지하는 흥미로운 이야기가 하나 있습니다. 계함(季咸)이라는 무당과 호자(壺子)라는 선생 사이의 일화를 다룬 이야기입니다. 두 사람의 만남을 주선한 사람은 바로 호자의 제자 열자(列子)입니다. 계함은 신통하여 생명체를 보면 그 생명체가 언제 죽을지를 알았고, 심지어 사람의 죽음까지도 점칠 수 있었습니다. 열자는 계함이 자기 스승보다 더 훌륭하다고 판단합니다. 당연히 열자는 스승을 바꾸어야겠다고 결심하게 됩니다. 하지만 아무 말도 없이 스승을 떠나는 것은 예의가 아니기에, 열자는 지금까지 스승이었던 호자에게 계함의 훌륭함을 이야기합니다. 이제 새로운 스승을 찾아 떠나겠다는 은근한 작별 선언이었던 셈이죠. 호자로서는 일생일대의 위기가 찾아온 겁니다. 마침내 호자는 계함을 만나게 해달라고 열자에게 부탁합니다. 자신과 무당 중 누가 더 수준이 높은지 보여주겠다는 생각이었죠. 뭔가 스토리가 이상하게 진행됩니다. 열자라는 제자 앞에서 현재 스승과 미래 스승이 경연을 벌이는 형국이 펼쳐지니까요. 결국 가장 수준이 낮은 사람이 경연의 심사위원이 되고 만 것입니다. 경연이 어떻게 진행될지는 어렵지 않게 추정할 수 있습니다. 과연 계함은 호자를 보고, 호자의 생사를 예측할 수 있는지의 여부가 관건이 됩니다. 바로 이 대목에서 '살피다'나 '보다'라는 뜻의 '상(相)'이라는 글자가 나옵니다. 바로 관상(觀相)입니다. 계함은 호자의 관상을 볼 수 있을까요? 관상을 본다면 계함이 이기는 것이고, 보지 못한다면 호자가 이기는 경연은 이렇게 펼쳐집니다.

　호자를 만나자 계함은 그의 관상을 봅니다. 관상을 본 뒤 그녀는 호자가 일주일 안에 죽으리라고 예언합니다. 그녀의 이야기를 듣고 열자는 슬픔에 빠집니다. 어차피 떠날 생각이지만, 호자는 지금까지 스승으로 모셔온 정든 사람이었으니까요. 열자가 울면서 스승에게 이 사실을 고하니 호자는 "내가 꽉 막힌 땅의 기운을 보여주었다. 다음에 또 그녀를 불러와라"라고 말합니다. 이에 계함이 다시 와 호자의 관상을 보게 됩니다. 이번에 그녀는 호자에게서 봄날 같은 기운을 느낍니다. 관상을 본 뒤 계함은 열자를 불러 "당신 스승이 나를 만났더니 살아나게 되었습니다"라고 말합니다. 그녀는 자신을 만난 것만으로 호자의 막힌 기운이 뚫렸다고 믿었던 겁니다. 계함이 호자를 살렸다고 믿은 열자는 이 이야기를 스승에게 해줍니다. 그러자 호자는 말하죠. "내가 그녀에게 맑은 기운을 보여주었다." 이런 식으로 계함은 호자의 관상을 보고, 그때마다 호자는 계함에게 다른 기운을 보여줍니다. 마지막으로 호자는 계함에게 허(虛)의 기운, 즉 빈 마음을 보여주죠. 이를 본 계함은 망연자실하여 달아납니다. 호자의 마음이 순간순간 관상을 볼 수 없을 정도로 급변했기 때문입니다. 계함은 무엇을 보았던 것일까요? 호자는 빈 구멍이고 계함은 바람이라고 생각해보세요. 빈 구멍은 다양한 소리를 내지요. 바람의 세기가 다양하기 때문입니다. 계함은 호자의 빈 마음에서 복잡한 무의식을 포함해 자신의 수많은 의식과 감정들을 본 것이었습니다. 물론 계함은 그 모든 혼돈이 호자 안에서 나온 것이라고 착각합니다.

빈 마음, 즉 허심을 보여주었을 때 호자는 자신과 계함 사이에 있었던 일을 열자에게 설명합니다. "계함과 있을 때 나는 비워서 (돌 등 장애물을 만나면 몸을 자유롭게 휘는) 뱀처럼 타자에 반응하는 상태였다. 그러니 그녀는 내가 누구인지 알지 못했던 것이다. 그녀가 가라앉으면 나도 가라앉고 그녀가 요동을 치면 나도 요동쳤기에, 그녀는 놀라 도망친 것이다[吾與之虛而委蛇 不知其誰何 因以爲弟靡 因以爲波流 故逃也]." 중이 제 머리를 못 깎는다는 말처럼 계함은 자신의 관상을 본 적이 한 번도 없었을 겁니다. 그런데 그녀는 호자의 빈 마음에서 자신의 복잡한 마음을 봅니다. 빈 구멍에서 바람 소리를 들은 바람처럼 말입니다. 그래서 계함은 놀랐고 두려웠던 것입니다. 어쩌면 그녀는 자신이 언제 어떻게 죽는지를 보았을 수도 있습니다. 어쨌든 경연은 이렇게 호자의 승리로 결판이 나고 맙니다. 채운 것을 비울 수 있는 병과 같은 선생이 끝까지 채운 것을 유지하려 했던 무당을 이기는 결론은 사실 이미 예견되었는지도 모릅니다. 호자는 '병 선생'이라는 뜻이고, 계함은 '끝까지 채운다'는 의미입니다. 결국 계함은 그녀 자신이 채운 것을 빈 병에 빼앗기는 역으로 캐스팅된 겁니다. 자, 이제 열자는 어떻게 할까요? 호자의 승리를 보았으니 열자는 스승 옆에서 마음을 비우는 수행에 매진하는 것이 정상일 겁니다. 그런데 열자는 이상하게 행동합니다. 이미 멀리 도망간 무당은 차치하고, 스승에게서마저 떠나기 때문입니다. '호자 이야기'로 불릴 만한 이야기가 '열자 이야기'로 불리게 되는 것도 이런 이유에서입니다. 호자가 주인공이 아니라 열자가 주인공이니까요.

3년 동안 집 밖을 나가지 않았다

———

"그런 일이 있은 뒤 열자는 스스로 아직 배우지도 못했다 생각하고 집으로 돌아와 3년 동안 밖으로 나가지 않았다." '그런 일이 있은 뒤'는 '연후(然後)'라는 말을 풀이한 것입니다. 여기서 그런 일이란 물론 호자가 계함에게 최종 승리를 거둔 일을 가리킵니다. 계함은 스승 호자와의 싸움에서 패했으니 그녀와 결별하는 것은 당연합니다. 물론 호자와의 경연에서 패한 그녀가 실성한 듯 사라져 종적이 묘연하니, 열자가 스승으로 모시려 해도 그럴 수도 없었지만 말입니다. 그런데 호자의 승리 이후 열자는 호자마저 떠나버립니다. 왜 그랬을까요? 호자의 이야기가 맞다면, 호자는 마음을 비우는 데 성공한 사람, 다시 말해 바람 이야기에서 남곽자기처럼 "지금 나는 나 자신을 잃었다[吾喪我]"라고 선언해도 무방한 사람입니다. 마음을 비우는 수행을 완성하려면, 열자는 이전보다 더 간절하게 스승 곁에 있어야 합니다. 그런데도 열자는 호자를 떠납니다. 이미 열자는 마음을 비우는 데 성공한 것일까요? 그렇지도 않습니다. 열자는 "스스로 아직 배우지도 못했다 생각"하고 있으니까요. 자신이 아직 배우지 못했다고 생각하면서도 스승을 떠났다는 것은 열자가 호자를 더 이상 스승으로 인정하지 않는다는 것을 말합니다. 도대체 계함이라는 무당을 쫓아낸 호자의 어떤 측면이 열자에게 불만족스러웠던 것일까요? 사실 그 답은 단순합니다. 호자가 계함에게 보여주었다고 떠벌렸던 빈 마음, 즉 허심(虛心)은 사실 빈 것이 아니었기 때문입니다.

　마음을 비우는 이유는 타자를 놀라게 하거나 쫓아내기 위해서가 아니라 타자와 소통하기 위해서입니다. 그런데 호자의 허심은 소통은커녕 계함을 공포에 빠져 실성하는 지경까지 내몹니다. 열자는 바로 이를 간파했던 것입니다. 호자의 허심에는 사실 괴물이 살고 있었던 셈입니다. 뱀처럼 부드럽게 몸을 휘는 상태가 아니라 그냥 뱀이 있었던 겁니다. 계함은 호자의 허심에서 자신의 맨얼굴과 함께 그 뱀을 보았던 게 아닐까요. 아마 그 뱀은 계함에게 다가오며 말했을 겁니다. "나는 너의 몸과 마음을 휘감아버릴 거야." 분명 이것도 계함의 공포를 가중시켰을 겁니다. 어쨌든 호자는 그저 무당도 속이는 능숙한 배우였을 뿐입니다. 막힌 기운도 연출하고 맑은 기운도 연출합니다. 심지어 그는 허심도 연출하죠. 그러나 마음을 실제로 비우는 것과 비운 척 연기하는 것과는 다릅니다. 사실 우리는 압니다. 호자의 허심 이면에는 계함을 이기겠다는 의지, 허심으로 계함을 놀라게 하겠다는 의지가 뱀처럼 똬리를 틀고 있다는 사실을요. 호자는 '자신을 잃기[喪我]'는커녕 경쟁에서 이기겠다는, 자신의 권위를 유지하겠다는 강력한 자의식의 소유자였던 겁니다. 열자는 바로 이것을 알았던 겁니다. 이제 계함도 스승일 수 없고, 아울러 호자도 스승일 수 없습니다. 남은 것은 이제 열자 그 자신일 뿐입니다. 여기서 열자가 "3년 동안 밖으로 나가지 않았다"는 묘사가 중요합니다. 중국 특유의 삼년상(三年喪) 전통을 생각해보세요. 3년은 호자와 철저히 결별하는 죽음의 시간이자 열자가 새롭게 태어나는 탄생의 시간을 상징합니다. 3년 동안 두문불출하면서 열자는 진정으로 마음을 비우는 공부를 한 것입니다.

갈등을 피하는 빈 배처럼, 혹은 바람을 맞아들이는 빈 구멍처럼, 타자와 소통하기 위해 자의식, 즉 '아(我)'를 버리는 겁니다. 3년이 지나자 열자는 마음을 비우는 데 성공합니다. 당연히 '나는 남자야' '나는 인간이야' '나는 마음을 비운 사람이야' 등의 자의식은 사라집니다. 아울러 자의식을 구성하는 허영도 함께 소멸됩니다. '나는 남자야'라는 자의식에는 여자를 열등하게 보는 우월 의식이, '나는 인간이야'라는 자의식에는 동물을 폄하하는 우월 의식이, 그리고 '나는 마음을 비운 사람이야'라는 자의식에는 마음을 채운 사람을 깔보는 우월 의식이 있다는 것을 잊어서는 안 됩니다. 어쨌든 장자는 열자의 상태를 너무도 담담하게 묘사합니다. "마침내 그는 자신의 아내를 위해 부엌일을 하고 사람을 먹이듯 돼지를 먹였으며, 모든 일에 특별히 편애하는 일도 없었다." 아직도 통용되는 가부장제를 열자는 가볍게 넘어서 있고, 다른 동물을 그저 인간 삶을 위한 수단으로 간주하는 인간중심주의도 그의 안중에는 없습니다. 달리 말해 남녀를 차별하지 않기에, 그리고 남자가 우월하다고 보지 않기에 열자는 부엌일을 할 수 있었고, 인간과 동물을 차별하지 않기에, 그리고 인간이 우월하다고 보지 않기에 열자는 돼지를 가족처럼 대우할 수 있었다는 이야기입니다. 당시 전국시대 중국에서 음식을 만들거나 돼지 등 가축을 돌보는 것은 대인(大人)이라면 꿈에라도 할 수 없는 가장 비천한 일이었습니다. 그런데 지금 열자는 기꺼이 육체노동을 긍정하는, 결코 작지 않은 건강한 소인(小人)이 된 겁니다. 장자가 최종적으로 열자는 "모든 일에 특별히 편애하는 일도 없었다"는 말을 덧붙인 것도 이런 이유에서입니다. 하긴 남에게 인정받으려는 허영을 찾아볼 수 없는 열자로서는 어쩌면 당연한 일일 겁니다.

우뚝 홀로 자신의 몸으로 서서

———

호자는 허심으로 계함을 공포에 빠뜨려 도망가게 만들었습니다. 그리고 호자는 허심으로 스승의 권위를 지키려고 했습니다. 반면 열자는 허심으로 아내와 돼지를 따뜻하게 품습니다. 그리고 열자는 허심으로 소인과 구별되지 않은 삶을 영위합니다. 허심을 연기했던 호자와 허심을 살아냈던 열자 사이의 거리는 이렇게 건널 수 없을 만큼 멀고 아득합니다. "모든 일에 특별히 편애하는 일도 없었다"는 말처럼 열자가 일체의 것들을 비교해서 보지 않았기 때문에 가능한 일입니다. 금덩어리나 돌멩이는 그에게 모두 비교 불가능한 단독자일 뿐이죠. 허영과 비교의 논리에 포획된 사람들의 눈에는 열자가 금덩어리의 가치를 부정하고 돌멩이의 가치를 높이는 것으로 보였을 겁니다. 그렇지만 정확히 말해 열자의 눈에는 금덩어리가 돌멩이보다 더 가치 있는 것으로, 혹은 돌멩이가 금덩어리보다 덜 가치 있는 것으로 보이지 않을 뿐입니다. 아내도 마찬가지고 돼지도 마찬가지입니다. 아울러 비교 의식이 없기에 열자에게는 부재 의식도 없습니다. 열자는 '고기가 없어 요리를 못 하겠네' 혹은 '청경채

가 없으니 맛이 없을 거야'라며 투덜대는 요리사가 결코 아닙니다. 열자는 아무리 빈약한 식재료가 주어져도 그걸로 충분하다고 생각하며 즐겁게 음식을 만드는 요리사와 같습니다. 열자에게는 없는 것은 없고 모든 것이 충만하게 있는 것이기 때문이죠. 그렇기에 그는 어디든 가볍게 떠날 수 있습니다. 남들 눈에 열악해 보이는 초원에서도 사막에서도 혹은 만년설이 쌓인 고산지대에서도 그는 부족함을 느끼지 않는 근사한 삶을 살아낼 테니까요.

흥미롭게도 모든 것이 비교 불가능하고, 따라서 우월을 매길 수 없는 것으로 볼 때 열자도 비교 불가능한 존재가 됩니다. 세상에 가치의 우월을 매기는 자는 자신에게도 가치의 우월을 매기지만, 세상을 단독적인 것으로 보는 사람은 자신도 단독적인 것으로 긍정하기 때문입니다. 장자가 열자는 "세련된 나무 조각품이 다시 온전한 나무로 돌아간" 것 같다고 말한 것도 이런 이유에서입니다. 죽은 나무가 살아나는 기적이 발생한 겁니다. 대들보로 쓰려면 나무를 죽여야 하듯 세련된 나무 조각품도 나무를 죽여야 만들 수 있습니다. 열자는 대들보나 세련된 나무 조각품처럼 체제가 필요로 하는, 혹은 남들이 인정하는 삶을 부정합니다. 자신의 욕망을 부정하고 자신의 자유를 포기하고 자신의 삶을 죽여야만 그것이 가능하다는 것을 그는 알고 있기 때문입니다. 이제 열자는 자신의 욕망을 긍정하고 자신의 자유를 구가하고 자신의 삶을 살아냅니다. 그래서 장자는 열자가 "우뚝 홀로 자신의 몸으로 섰다"고 덧붙이는 겁니다. 괴연(塊然)을 번역한 '우뚝'이라는 말이 당당함을 의미한다면, 독(獨)을 번역한

'홀로'라는 말은 자신을 타인과 비교해보지 않는 단독성을 뜻합니다. 그래서 더 주목하게 되는 것은 "자신의 몸으로 선다"는 표현입니다. 자신의 몸으로 서지 못하면 무언가에 기대고 살아야하고, 사랑하는 사람을 사랑할 수 없습니다. 그래서 열자는 자신의 몸으로 서고자 합니다. 대인이 되어 소인을 착취하지 않겠다는 의지이자 사랑하는 사람을 자기 힘으로 먹이겠다는 의지이기도 합니다. "우뚝 홀로"라는 부사는 바로 이 의지가 관철되었다는 것을 의미했던 겁니다.

　누군가에게 명령하지 않고 자신의 몸으로 모든 일을 처리하려 하기에, 열자의 삶은 번잡하고 장자의 표현처럼 "어지러워 보일" 겁니다. 하긴 밥을 하고 돼지를 기르고 집도 수리하고 빨래도 하며 의식주와 관련된 일을 몸소 행하는 열자로서는 불가피한 일입니다. 그렇지만 아내나 하인 혹은 노예에게 육체노동을 시키는 대인이 어떻게 열자의 마음을, 메추라기가 어떻게 대붕의 속내를 알겠습니까. 타인을 지배하지도 않고 타인에 복종하지 않으려는 자유에의 의지, 혹은 타인에게 기대지 않고 타인을 업겠다는 사랑에의 의지는 "흐트러지지 않은" 열자의 원칙입니다. 여기서도 우리는 허심이 자유와 사랑의 삶, 혹은 타자와 소통하는 삶을 위한 필요조건임을 다시 한 번 확인하게 됩니다. 마음을 비웠다고 밥이 저절로 되고, 돼지가 먹지 않아도 자라고, 옷이 스스로 깨끗해지는 일은 없으니까요. 마음을 비우면 우리는 자유로울 수 있고 사랑할 수 있게 됩니다. 그래서 우리는 즐겁게 밥을 하고 행복하게 돼지를 기르고 개운하게 빨래를 하게 되는 겁니다. 열자 이야기를 마치면서 장자가 했던 마지막

타인을 지배하지도 않고 타인에 복종하지 않으려는 자유에의 의지,
혹은 타인에게 기대지 않고 타인을 업겠다는 사랑에의 의지는
"흐트러지지 않은" 열자의 원칙입니다

말, "열자는 한결같이 이렇게 살다가 자신의 일생을 마쳤다"는 말이 우리 가슴을 울리는 것도 이런 이유에서입니다. 죽을 때까지 "우뚝 홀로 자신의 몸으로 서고자 했던" 열자, 늙어가는 몸으로 끝까지 사랑과 자유를 실천하려 했던 열자의 모습이 숭고하기까지 하니까요. 한결같다는 말, 마음을 비운 사람이 감당해야 하는 숙명인지도 모릅니다. 차라투스트라가 이렇게 말했다면, 열자는 이렇게 산 것입니다.

＊2권에서 25~48강이 계속됩니다

사진 출처(1권)

강신주의 장자수업 1
밀쳐진 삶을 위한 찬가

1판 1쇄 발행 2023년 10월 20일
1판 8쇄 발행 2024년 6월 20일

지은이 강신주

펴낸이 김유열
디지털학교교육본부장 유규오 | **출판국장** 이상호 | **교재기획부장** 박혜숙
교재기획부 장효순 | **북매니저** 윤정아, 이민애, 정지현, 경영선

책임편집 이현정, 박민주 | **교정교열** 전상희 | **디자인** 김마리 | **인쇄** 우진코니티

펴낸곳 한국교육방송공사(EBS)
출판신고 2001년 1월 8일 제2017-000193호
주 소 경기도 고양시 일산동구 한류월드로 281
대표전화 1588-1580
이메일 ebsbooks@ebs.co.kr | **홈페이지** www.ebs.co.kr

ISBN 978-89-547-9945-4 (04150)
SET 978-89-547-9944-7

ⓒ 2023, 강신주